Chuck Spezzano

50 Wege
deinen Geist und die Welt zu verändern

Wegweiser
jedes Problem zu lösen und das Leben
positiv zu gestalten

via nova
Verlag Via Nova

Chuck Spezzano

50 Wege
deinen Geist und die Welt zu verändern

Wegweiser
jedes Problem zu lösen und das Leben positiv zu gestalten

via nova
Verlag Via Nova

Übersetzung aus dem Amerikanischen:
Jutta Herr

Originaltitel:
50 Ways To Change Your Mind and Change the World

Zuerst erschienen bei
Hodder and Stoughton
A division of Hodder Headline
338 Easton Road
London NW1 3BH

2. vollständig überarbeitete und erweiterte Auflage 2002
von
30 Schritte, um absolut jedes Problem zu lösen
Verlag Via Nova, Neißer Straße 9, 36100 Petersberg
Telefon und Fax: (06 61) 6 29 73
E-Mail: info@verlag-vianova.de
Internet:
www.verlag-vianova.de
www.transpersonal.com

Satz: typo-service kliem, 97647 Neustädtles
Druck und Verarbeitung: Rindt-Druck, 36037 Fulda

ISBN 3-936486-11-5

Dieses Buch ist Peter und Sherry gewidmet,
in Liebe, Lachen und Freude

Inhaltsverzeichnis

Danksagung

Ich möchte wieder einmal den lebendigen Einfluß von *Ein Kurs in Wundern* auf mein Leben dankbar anerkennen. Im Jahr 1977 betete ich für ein Buch, das mich ganz nach Hause führen würde. Ich hörte von *Ein Kurs in Wundern* und beschäftigte mich schon kurze Zeit später damit. Nichts hat mich mehr über die Natur des Geistes, über Transformation und die Realität gelehrt als dieses Werk, und nichts hat mir persönlich mehr geholfen. Vieles von dem, was ich gelernt habe, hat Eingang in dieses Buch gefunden – ein Wissen, das ergänzt wurde und sich weiterentwickelt hat aus dem, was ich von meiner Frau und meinen Kindern, von meinen Klienten und den vielen neuen Methoden gelernt habe, die durch *Ein Kurs in Wundern* inspiriert wurden.

Ich möchte Jeremy Roe für seine *5-Why-Methode* (Methode der fünf Warum-Fragen) danken, die meiner Erfahrung nach weit mehr als eine bloße Informationsquelle darstellt. In etwas erweiterter Form ist sie zu einem wichtigen Heilungs-Werkzeug geworden.

Ich möchte auch Brian Mayne, Jane Corcoran, Donna Francis, Pat Saunders, Rowan Malcolm und Bonnie Close für ihre professionelle Bearbeitungstätigkeit im ersten Stadium dieses Buches danken sowie Sue Alen, Heidi Ainsworth, Peggy Chang und Karen Sullivan für ihren Einsatz bei der Neufassung und Erweiterung des Buches.

Schließlich danke ich meinen Kindern Chris und J'aime sowie meiner Frau Lency für ihre tiefe und immerwährende Liebe und Unterstützung und dafür, daß sie mich bei meiner Tätigkeit so großzügig mit anderen Menschen teilen. Ich könnte diese Arbeit ohne sie nicht machen.

Zum Start

Dieses Buch mag dir sehr ungewöhnlich erscheinen. Du wirst es vielleicht nicht gewöhnt sein, Bücher zu lesen, die den Anspruch erheben, dein Leben verändern zu können, doch selbst wenn du daran gewöhnt sein solltest, wirst du hier etwas Einzigartiges finden. Ein Buch, das behauptet, deine Welt verändern zu können, muß andersartig sein, und es muß eine andere Sprache benutzen, wenn es dich ermutigen soll, die Dinge auf andere Art und Weise zu betrachten. Und das ist der springende Punkt meiner Methode. Der alte Weg hat einfach nicht funktioniert. Neue Ideen sind von essentieller Bedeutung, wenn man ein andersartiges Modell präsentiert, das eine neue Welt und eine einzigartige Denkweise eröffnen will. Wenn du über genügend Neugierde, Interesse oder Motivation verfügst, wirst du beginnen, dieses Modell zu erlernen und einzusetzen. Es handelt sich um ein Modell, das dir den Weg zeigen kann, deine Gefühle, deinen Geist und die Welt zu verändern.

Meine über dreißigjährige Erfahrung als Therapeut, Berater, Consultant und Lebenstrainer hat mich gelehrt, daß wir die Welt um uns herum verändern können, indem wir unser Denken verändern. In diesem Buch werden die wichtigsten Dynamiken vorgestellt und erläutert, die in ihrem Aufeinandertreffen alle Probleme verursachen, sowie die Grundprinzipien, mit Hilfe derer solche Problemdynamiken geheilt werden können. Richtig angewendet kann jedes einzelne dieser Prinzipien dein Problem in sich zusammenfallen lassen und buchstäblich dein Leben verändern.

Die Schönheit der hier beschriebenen Methoden liegt darin, daß sie uns unsere Kraft zurückgeben. Manche Menschen finden es beruhigend, sich am Glauben festzuklammern, daß sie Opfer sind. Sie tun dies, weil sie Angst vor ihrem eigenen Geist und vor ihrer Kraft haben. Die Zehntausende von Erfahrungen, die ich gemacht habe, weisen eindeutig darauf hin, daß Menschen Wahlmöglichkeiten finden, wenn sie erkennen, daß sie für die Probleme in ihrem Leben letztlich selbst verantwortlich sind. Und wenn sie ihre Wahlmöglichkeiten erkennen, wird dies für sie zu einem Wendepunkt, an dem sie sogar scheinbar unlösbare Probleme verwandeln. Und dies ist nicht nur einmal geschehen. Es ist immer wieder passiert, bei jeder Gelegenheit.

Umgekehrt habe ich festgestellt, daß Menschen, die sich nicht verändern wollen, auch die Heilungsprinzipien, -methoden und -techniken nicht verstehen, weil sie diese nicht verstehen wollen. Sie *wollen* das Problem gar nicht überwinden, weil sie auf irgendeine Weise immer noch an ihm festhalten, im festen Glauben, daß es ihnen irgend etwas geben wird.

Die Macht des Geistes, Veränderung zu schaffen, ist unglaublich groß. Wenn wir das Wesen eines Problems verstehen, wenn wir verstehen, wie es funktioniert, welchen Zweck es in unserem Leben hat und inwieweit es dabei versagt, uns das zu geben, was wir uns wünschen, dann können wir eine andere Wahl treffen. Wenn unser Wunsch nach Veränderung und Heilung größer ist als unsere Angst, finden wir auch einen Weg, weil wir es uns aus ganzem Herzen wünschen.

Nach sechsjähriger Therapeutentätigkeit entdeckte ich *Ein Kurs in Wundern*, der vieles von dem bestätigte, was ich zu jenem Zeitpunkt für meine eigenen Entdeckungen hielt. Doch er sprach auch von anderen Prinzipien, die ich zu untersuchen und erforschen begann. Einige der in *Ein Kurs in Wundern* beschriebenen Prinzipien waren in keinem der Psychologiebücher zu finden, die ich gelesen hatte. Ich erkannte ihre praktische Anwendbarkeit und ihre transformierende Wirkung. Ich konnte sie als Hilfsmittel einsetzen – und tat es auch –, um Menschen zu befreien und zu heilen. Aus der natürlichen Weiterentwicklung dieser Prinzipien entstanden effektive Methoden und Techniken für den therapeutischen Einsatz im persönlichen Coaching, in der Lebensberatung und in Workshops.

Im Laufe der Jahre wurde mir immer klarer, daß es gewissen negative Dynamiken gibt – wie Angst, Schuld, Verlust und Rache –, die zusammenwirken und so alle möglichen Probleme schaffen. Wenn eine dieser Dynamiken wahrhaft transformiert wird, fallen Probleme in sich zusammen. Wenn wir lernen, Probleme zum Einsturz zu bringen – ganz gleich, ob groß oder klein –, verbessern wir unser Leben und stärken uns selbst.

Wenn wir die anstehenden Probleme und Konflikte heilen, reifen wir daran und werden fähig, sogar noch schwierigeren Problemen ins Auge zu sehen, uns damit auseinanderzusetzen und sie zu lösen. Wenn wir die Lektion alter Probleme gelernt haben, kann uns nichts mehr aufhalten. Wenn die alten Probleme gelöst werden, wächst unser Selbstvertrauen in einer solchen Weise, daß wir dann für neue und größere Konflikte bereit sind.

Die Lehren in diesem Buch basieren auf der Funktionsweise des Geistes und der Emotionen und konzentrieren sich darauf, wie diese verändert werden können. Das Prinzip ist sehr einfach: Wenn sie verändert werden, ändert sich automatisch das Verhalten. Es geht aber noch weiter: Wenn der Geist und die Emotionen verändert werden, entsteht dadurch auch eine Änderung in der Welt, die uns umgibt. Darum dienen diese Prinzipien nicht nur der Problemlösung, sondern helfen auch, ein kraftvolles und von Transformation geprägtes Leben zu führen, indem du dir selbst und anderen hilfst. Dieses Buch spiegelt meinen Wunsch wider, diese Prinzipien der Vielzahl von Menschen besser zugänglich zu machen, die sie zur Überwindung ihrer gegenwärtigen Probleme anwenden können, sowie all jenen, die sich anderen Menschen widmen und diese Prinzipien einsetzen, um deren Leben vollständig zu transformieren.

Die Anwendung dieser Prinzipien hilft nicht nur uns selbst und den Menschen, die wir lieben, sondern strahlt ihren Nutzen in die ganze Welt hinaus. Die Welt wird immer gesegnet, wenn ein Mensch, der bis dahin in der starren oder reaktiven und von Schuldgefühlen, Schmerz und Beschuldigungen geprägten Opferhaltung gefangen war, zu seiner Kraft findet und die Verwandlung auf eine neue Ebene des Erfolgs und der Aufgeschlossenheit erfährt.

Die Aussage, daß jedes beliebige Problem auf jedem einzelnen der 50 Wege geheilt werden kann, mag zwar anmaßend erscheinen, doch die naturgegebene Fähigkeit des Geistes, sich selbst zu befreien, ist derart groß, daß diese Aussage vollkommen wahr ist. Wir verfügen über ein ursprüngliches Vermächtnis der Wahrheit, der Transformation, der Transzendenz und der Wunder, auf das wir zurückgreifen können, um unsere Lebenssituationen in Ordnung zu bringen. Manche Probleme heilen auf der Stelle, ungeachtet ihres Ausmaßes oder ihres Schwierigkeitsgrades. Unsere Fähigkeit zum Heilen und ihre Schnelligkeit scheinen mit unserer Bereitschaft verbunden zu sein, durch unsere Angst vor Veränderung hindurchzugehen und auf einer völlig neuen Erfolgsebene zu leben. Welche Zeit wir für unsere Heilung oder den Weg auf die nächste Ebene benötigen, ist individuell verschieden – mit einem Wort, es dauert so lange, wie wir glauben, daß es dauern wird, bzw. so lange, wie wir brauchen, um die nötige Zuversicht für ein Leben auf der gesamten nächsten Ebene zu erlangen. Ich habe schlimme Erkrankungen ganz schnell verschwinden sehen, und geringfügigere Probleme haben manchmal Wochen gebraucht.

Grundlage dieser Heilungsprinzipien ist die Überzeugung, daß jedes Problem eine Illusion ist. Natürlich fühlt sich unser Leiden nicht wie eine Illusion an, wenn wir in einem Problem gefangen sind. Wir können uns hilflos und hoffnungslos fühlen. Doch wenn wir unsere Probleme nicht dadurch ändern, daß wir unsere Gedanken und Gefühle in bezug auf die Probleme, in bezug auf uns selbst und in bezug auf andere Menschen ändern, könnten sie sogar zu unserem allerletzten Konflikt werden.

Ich habe immer wieder erlebt, daß diese Prinzipien funktionieren, und zwar im Rahmen meiner beruflichen Tätigkeit wie auch in meinem Privatleben. Wenn ein großes bzw. chronisches Problem geheilt wird, mag es zuerst den Anschein haben, als würde sich die Situation verschlimmern. Dies liegt daran, daß viele Probleme schichtweise aufgebaut sind, und je tiefer wir in unserer Arbeit gehen, desto schlimmer kann es sich anfühlen. Doch während es schlimmer zu werden scheint, wird es in Wirklichkeit besser, ähnlich einer Eiterbeule, die nach dem Aufstechen zunächst schlimmer scheint als vorher. Daß wir uns schlechter fühlen, mag jedoch genau das sein, was uns auf den Weg der Erlösung und Heilung bringt. Ein Problem kann manchmal Hunderte von Schichten haben. Die positiven Entscheidungen, die wir zugunsten von Liebe, Vergebung, Loslassen, Vertrauen und Segnung treffen, führen uns Schicht für Schicht durch unseren Heilungsprozeß - und weiter in unserer persönlichen Entwicklung. Andererseits kann das gesamte Problem in sich zusammenstürzen, wenn wir eine seiner Schlüsseldynamiken transformieren.

Wir alle kennen die Niedergeschlagenheit und die Qual, die wir empfinden, wenn wir ein Problem haben. Irgendwann einmal ist jeder aufgrund von Problemen buchstäblich in die Knie gegangen, doch Probleme können uns motivieren, in die richtige Richtung zu gehen, zu lernen, uns zu verändern, zu wachsen und infolgedessen heil zu werden und jung zu bleiben. Denn in Wirklichkeit bewegen wir uns immer auf ein großartigeres Leben zu, oder wir gehen in Richtung Tod.

Keiner der Gedanken, die unsere Gefühle und Handlungen entstehen lassen, ist neutral. Unsere Gedanken sind entweder lebensfördernd, oder sie tragen uns in Richtung Tod. Mit unserem Heranwachsen wurden wir für unser Verhalten verantwortlich und haben ein gewisses Maß an persönlicher Reife erlangt. Wenn wir weiterwachsen, kommen wir an einen Punkt, an dem wir auch Verantwortung für unsere Emotionen übernehmen. Dadurch wird wahre und erfolgreiche Partnerschaft möglich, und es kann ein Gleichgewicht zwischen unserer männlichen und unserer weiblichen Seite entstehen. Schließlich werden wir auch Verantwortung für unsere Gedanken übernehmen, weil wir erkennen, daß sie unsere Welt und unsere daraus entstehenden Erfahrungen erschaffen. Dies führt zur Meisterschaft. Auf jeder Ebene werden wir mehr Integrität besitzen, und wir werden offener, aufgeschlossener, liebevoller und kraftvoller werden. Je mehr Verantwortung wir für unser eigenes Leben und seine Veränderung übernehmen, desto mehr sind wir in der Lage, anderen zu helfen.

Da jedes Problem ein Signal ist, daß wir aufgerufen sind, unser Leben zu ändern, folgt daraus auch, daß eine um so größere Veränderung bzw. Neugeburt uns ruft, je größer das Problem ist. Wir müssen nicht wissen, *wie* wir unser Leben verändern sollen, denn wenn wir dazu bereit sind, wird uns ein Weg gezeigt werden. Wir müssen nicht einmal wissen, wie die Veränderung aussehen wird, da auch dies zum rechten Zeitpunkt zu uns kommen wird. Wir müssen nur von ganzem Herzen wollen und wählen, daß die Veränderung geschehen soll. Ein Problem ist das Ergebnis eines Konflikts, der auf einem gespaltenen Geist beruht. Was wir uns von ganzem Herzen wünschen, ist gleichzeitig ein Beten um Hilfe und löst den Konflikt des Geistes. Was unser Herz berührt, motiviert uns, und wo Motivation ist, folgt Veränderung ganz von selbst.

Aufgrund des Wesens und der Konstanz von Problemen ist dieses Buch als ein Begleiter gedacht, der immer zur Verfügung steht, wenn man ihn braucht. Die darin beschriebenen Heilungsprinzipien werden hoffentlich auf ganz natürliche Weise zu einem Teil deines Lebenswegs werden. Befolge sie, und du wirst Probleme nicht als Zeichen von Leid und Tod betrachten, sondern als Chance und Motivation, um Geburt und Frieden hervorzubringen. Dieses Buch entspringt dem Wunsch, dir in einer sich wandelnden Welt Insider-Informationen an die Hand zu geben. Wende diese Prinzipien an, und sie können zu lebenslangen Freunden werden.

Ich wünsche dir Mut und ganz viel Glück in deinem Leben.
Mögen all deine Geburten leicht sein.

Dr. Chuck Spezzano
Hawaii
Oktober 2001

Minen auf dem Lebensweg und Verantwortlichkeit

Die Antworten in diesen Buch sind keine bloße Theorie; sie sind praktisch anwendbar und bilden einen festen Bestandteil dessen, was ich in über dreißig Jahren gelernt habe und nun in meinem Heilungs-Werkzeugkasten aufbewahre. Sie sind zweifellos effektiv. Ich habe festgestellt, daß dann, wenn der Geist vom Konflikt geheilt ist und wir in Frieden sind, die Antworten zu uns kommen, die wir brauchen, um zu handeln. Wenn sich im Geist genug Veränderung ansammelt, folgt automatisch eine Veränderung in unserer Welt. Manchmal kann sie sogar unmittelbar geschehen.

In den 70er Jahren war ich als Psychologe in der Rehabilitation von Drogenabhängigen für die US Navy tätig. Unser Zentrum wurde mit der Realität von Haushaltskürzungen und mit einer Streichung von zuletzt 75 Prozent der Rehabilitationszeit konfrontiert. Dies führte dazu, daß unsere Ergebnisse, die zu jener Zeit als die weltweit besten Rehabilitationserfolge galten, steil zurückgingen. Die dortigen Therapeuten, sowohl das Zivil- als auch das Militärpersonal, beschlossen, besser zu werden, anstatt aufzugeben. Dies motivierte mich, noch weiter nach Prinzipien zu forschen, die in der Therapie schnell und effektiv wirken, und Prinzipien zu entdecken, die in der Lage sein würden, bei jenen Menschen Veränderungen herbeizuführen, die damals als eine der schwierigsten Bevölkerungsgruppen galten, wenn es darum ging, zu helfen oder gar etwas zu verändern – nämlich jugendliche Drogenabhängige.

Nach fünfzehn Jahren therapeutischer Arbeit begann ich zu sehen, daß jede Situation das Ergebnis einer von uns getroffenen Wahl ist; wenn die ursprüngliche Wahl aufgedeckt wird, kann sie neu getroffen werden. Dies war für mich persönlich eine atemberaubende Entdeckung, da ich in meinem Leben oft genug Opfer gewesen war. Ich begann zu erkennen, daß der Opferzustand das Ergebnis jener in uns vorhandenen Muster ist, mit denen wir uns selbst zum Verlierer machen, und daß uns diese Muster in die schwächstmögliche Position versetzen. Aber ich fand auch heraus, daß sie leicht verändert werden können, wenn die Bereitschaft dazu vorhanden ist.

Dieses Buch basiert auf den Konzepten der persönlichen Verantwortung und der persönlichen Wahl, durch die Veränderung und Verantwortlichkeit möglich werden. Wenn wir nicht für unsere Situationen und unser Leben verantwortlich sind, können wir uns nur als Opfer fühlen, Groll mit uns herumtragen und im Problem steckenbleiben. Wir werden Teil des Problems, geben den Schmerz direkt weiter oder ziehen uns zurück, anstatt ein Teil der Lösung zu sein.

Hier das dramatische Beispiel einer Frau, die totale Verantwortung übernahm und infolgedessen scheinbar unmögliche Situationen verändern konnte. Vor fünfundzwanzig Jahren leitete ich in San Diego eine Serie von Abendworkshops unter dem Motto „Persönliche Macht", die auf Leistungssteigerung und Unterstützung im Berufsleben abzielten. Bei einer Teilnehmerin an diesem Workshop handelte es sich um eine diplomierte Sozialarbeiterin, die mit mißbrauchten Kindern arbeitete. Ihre größte Sorge war ihre Fettleibigkeit. Ich erfuhr, daß ihre Tätigkeit extrem streßreich und emotional anstrengend war und daß sie dem Streß durch Essen begegnete.

Sie sagte: „Wenn ich nach Hause komme, kann ich nicht mit meinem Mann sprechen, der mit der Marine unterwegs ist. Ich kann nichts bei meinem eigenen Kind abladen, das erst sechs Jahre alt ist, und darum wende ich mich auf der Suche nach Trost dem Kühlschrank zu. Mein Mann liegt mit der Flotte vor der iranischen Küste, und uns wurde mitgeteilt, daß in den nächsten zwei Jahren kein Marineangehöriger zurückkommt."

Es war eindeutig, daß die Frau mehr brauchte als nur die Unterstützung, die wir ihr gaben, und so fragte ich sie, ob sie tiefer gehen wolle.

Sie antwortete: „Auf jeden Fall, ich bin allmählich verzweifelt. Ich brauche etwas."

Obwohl wir alle wußten, daß sie sich ihren Mann nach Hause wünschte, bat ich sie, so zu tun, als wolle sie die Rückkehr ihres Mannes nicht. Und wenn sie nicht wolle, daß er nach Hause komme, aus welchem Grunde könnte das sein?

Sie antwortete: „Oh, das ist einfach. Wenn mein Mann zu Hause ist, tut er so, als wäre er mein Kommandeur. Er versucht das Heim zu regieren und ignoriert alles, was ich sage. Ich habe einen Berufsabschluß mit Diplom, und er ist nur ein rangniedriger Offizier, doch er behandelt mich wie ein Kind."

An diesem Punkt schlug ich ihr einige effektivere Formen der Kommunikation und der Problembewältigung vor. Ich fragte dann, ob sie den Mut habe, mit ihrem Mann ehrlich über ihre Gefühle zu sprechen, ohne

Schuldzuweisungen. Sie könne dann beginnen, sich mit ihrem Eheproblem und ihren Gefühlen von emotionalem Mißbrauch auseinanderzusetzen, die sich im körperlichen Mißbrauch der Kinder, mit denen sie arbeitete, widerspiegelten.

„Voll und ganz!" antwortete sie. „Ich hätte ihn viel lieber zu Hause, um dieses Thema zu klären, als ihn so lange in die Verbannung zu schicken."

Eine Woche später hob die Frau beim nächsten Abendworkshop sofort die Hand und wollte sich mitteilen. Als ich sie aufrief, platzte sie – unfähig, ihre Aufregung im Zaum zu halten – mit folgenden Worten heraus: „Wissen Sie, daß aufgrund der Krise eigentlich niemand für die Dauer von zwei Jahren die Flotte vor der iranischen Küste verlassen sollte? Es ist etwas höchst Erstaunliches geschehen. Sie schicken sechs Mann von der Flotte nach Hause, und mein Mann ist einer von ihnen. Er wird die nächsten sechs Jahre hier vor der Küste Dienst tun.

Diese dramatische Veränderung mag dir unglaublich erscheinen, doch für mich ist sie zu einer alltäglichen Erfahrung geworden.

Persönliche Verantwortung und Wahl

Die Wahl zu treffen, verantwortlich zu sein und somit reagieren und etwas verändern zu können, geht über die Verurteilung und die Schuld hinaus, die uns gefangen halten. Im vierten Jahr meiner Therapeutentätigkeit begann ich erste kurze Einblicke in diese Wahrheit zu erhaschen, und ich habe fast fünfzehn Jahre gebraucht, um zu erkennen, daß wir immer wieder selbst wählen, was uns geschieht. Wir wählen gemeinhin Dinge, die sich in den Geschichten widerspiegeln, die wir immer wieder über das erzählen, was uns widerfährt. Wenn wir eine Wahl treffen, tun wir dies, weil wir glauben, daß sie uns Glück bringen wird. Wenn wir die Geschichten betrachten, die wir unseren Freunden, Familienangehörigen und Bekannten erzählen, dürfte es uns dämmern, daß wir diese Geschichten aus einem bestimmten Grund erzählen. Unsere Geschichten sind immer ein Versuch, etwas zu bekommen oder zu beweisen.

Hier einige weitere Schlüsseldynamiken, die an jedem Problem beteiligt sind:

- Wir schaffen Fallen, um unsere Ängste zu schützen.
- Wir nutzen die Angriffe anderer und die Unfairneß im Leben, um unsere Schuld abzuzahlen.

- Wir schaffen Schmerz, um damit um Hilfe zu bitten oder zu versuchen, unsere Bedürfnisse erfüllt zu bekommen.
- Wir versuchen zu nehmen und verlieren am Ende.
- Wir gewinnen den Wettkampf, selbst wenn wir dafür unter den Schlechten der Schlimmste werden müssen.
- Wir lassen uns körperliche Dinge antun, die wir anderen auf emotionaler, mentaler oder bildlicher Ebene antun. Wir ernten, was wir säen.
- Wir lassen uns schmerzhafte Dinge widerfahren, so daß wir gezwungen scheinen, das zu tun, was wir die ganze Zeit tun wollten.
- Wir verletzen uns selbst oder lassen uns zum Opfer machen, um anderen etwas zurückzuzahlen.
- Wir lassen andere Menschen die Schattenfiguren unseres Geistes ausagieren, damit wir uns der Illusion hingeben können, das Ganze habe nichts mit uns zu tun.
- Wir werden zum Opfer gemacht, damit wir angreifen und dabei unschuldig aussehen können.
- Wir opfern uns im Leiden auf, in dem Versuch, einen uns nahestehenden Menschen zu retten.

Bei jedem Problem, ganz gleich welcher Dynamik, versuchen wir, durch Mittel zum Glück zu gelangen, die niemals funktionieren können, wie Nehmen, Angriff, Rache, Verteidigung, Rückzahlung von Schulden oder Wiedergutmachung von Schuldgefühlen.

In all diesen Fällen wird uns das Ergebnis nicht glücklich machen. Jeder von uns trifft jeden Tag ähnliche derartige Entscheidungen und verbirgt sie dann vor sich selbst. Selbstheilung bedeutet, daß wir uns dessen bewußt werden, was wir geleugnet haben, und daß wir Entscheidungen treffen, die funktionieren.

Bald nachdem ich das Prinzip der Verantwortlichkeit erfahren hatte, was bedeutet, die volle Verantwortung zu übernehmen, ohne anderen die Schuld zuzuweisen, bewahrte ich mich selbst vor einem schweren Unfall. Als ich den Highway entlang fuhr, erkannte ich, daß ich wie hypnotisiert und in äußerst erotischer Stimmung war. Ich wurde mir meiner selbst bewußt, als ich mir den Schweiß von den Augenbrauen wischte und den Fahrersitz nach hinten schob, um mehr Platz zu haben. Glücklicherweise war ich gerade noch bewußt genug, um mich selbst in diesem Prozeß zu überprüfen. Ich fragte mich, was gerade geschah, und als ich nach innen schaute, um zu sehen, was dort war, sah ich meinen Wagen, wie er ein Stück weiter auf der Straße an einem Brückenpfeiler zerbarst und in

Flammen aufging. Später erkannte ich, daß ich mich hatte ins Krankenhaus bringen wollen, um auf diesem Weg meine Freundin zurückzubekommen. Versuche, etwas auf diese Art und Weise zu bekommen, haben immer einen ungewissen Ausgang. Zum Beispiel hätte der Unfall tödlich ausgehen können, oder meine Exfreundin hätte vielleicht niemals von meinem Krankenhausaufenthalt erfahren, weil wir einen ganz unterschiedlichen Freundeskreis hatten, um nur zwei von vielen Möglichkeiten zu nennen. Offensichtlich war ich mit mir selbst uneins über das Zusammensein mit ihr, denn sonst hätten wir uns erst gar nicht getrennt, doch ihr Verlust hatte einen Kummer ausgelöst, der so stark war, daß ich versuchen wollte, mich selbst zu verletzen, um sie zurückzubringen.

Unzählige andere Menschen, mit denen ich gearbeitet habe, berichteten, daß sie sich selbst vor Leiden und Unfällen bewahrt haben, indem sie sich gerade noch rechtzeitig ertappten, bevor sie eine selbstzerstörerische Handlung begingen.

Die Vergangenheit in der Maske der Gegenwart

Wenn wir nicht vollkommen präsent sind – und in diesem Fall sprühen wir vor Leben, sind erfolgreich, glücklich und freudvoll –, programmiert ein Muster aus der Vergangenheit unser Leben und unsere Erfahrungen. Wir tragen altes Gepäck und alte Wunden mit uns herum, die allesamt immer wieder in Verkleidung eines gegenwärtigen Problems auftauchen, um geheilt zu werden. Unsere gegenwärtigen Probleme bestehen größtenteils aus vergangenen, ungeheilten Problemen, und wenn diese bei ihrem Auftauchen in der Gegenwart nicht geheilt werden, verschlimmern sie sich.

Während wir aufgrund des emotionalen Vergangenheitsgepäcks in unseren gegenwärtigen Problemen reagieren, werden wir niedergedrückt und unserer Energie beraubt, und wir reagieren auf Illusionen, die in der Vergangenheit begonnen haben, während wir versuchen, die gegenwärtige Situation zu bewältigen. Um es noch schlimmer zu machen, reagieren wir auf die gegenwärtige Situation, als wäre sie die Vergangenheit, und dies kann uns zu Fehltritten verleiten. Wir alle haben unterschiedliche Bewältigungsmechanismen und Verteidigungsstrategien, angefangen von Hysterie, Verdrängung und Überreaktion bis hin zu Abspaltung und Kompensation. Keine dieser Strategien wird funktionieren oder mehr als einen kurzfristigen Nutzen bringen, und sie alle werden zum Teil eines langfristigen Problems werden.

Der Versuch zu bekommen, ist eine Verteidigungsmaßnahme

In vielerlei Hinsicht könnten wir sagen, daß all unsere Probleme Verteidigungsmaßnahmen sind, die uns zu beschützen versuchen, in dem sie uns von anderen trennen. Ob wir Säuglinge oder Großeltern sind, wir neigen dazu, etwas von anderen oder vom Leben bekommen zu wollen, wenn wir die Verbundenheit, unsere emotionale Bindungskraft, verloren haben, die Liebe und Erfolg mit Leichtigkeit entstehen läßt. Diese Trennung oder zerbrochene Verbundenheit resultiert in Angst, Mißverständnissen, Einsamkeit, Verlust und Bedürfnissen. Dies sind die Eckpfeiler aller Probleme. Wir benutzen das *Bekommen-Wollen* als eine Verteidigungsmaßnahme, um diese Dinge zu kompensieren, doch am Ende schaffen wir nur noch mehr Verlust. Kein Mensch möchte in einer Beziehung sein, wo der Partner immer etwas von ihm bekommen will. Je mehr jemand etwas zu nehmen versucht, desto mehr ziehen wir uns von ihm zurück.

Unsere innere Haltung entwickelt sich zu einer habsüchtigen oder gewinnsüchtigen Einstellung, um wenigstens eine Form des Glücklichseins außerhalb unserer selbst zu gewinnen. Die Suche außerhalb unserer selbst führt zu einem Kreislauf von Enttäuschung, Verletzung, Rückzug und Aufgeben, um dann erneut zu suchen und wieder enttäuscht zu sein. Der Versuch zu bekommen verwandelt unser Leben in einen Verlust nach dem anderen – oder in das vorübergehende Vergnügen an einer Sache, die wir immer weniger wertschätzen, da unser Wert aus dem entsteht, was wir geben, und nicht aus dem, was wir nehmen.

Ein Verlust, wenn er nicht betrauert bzw. geheilt wird, wird dann durch Rollen kompensiert. Diese können niemals erfolgreich sein, da sie den ursprünglichen Verlust bzw. das ursprüngliche Trauma verdecken. Die drei Hauptrollen sind Bedürftigkeit, Unabhängigkeit (in der wir so handeln, als wären die Dinge vollkommen unwichtig oder als gingen sie uns nichts an) und der Unechte Helfer (wobei wir den Verlust dadurch verbergen, daß wir uns um andere zu kümmern versuchen, um so vor uns selbst und unseren Gefühlen davonzulaufen).

Das Opfertum und sein Lohn

Das Opfertum kann zu einem konstanten, wiederkehrenden Thema in unserem Leben werden. Noch tiefer als die Opfer-Falle geht die Opfer-Geschichte, in der wir ein Kapitel nach dem anderen darüber schreiben, was andere uns gegen unseren Willen angetan haben. Die Opferhaltung – und selbst die Tragödien, die sie untermauern – verbirgt unterbewußt unsere eigene Gewalttätigkeit, unseren eigenen Angriff und unsere eigene Rache, während wir unter dem Deckmantel des Opfers nach Liebe und um Hilfe rufen. Das Opfertum verfolgt in der Tat ganz bestimmte Ziele und Pläne, die wir wählen und dann unterdrücken.

Sinn und Zweck eines Problems ist, daß es den Lohn für etwas darstellt, das wir zu bekommen versuchen. In der Regel bietet es uns die Rechtfertigung und die Entschuldigung, etwas zu tun, was wir schon immer tun wollten, oder es gibt uns die Entschuldigung, das nicht zu tun, was wir nicht tun wollen. Mit der Lösung eines Problems gehen Verstehen und Bewußtheit einher. Dies ist eine Entscheidung für die richtige Richtung, die unser Leben aufbauen wird.

Hier eine schnelle Klassifizierung der wichtigsten Ziele des Opfertums, die häufig gleichzeitig am Werk sind. Wird eine dieser Dynamiken durch Heilung zum Einsturz gebracht, kann sich das gesamte Problem auflösen.

- Erfüllung eines bestimmten Bedürfnisses.
- Ruf nach Hilfe oder Aufmerksamkeit eines Menschen
- Schuld abzahlen
- Rache nehmen
- Entschuldigung, etwas nicht tun zu müssen
- Rechtfertigung für etwas, was wir tun wollen
- In die Unabhängigkeit gehen
- Andere angreifen
- Andere dazu bringen, daß sie sich aufopfern
- Kontrolle
- Sich nicht mit der Angst vor dem nächsten Schritt oder der Angst vor einer Begabung, einem Talent oder einer Chance auseinandersetzen
- Beweisen der eigenen Wertigkeit durch Aufopferung
- Festhalten an einer Selbstsüchtigkeit
- Festhalten an einem Menschen oder einer Sache

Wir treffen Entscheidungen im Bruchteil einer Sekunde, und wenn es sich um eine negative Entscheidung handelt, vergraben oder verdrängen wir sie. In den meisten Fällen können wir leicht eine neue positive Wahl treffen, wenn uns die eigenen Entscheidungen zugunsten von negativen Erfahrungen wieder zum Bewußtsein gebracht werden. Wenn wir sie überprüfen, werden diese Strategien bzw. Manipulationen, mit denen wir versuchen, das zu bekommen, was wir wollen, wobei es letztlich um Glücklichsein geht, einfach nicht funktionieren. Da ich mir dieses Umstandes bewußt bin, ertappe ich mich manchmal dabei, daß ich mir eine Erkältung oder eine Grippe wünsche, und zwar aus dem Versuch heraus, ein bestimmtes Resultat zu erzielen, um beispielsweise Aufmerksamkeit, Liebe oder eine Ruhepause zu bekommen. Wenn ich mich dabei ertappe, dann erkenne ich, daß dies armselige Entscheidungen sind, die nicht funktionieren werden, weil sie das „Element des Nehmens" enthalten, und ich treffe unverzüglich neue, positivere Entscheidungen. Wenn wir uns selbst bei negativen Entscheidungen ertappen, können wir einfach unser Denken verändern. In gleicher Weise können wir zur Wurzel einer Problemsituation zurückgehen, an den Punkt, wo wir eine negative Entscheidung getroffen haben, und zu einer neuen Wahl und zu einem neuen Verständnis gelangen. Wenn wir zurückgehen, Entscheidungen neu treffen und die Verbundenheit wiederherstellen, hat dies eine große, transformierende Wirkung.

Die beiden Hauptziele

Leugnung, Abspaltung und Verdrängung verbergen unsere Schuldgefühle und unseren Schmerz. In der Regel halten wir die dunklen Teile unseres Geistes im geheimen verborgen; es gibt jedoch viele Wege, um die beiden Hauptziele zu beschreiben, die all unseren Problemen zugrunde liegen. Als Hilfestellung für die Entdeckung und Erforschung der wichtigsten Dynamiken habe ich eine Reihe von ihnen in diesem Buch beschrieben. Meiner Erfahrung nach sind die beiden Hauptziele eines jeden Problems das Besonderssein und die distanzierte bzw. unechte Unabhängigkeit. Bei letzterer handelt es sich um die Trennung, die durch einen Autoritätskonflikt (siehe Weg 45) oder die Schattenfigur des Rebellen (siehe Weg 45) verursacht wird. Die andere Schlüsseldynamik ist das Besonders-sein-Wollen (siehe Weg 37), bei dem es sich um den Wunsch handelt, unsere Bedürfnisse erfüllt zu bekommen und somit als etwas Besonderes oder als Bester anerkannt zu werden. Dieser Aspekt will Glanz und Aufmerksamkeit, selbst wenn es sich dabei um den „dunklen“ Glanz eines Problems handelt. Dies setzt einen Wettbewerb in Gang, der den Teufelskreis von Überlegenheit-Unterlegenheit nährt, niemals jedoch die Gleichberechtigung, die erfolgreiche Beziehungen ausmacht. Diese distanzierte Unabhängigkeit ist unsere falsche Idee von Freiheit, die wir einsetzen, wenn wir eigentlich Angst vor Freiheit haben, und wir schaffen ein gebrochenes Herz und Ausgebranntsein als Entschuldigung für diese Unabhängigkeit.

Das Besonders-sein-Wollen errichtet einen Schrein um uns herum und will uns zu etwas Einzigartigem machen. Unsere ganze Verärgerung rührt daher, daß wir nicht in irgendeiner Weise als etwas Besonderes behandelt werden. In anderen Worten, wenn wir uns beleidigt oder irgendwie schlecht fühlen, dann glauben wir, daß uns jemand nicht richtig behandelt hat. Dies erzeugt automatisch einen Groll, der uns in ein Problem einschließt. Es ist nur eine Frage der Zeit, bis Verletzung, Zorn und Ressentiments an die Oberfläche kommen und sich die Flitterwochen in einen Kampf verwandeln oder, wie es *Ein Kurs in Wundern* formuliert, bis sich die besondere Liebesbeziehung in eine besondere Haßbeziehung verwandelt.

Der Wunsch, „unabhängig“ und „besonders“ zu sein, blockiert Verantwortung, Partnerschaft, wechselseitige Abhängigkeit (Interdependenz), Gleichberechtigung, zwischenmenschliche Nähe, glückliche Beziehungen und Erfolg. Unabhängigkeit ist der verborgene Plan des Ego, das immer der Chef und etwas Besonderes sein muß. Immer wieder verbergen wir dies vor unserem Bewußtsein. Wenn wir uns dieser Elemente bewußt werden, können wir sie zugunsten von erfolgversprechenderen Entscheidungen und besseren Investitionen loslassen. Wir würden unser gutes Geld nicht länger in Finanzprojekte stecken, die keine Rendite mehr bringen, doch in unserem Alltagsleben, in unseren Emotionen, in unseren Beziehungen und im Beruf tun wir dies ständig. Es ist an der Zeit, zu erkennen, daß wir die Kraft haben, unseren Geist zu verändern, und daß wir ihn für größeren Erfolg in unserem Leben einsetzen.

Veränderung, gesegnete Veränderung

Ich möchte dir ein Beispiel geben, wie Veränderung bzw. die Vorwärtsbewegung auf eine neue Ebene der Wahrheit unser Leben befreit und für eine neue Ebene öffnet, auf der wir in Fülle leben. Als ich im Jahr 1983 zum ersten Mal nach England kam, arbeitete ich mit einer 75jährigen Witwe namens Mary. Sie begann über ihre Mutter und die Überzeugung zu sprechen, daß ihre Mutter sie nicht wolle. Dabei handelte es sich um den Herzensbruch ihres Lebens. Als sie sprach, bestärkte ihre 77jährige beste Freundin sie darin, tiefer in dieses Thema hineinzugehen.

Ich fragte Mary: „Wenn du wüßtest, wann du zu glauben begannst, daß deine Mutter dich nicht mag, wie alt warst du da möglicherweise?"

„Zehn", antwortete sie.

Ich sagte: „Wenn du wüßtest, was damals geschah, das dich glauben ließ, unerwünscht zu sein, was könnte das möglicherweise gewesen sein?"

Sie sagte: „Meine Mutter schimpfte heftig mit mir."

Ich fragte sie, ob sie selbst schon einmal in ihrem Leben einen Menschen ausgeschimpft habe, und sie lachte und sagte: „Ja. Da gab es schon einige."

„Hat dies bedeutet, daß du diese Menschen nicht liebst oder nicht magst?" fragte ich.

„Nein, nein", antwortete sie. „Ich habe immer mit den Menschen geschimpft oder mich bei den Menschen beklagt, die mir am nächsten standen!"

„Was ging in dir vor, wenn du sie ausgeschimpft hast?"

Sie sagte: „Am heftigsten habe ich immer dann geschimpft, wenn ich Angst um sie hatte."

Darum fragte ich: „Als deine Mutter so heftig mit dir schimpfte, war es aus dem Grund, daß sie dich nicht mag, oder hat sie Angst um dich gehabt?"

Bei meiner Frage begann Mary Glückstränen zu vergießen und sagte: „Jetzt kann ich es erkennen. Sie mag mich. Sie liebt mich. Sie hatte einfach Angst um mich. Ach, all diese Jahre, in denen ich geglaubt habe, daß sie mich nicht mag."

Ich fragte: „Kannst du jetzt all ihre Liebe in dich einlassen?"

„Ja! Oh ja!" weinte sie.

Und so kam Veränderung, gesegnete Veränderung zu Mary, nachdem sie 65 Jahre lang den Schmerz des Mißverständnisses mit sich herumgetragen hatte.

Es war Zeit für eine Teepause, und ich werde nie den Anblick dieser beiden Ladies mit den silbergrauen Haaren vergessen, wie sie Arm in Arm vor mir durch den Saal gingen und vor Freude weinten.

Innere Veränderung entspricht äußerer Veränderung

Vor Jahren, als ich den Song *We are the World* hörte, wußte ich aus Erfahrung, daß es nicht einfach nur ein Lied, sondern auch ein Wahrheitsprinzip war. Wir sind mit der Welt untrennbar verbunden, und sie spiegelt unsere Entscheidungen, unsere Ängste und Schuldgefühle wider. Dieses Prinzip kann eingesetzt werden, um schnell Veränderung herbeizuführen. Es zieht auch andere Prinzipien nach sich, wie zum Beispiel das Prinzip der Wechselseitigkeit. Wie schon Jesus Christus sagte: „Du erntest, was du säst!“ Was wir anderen antun, tun wir uns selbst an; „Menschen, die in einem Glashaus leben, sollten nicht mit Steinen werfen“. Der Spiegel der Welt reflektiert unseren Geist, und unsere Probleme auf der Welt reflektieren Konflikte in unserem Inneren.

Die Psychologie ist unter den langsamen Wegen zur Veränderung der schnellste. Der Begriff Psychologie leitet sich ab aus dem griechischen Wort *psyche*, was „Geist“ oder „Seele“ bedeutet, und dem Wort *logos*, was „Wort“ oder „Lehre“ bedeutet. Gnade und Wunder, die uns immer zur Verfügung stehen, können Veränderung viel schneller bewirken als die Psychologie.

Eines der ersten Prinzipien, das ich gelernt habe, und es erschien mir fast magisch in seiner transformierenden Wirkung, ist das Prinzip, daß die innere und die äußere Welt untrennbar verbunden sind. Die äußere Welt ist eine Widerspiegelung der inneren. Eine Veränderung im Mikrokosmos des eigenen Geistes hat eine Wirkung auf den Makrokosmos. Problematische oder schwierige Menschen, Probleme, Erkrankungen und Situationen können sich auf leichte und gesegnete Weise verändern, wenn eine innere Heilung stattfindet, die eine neue Wahrnehmung mit sich bringt, welche die Welt verwandeln kann. Auf einer gewissen Ebene ist alle Transformation eine Änderung der Wahrnehmung.

Unveränderter Schmerz, alte Trennungen oder Traumata werden zu Problemmustern, und die Entscheidungen, die wir zu jenem Zeitpunkt getroffen haben, werden zu festen Überzeugungen. Feste negative Überzeugungen haben dieselbe Wirkung wie ständige negative Entscheidungen. Diese Überzeugungen bestimmen nicht nur, wie wir eine Situation wahrnehmen, sondern sie bestimmen auch die Situation selbst.

Unser Geist hat eine direkte Wirkung auf die Welt, und die Welt spiegelt wider, was in unserem Geist vorhanden ist, und verstärkt so unsere Überzeugungen. Dies kann zu einem Teufelskreis werden, wo wir irrige und somit illusionäre und schmerzhafte Wahrnehmungen immer mehr verstärken. Werden wir zur Veränderung motiviert, finden wir irgendwie einen anderen Weg. Infolgedessen kann eine Änderung unseres Geistes unsere Welt verändern. Ich habe festgestellt, daß es eine effektive äußere Veränderung gibt, wenn Menschen ihren Geist verändern, da die Welt unsere Gedanken und Entscheidungen widerspiegelt. Ich begann dies als ein Prinzip zu betrachten und nicht nur als bloße Theorie, und immer wieder habe ich dieses Prinzip praktisch anwenden können, um Menschen bei ihrer Befreiung zu helfen. Wenn ich mit einem Klienten erfolgreich zusammenarbeitete, verschwanden die äußeren Symptome, ohne daß der Klient unbedingt sein Verhalten ändern mußte. Die Veränderung war bereits durch unsere Heilungsarbeit entstanden. Andere Menschen mit schwierigen Situationen waren häufig vollkommen verwandelt, bis sie zu Hause ankamen. Dies ist einer der Vorteile, wenn man direkt mit dem Unterbewußtsein arbeitet.

Ein anderes dramatisches Beispiel, das ich in meinen Ausbildungs- und Lehrjahren erlebte, geschah in einem Workshop für Jugendliche, den ich in San Diego leitete. In Anbetracht der Teilnehmerzahl und des natürlichen Widerstandes dieser Altersgruppe arbeitete ich mit vielen Co-Therapeuten, welche die Kleingruppen leiteten, und zwei Supervisoren, welche die ihnen zugeteilten Kleingruppen betreuten. Ich arbeitete mit der Großgruppe und verbrachte auch einige Zeit damit, zu all den Kleingruppen hinzugehen. Wir setzten Musik als Medium ein, um die Teilnehmer mit ihren Gefühlen in Verbindung zu bringen und ihre Mitteilungsbereitschaft zu wecken. Nach ungefähr drei Viertel der Workshopzeit kam eine der weiblichen Gruppenleiterinnen mit dem jungen Mann, der ihr Supervisor war, zu mir. Sie baten mich im Falle eines 14jährigen Mädchens um Hilfe, dessen Gesicht vollkommen leblos schien.

Die Gruppentherapeutin sagte, daß es ihr nicht gelungen war, eine Verbindung zu dem jungen Mädchen aufzubauen oder Leben in sie hineinzubringen. Dem hinzukommenden Supervisor war es nicht einmal gelungen, das Mädchen in ein Gespräch zu verwickeln. Als die Großgruppe das nächste Mal zusammenkam, sprach ich sie jetzt direkt an.

Ich fragte sie: „Sylvia, ist dir bewußt, wie tot du wirkst?"

Zum ersten Mal während des gesamten Seminars zeigte sie ein echtes Gefühl. Als ich diese Worte sprach, überzog ein Lächeln ihr ganzes Gesicht, und sie sagte: „Jaaa, ich weiß." Sie lächelte weiter.

Ich dachte, aha! Hier haben wir jemanden mit einem großen Todeswunsch. Ich fragte sie dann: „Möchtest du sterben?"

Sie antwortete: „So lange ich denken kann, träume ich davon, daß Dracula auf einem Grabstein steht und mich zu sich winkt. Ich laufe auf ihn zu, und wenn ich näher komme, erkenne ich, daß der Grabstein meinen Namen trägt. Ich laufe, so schnell ich kann, doch ich bin in diesem Traum trotzdem sehr langsam, und ich wache immer auf, bevor ich ihn erreiche."

„Was will dich sterben lassen?" fragte ich.

„Als ich drei Jahre alt war, war meine Zwillingsschwester sehr schwer krank, und ich betete die ganze Nacht zu Gott, daß er mich an ihrer Stelle zu sich nehmen solle, da meine Schwester die Brave war", sagte sie.

So sehr ich auch versuchte, unter einer ganzen Reihe von Methoden die richtige zu finden, es schien nichts zu geben, womit ich ihren Todeswunsch ändern konnte. Wir hatten dann eine Pause, bevor die letzten beiden Musikabschnitte mit jeweils nachfolgender Gesprächszeit geplant waren. In dieser Pause besprach ich mich mit der Therapeutin und dem Supervisor des Mädchens.

Ich sagte: „Mir fällt nur noch eines ein, was ihr versuchen könnt. Schaut in euch hinein, um herauszufinden, wo ihr einen Todeswunsch begraben habt."

Beide blickten mich ein wenig ungläubig von der Seite an, denn alle zwei waren jung und sprühten vor Leben. Alle beide versicherten mir auch, daß sie bereit wären, alles zu tun, wenn es dem Mädchen in ihrer Obhut helfen würde.

Als die nächsten Musikstücke gespielt wurden, warf ich einen Blick zur Therapeutin des Mädchens hinüber, genau in dem Moment, als sich in ihren Augen die Erkenntnis zeigte, wo sie hatte sterben wollen. Innerhalb von Sekunden schluchzte sie sich die Seele aus dem Leib. Ich blickte zu dem Mädchen hinüber und sah es zum ersten Mal weinen und die liebevolle Unterstützung zulassen. Bei der nächsten Mitteilungsrunde erzählte die Gruppenbetreuerin dann ihr eigenes Erlebnis. Sie war achtzehn Jahre alt gewesen, als ihre frisch verheiratete Schwester – für sie der Engel der Familie – und deren Mann bei einem Frontalzusammenstoß ums Leben kamen, weil der alkoholisierte Fahrer des anderen Wagens auf der falschen Straßenseite gefahren war.

Während dieser Erzählung schaute ich zu Sylvia hinüber und sah, daß zur Hälfte Leben in sie gekommen war, doch die andere Hälfte brauchte noch etwas. Bald nachdem wir die letzte Musikrunde gestartet hatten, warf ihr Supervisor, ein Freund von mir, einen raschen Blick zu mir herüber, der soviel bedeutete wie: „Ich bin der lebendigste Mensch, den ich kenne, aber wenn es Sylvia hilft, werde ich dieses letzte Stück in mir finden, um ihr zu helfen." Die Musik lief kaum fünf Minuten, als der Schmerz aus ihm herausbrach und er um sein Leben weinte, während er von den anderen umsorgt wurde. Als ich zu dem Mädchen hinüberschaute, konnte ich sehen, daß auch sie frei war, daß sie endlich ungehemmt weinte und wieder die Hilfe ihrer Umgebung annahm und die Liebe einließ. Während der Mitteilungszeit erzählte mein Freund von einer Szene, die ihm aus der Zeit, als er drei Jahre alt war, in den Sinn gekommen war.

Er sagte, er sei nach oben zum Schlafzimmer seiner Eltern gegangen und habe die Tür verschlossen gefunden. Da das Schlafzimmer normalerweise nie geschlossen war, habe er die Tür geöffnet und entsetzt auf seine Mutter, von Beruf Operationsschwester, gestarrt, wie sie mit dem Skalpell in der Hand dastand, den unbeweglichen Blick entschlossen aufs Handgelenk gerichtet. Dann habe sie ihn angebrüllt, weil er trotz der geschlossenen Tür ins Zimmer gekommen war, doch in seinem Innern habe er genau gewußt, was vor sich ging. Innerhalb eines Augenblicks hatte er dann den ganzen emotionalen Schmerz, der in ihr war, auf sich genommen und „geschluckt".

Eine der eindrücklichsten Szenen meines Lebens war der Anblick, als Sylvia, ihre Gruppenleiterin und ihr Supervisor sich in der letzten Session in den Armen lagen und miteinander weinten und lachten.

Wo unsere Welt unbeweglich, unerbittlich, schmerzhaft, stagnierend oder tot erscheint, zeigt sie Schuldgefühle, Angst, Rache, Verurteilung, Groll, Selbstsucht, Ambivalenz und Konflikt, die im Inneren verborgen sind. Wenn eines dieser Themen transformiert wird, wirkt sich dies auf alle anderen aus, und es gibt eine entsprechende Veränderung in der Welt um uns herum. Wir bewegen uns dann nach vorne, bis uns die nächste Blockade stoppt.

Wenn wir zu sehr steckenbleiben, von unseren Problemen niedergedrückt, enttäuscht oder in Konflikte gestürzt werden, so sehr, daß wir nur noch sterben wollen, dann ist Gnade, Heilung oder gesegnete Veränderung die Antwort. Dies kann geschehen durch:

- unseren Wunsch nach Veränderung
- unsere Wahl und die Bereitschaft, weiterzugehen
- Lernen und, weit wichtiger, Gelerntes wieder verlernen
- Verständnis, Akzeptanz, Vergebung und Geben
- Loslassen oder Integration der im Konflikt befindlichen Teile unseres Geistes
- unseren Wunsch nach Wahrheit
- Anerkennung unserer Fehler
- Engagement und / oder Eingehen von Verbindung
- Dienst am Nächsten
- Liebe
- Vergebung sich selbst und anderen gegenüber

Wir bewirken Veränderung, gesegnete Veränderung, wenn wir dort durchbrechen, wo das Ego uns behindert, ein Ego, dessen Ziel es ist, uns von unserer Lebensaufgabe und jener persönlichen Entwicklung abzuhalten, die Stück für Stück seine Mauern einreißen würde.

Probleme lösen

Hier nun einige der Prinzipien, die uns beim Lösen unserer Prinzipien helfen können:

- Jedes Problem repräsentiert einen Konflikt innerhalb unseres Geistes.
- Unseren Geist zu verändern ist gleichbedeutend damit, unsere Welt zu verändern.
- Probleme sind das Ergebnis falscher Entscheidungen und schlechter Investitionen. Wir können neue, erkenntnisreichere Entscheidungen treffen.
- Jedes Problem hat einen Zweck.
- Wenn der Wunsch nach Heilung bzw. die Bereitschaft voranzugehen, stärker wird als das Problem, dann verschwindet das Problem.
- Ein Problem repräsentiert die Angst vor dem nächsten Schritt in unserem Leben. Vertrauen in den nächsten Schritt stellt das Ende des Problems dar.
- Ein Problem zeugt von Trennung oder mangelnder Verbundenheit. Wenn durch Liebe oder Vergebung Verbindung eingegangen wird, dann verschwindet das Problem.
- Ein Problem beruht auf Groll oder Verurteilung. Wenn wir uns für Vergebung entscheiden, werden wir beide befreit.

Menschen brauchen Ziele

Wir Menschen sind zielorientierte Wesen. Wir phantasieren uns unser Leben zusammen und alles, was uns geschieht, weil unser Leben und alles in ihm einen gewissen Zweck verfolgt. Jedes positive und jedes negative Ereignis verfolgt ein bestimmtes Ziel bzw. erfüllt einen bestimmten Zweck für uns. Die Psychiatrie hat negative Ereignisse normalerweise als Ereignisse beschrieben, die *sekundäre* Pläne bzw. Nutzen besitzen. Ich habe festgestellt, daß es sich dabei nicht nur um sekundäre Pläne handelt; größtenteils handelt es sich bei ihnen um die grundlegenden Pläne unseres Menschseins. Die Transformation dieser menschlichen Pläne ist der wichtigste Schlüssel, um Probleme aufzulösen und zum Verschwinden zu bringen. Entweder kann unser Ego oder unser

Höheres Bewußtsein die Führung übernehmen und somit das Ziel und das Resultat eines Ereignisses bestimmen. Ziel des Ego ist es, sich selbst aufzubauen und *sich selbst* glücklich zu machen, während das Höhere Bewußtsein *uns* heilen und *uns* glücklich machen möchte. Wenn das Ego ein Ereignis bestimmt, dann baut es seine eigene Besonderheit auf und greift jene an, die diese Besonderheit zu bedrohen scheinen, und dazu gehört auch der unterbewußte Angriff, den wir durch unser Opfer-Sein ausüben. Es zielt darauf ab, am meisten zu haben und in irgendeiner Weise der Außergewöhnlichste zu sein. Wo wir der Führung des Höheren Bewußtseins folgen, herrschen Liebe, Teilen, Helfen und Heilen, und wir folgen dem Ruf unserer Lebensaufgabe.

Bewußtheit und das Ego

Durch Bewußtheit können wir sehen, daß wir für unser Leben verantwortlich sind, da wir, mehr als alles andere, der konstante Faktor in unserem Leben sind. Wir können auch erkennen, daß wir gewisse Entscheidungen, die wir getroffen haben, verbergen, weil sie für unser Bewußtsein inakzeptabel wären. Das Ego versucht zu verhindern, daß wir uns der Rolle, die wir in einer bestimmten Situation spielen, bewußt werden. Es fürchtet Verantwortung und Gleichberechtigung, weil es das Gefühl hat, daß dies seine Pläne stören könnte, in denen es um Besonders-sein-Wollen, Angriff, Verletzlichkeit, den Teufelskreis von Überlegenheit und Unterlegenheit und um Opferung geht. Es betrachtet Bewußtheit als eine Bedrohung für die Trennung, die es für sein Überleben braucht. Wann immer wir zum Opfer gemacht werden, wird das Ego gestärkt. Das Ego ist das Prinzip der Trennung und der Angst, des Konkurrenzkampfes, der Abwehrhaltung und der Verzögerung, wohingegen durch Bewußtheit ein Vorwärtsfließen, eine Entfaltung und ein Eingehen von Verbindung möglich werden.

Das Ego setzt Schuldgefühle als Hauptwaffe ein, um uns davon abzuhalten, nach innen zu schauen. Es warnt uns davor, nach innen zu blicken, weil wir dort Dinge über uns selbst herausfinden würden, die so dunkel sind, daß kein Mensch uns lieben könnte. Es ist wahr, daß wir vergrabene Schuld in uns tragen, die ein sehr düsteres Bild von uns zeichnet. Selbst die nettesten Menschen kompensieren Schattenfiguren, bei denen es sich um irrige Selbsthaß-Überzeugungen handelt. Doch für diese

Schuld fordert das Ego mindestens einen Selbstangriff, immer aber Selbstbestrafung, wenn nicht sogar ein bald fälliges Todesurteil. Schuldgefühle sind zum einen vollkommen selbstzerstörerisch, und zum anderen handelt es sich dabei um einen illusorischen Fehler, der den Zielen des Ego dient. Schuldgefühle verstärken in Wirklichkeit das Problem, was im Fortbestand des Ego resultiert und natürlich im Fortbestand des Problems an sich. Schuldgefühle gehören zu den besten Gegnern von Veränderung und werden häufig eingesetzt, wenn wir Angst vor dem nächsten Schritt haben.

Wunder können geschehen

Ein Schlüsselaspekt der Heilung besteht im Anerkennen, daß wir derjenige sind, der den Traum träumt bzw. die Geschichte erzählt, die zu unserem Leben wird. Wir können anerkennen, daß die Probleme und die verborgenen Entscheidungen, welche die Probleme erzeugt haben, ein Irrtum sind und daß sie niemals jenes Glück hervorbringen werden, das wir irgendwie erwartet hatten. Dies ist unsere Geschichte, unser Traum, und wir können wählen, wie er sich entfalten soll und wie wir ihn wahrnehmen. Wir können ihn anders betrachten oder die Geschichte anders erzählen, und dann ist der Traum bzw. die Geschichte auch schon verändert.

Wir können darum bitten, daß uns der Weg gezeigt werde, wir können um das Loslassen unserer Klagen und Beschwerden bitten, was uns für die Hilfe des Himmels in unserer aktuellen Situation öffnen wird. Wenn dies geschieht, ist unser Geist offen, die Wunder zu empfangen, die uns von unserem Leid erlösen und immer darauf warten, als die Lösung, die der Himmel für uns bereithält, angenommen zu werden.

Dieses Buch ist eine Anerkennung dessen, daß Wunder in unserem Leben geschehen können und daß die Gnade uns immer zur Verfügung steht. Es demonstriert, was man tun kann, um begangene Fehler umzukehren bzw. aufzulösen, Fehler wie Rache-Nehmen oder Festhalten an Vorwürfen, in der Meinung, daß uns dies glücklich machen wird. Jedesmal, wenn wir einen Fehler berichtigen oder eine Illusion loslassen, fällt unser Leid von uns ab und findet ein Echo in der Welt, wo anderer Schmerz und andere Illusionen hinwegschmelzen, die durch unsere Heilung einen Segen erfahren.

Wie du dieses Buch verwenden kannst

Dieses Buch ist als ein Abenteuer gedacht, das Prinzipien anbietet, die dir helfen können, wie sie bereits Tausenden von Menschen geholfen haben. Es wird dir einen neuen Weg zeigen, die Welt zu sehen, der deine Kraft und Zuversicht stärken wird. Je mehr diese Prinzipien Eingang in dein Leben finden, desto mehr wirst du feststellen, daß sich dein Leben verändert und du über deine Begrenzungen hinausgehst. In dem Maße, wie du an der Bewältigung deiner Probleme reifst, wirst du feststellen, daß noch schwierigere Probleme auf dich warten, doch dein Erfolg, deine Zuversicht und dein Glück werden immer weiter wachsen. Du wirst ein Stadium nach dem anderen durchschreiten, von Problemen zu Konflikten gehen, von Opferfallen zu Beziehungsfallen, von Beziehungsfallen zu Familienfallen und von Familienfallen zu (unbewußten) Seelenfallen. Dieses Buch kann immer wieder eingesetzt werden, um dich in jedem Stadium deines Heilungsprozesses in deiner Entfaltung zu unterstützen.

Alles auf einmal oder ein Kapitel pro Tag

Dieses Buch kann auf vielerlei Weise benutzt werden. Du kannst alle fünfzig „Wege“ auf einmal durchlesen, um deine Erfolgschancen zu vertiefen und zu erweitern, oder nacheinander ein Kapitel pro Tag durcharbeiten. Zwar ist jeder Weg ein in sich abgeschlossenes Kapitel, doch jedes Kapitel baut auch gleichzeitig auf den anderen auf, und alle gemeinsam führen zu einem neuen Verständnis. Da sich die Lektionen in ihrem Inhalt allmählich steigern, kannst du beim Durcharbeiten dieses Buches allmählich ein Verständnis für die Funktionsweise unseres Geistes gewinnen – der entweder arbeitet, um uns zu heilen oder um uns aufzuhalten – und langsam ein Gesamtbild entwickeln. Je mehr du dich auf die Wege konzentrierst und auf sie einläßt, desto mehr werden sie dir helfen. Jeder Weg beinhaltet ein Prinzip, das dich von deinen Problemen befreien kann. Dieses Buch will dich jedesmal, wenn du dich auf sein Abenteuer einläßt, auf eine neue Ebene bringen. Wenn du die Prinzipien in dich einsinken läßt, werden sie zu einem Teil deines Lebens werden.

Deine wichtigste Lektion

Wenn du mit diesem Buch allmählich vertraut wirst, oder auch bevor du damit startest, kannst du einfach intuitiv raten, welcher der Wege von eins bis fünfzig die wichtigste Lektion beinhaltet, um dein Problem zu lösen. Das Auswählen eines Weges vermag anscheinend direkt zum Kernthema deines Problems zu führen.

Das Universum entscheiden lassen

Wenn dir die Wege und ihre Numerierung schon vertraut sind, kannst du die Zahlen auf kleine Zettel schreiben, sie in einen Hut geben und eine oder mehrere Zahlen ziehen, wobei du um die Zahl bittest, die dir am besten bei der Lösung deines Problems (deiner Probleme) helfen kann. In der Regel reicht eine Lektion, du könntest jedoch auch mit dreien (einem alten Zahlsymbol für Transformation) arbeiten, sobald du mit allen Lektionen vertraut bist.

Der Weg hindurch

Du hast vielleicht zu diesem Buch gegriffen, um die Kraft zu finden, dein Leben zu verändern und durch die Schwierigkeiten hindurchzugehen, von denen du umgeben bist. Dieses Buch will dich erneuern und stärken, indem es Prinzipien und Heilungsübungen bereitstellt, die dich von deinen Problemen befreien können. Denke daran, daß dieses Buch nicht einfach nur zum Lesen gedacht ist; es ist dafür geschrieben, daß man sich damit beschäftigt und damit arbeitet. Wenn du dich auf die Übungen einläßt, wirst du dafür belohnt werden. Wenn du deinen Weg nicht länger hinter dem Konflikt, dem Dilemma oder der Fallgrube hinauszögerst, wird dir dieses Buch dabei helfen, vorwärtszugehen auf eine neue Ebene der Zuversicht, des Erfolgs und der zwischenmenschlichen Nähe.

In Wahrheit braucht es nur deinen Wunsch, aufzuwachen und zu erfahren, was du verborgen hast, zu erfahren, daß du die Kraft hast, dich selbst zu befreien. Unser Wunsch, Liebe zu geben sowie uns selbst und andere kennenzulernen, und unser Wunsch, für eine neue Welt zu erwachen, geben uns den Mut zur Auseinandersetzung mit den Dingen, vor deren

Erforschung wir so viel Angst hatten und die wir verleugnet, abgespalten und verdrängt haben. Indem wir uns mit unseren begrabenen Themen auseinandersetzen, öffnen wir uns für die Inspiration und das Empfangen von längst verlorenen Gaben, die gemeinsam mit unseren Konfliktthemen begraben waren.

Du brauchst nicht an die Prinzipien zu glauben, damit sie wirken. Wenn du schon an die Prinzipien glauben würdest, dann hättest du deine gegenwärtigen Probleme nicht. Für jene Menschen, die bereits nach diesen Prinzipien leben, ist dieses Buch eine ausgezeichnete Erinnerung an Wege, mit denen auftauchende Probleme geheilt werden können.

Viel Glück und die allerbesten Wünsche für dich bei deinem Heilungs- und Lern-Abenteuer.

Weg 1
Die Lektion lernen

In jedem Problem ist eine gewisse Lektion enthalten, die es zu lernen gilt. Sobald wir die Lektionen in einem bestimmten Lebensbereich gelernt haben, überraschen uns dort in der Regel keine nennenswerten Probleme mehr. Auf der anderen Seite werden die spezifischen Lektionen, die für uns in Probleme eingebaut sind, zu einer Schicksalsprüfung, wenn wir sie nicht lernen – zu einem chronischen Problem in unserem Leben, unter dem wir leiden. Wo immer wir starr oder unnachgiebig geworden sind, wo wir unwillig sind, zu lernen oder uns zu ändern, werden wir leiden. Auf einer gewissen Ebene ist das Leben eine Schule, die von unserer Seele eingerichtet wurde, damit wir gewisse Lektionen lernen und bestimmte Geschenke geben. Diese Lektionen werden uns zum rechten Zeitpunkt präsentiert, und wenn wir uns weigern, sie zu lernen, werden unsere Belastung und unser Schmerz entsprechend wachsen. Wenn wir rechthaberisch und aus einer Verweigerungshaltung heraus handeln, wenn wir so tun, als wüßten wir die Antwort, zeigen wir unsere mangelnde Bereitschaft, zu lernen oder uns zu verändern. Lernbereitschaft öffnet unseren Geist und bringt uns in einen Vorwärtsfluß.

Es gibt ganze Regionen auf der Welt, wo die Menschen dem Lernen argwöhnisch gegenüberstehen und sich gegen Bildung jeder Art wehren. Natürlich bereiten manche Ausbildungsarten die Menschen nur auf den Arbeitsmarkt vor, doch selbst dies wird das Selbstvertrauen eines Menschen stärken und seinen Geist erweitern. Jene Art von Erziehung und Bildung, welche die Menschen auf das Leben vorbereitet und ihnen hilft, sich zum Besseren zu verändern, ist wertvoll aufgrund dessen, was sie gibt, und aufgrund der Probleme, die sie löst. Erziehung und Bildung machen uns bewußter, flexibler und weniger voreingenommen. Sie helfen uns in der Entfaltung unseres Denkens und unserer persönlichen Reife. Wenn wir jeden Tag etwas Neues lernen, hilft uns dies, aufgeschlossen und jung im Geist zu bleiben. Die Menschen werden starr durch Verurteilung. Sie erschöpft uns und macht uns älter, keinesfalls jedoch weiser oder bewußter. Mit dem Lernen unserer Lektionen entfaltet sich das Leben auf die leichteste und bestmögliche Art in seinem vorbestimmten Lauf, was dem Glück in unserem Leben den Weg bereitet. Wenn wir bei einer bestimmten Lektion versagt haben, bleibt ihr Schmerz bei uns, er beeinträchtigt jenen Lebensbereich und zieht unser gesamtes Leben nach unten. Doch die Lektion wartet immer noch auf uns, und wenn wir sie am Ende lernen, verschwindet der Schmerz und bringt ein Geschenk, das mit einer neuen Ebene der Zuversicht und Bewußtheit einhergeht.

Das Leben wird immer lauter bei uns anklopfen, bis wir die Tür öffnen, um die Lektion zu lernen. Wenn wir die Tür verbarrikadieren oder so tun, als wäre niemand zu Hause, dann wird das Leben unsere Tür gewaltsam öffnen, um uns die Botschaft zuzustellen. Wenn wir uns noch weiter weigern, kann dies katastrophale Folgen haben. Es kann kein Problem geben, wenn wir nicht etwas vor uns verborgen halten oder uns in irgendeiner Weise selbst täuschen. Darum heilt uns der Mut, das zu lernen, wovon wir uns abgespalten haben. Dabei handelt es sich nicht immer nur um schmerzhafte, sondern häufig auch um wunderschöne oder transzendente Erfahrungen, die das Ego ebenfalls bedrohen. Wenn wir erkennen, daß unser Ego ein Lerninstrument und nicht der Chef unseres Geistes ist, außer wenn wir es dazu machen, werden wir erkennen, daß wir mehr Freiheit haben, das zu wählen, was wir wollen. Wir werden auch lernen, daß das, was das Ego bedroht, nicht unbedingt uns bedroht.

Das Lernen kann ein sehr mächtiger Veränderungsfaktor sein, insofern wir innerhalb eines Augenblicks etwas lernen und unsere Welt sofort verändern können. Je weiter wir mit unserem Lernen gehen, desto mehr können wir auch beginnen, das Verlernen als Heilungsprinzip wertzuschätzen. Wir sehen, was uns begrenzt oder eine Falle stellt, und wir wissen, daß es etwas gibt, was wir verlernen sollten. An jedem Punkt, an dem wir in unserem Leben eine dunkle Lektion aufgreifen konnten, haben wir eine irrtümliche Lektion gelernt, die wir verlernen müssen, um glücklich zu werden. Die einfache Erkenntnis, daß wir einen Fehler gemacht haben, wenn wir unglückliche Zeiten durchleben, öffnet unseren Geist für wahrhaftes Lernen. Wenn du richtig gelernt hast, dann werden der Schmerz und die Schwere der Vergangenheit zugunsten von gegenwärtigem Verständnis und Liebe aufgelöst werden. Ausgenommen dann, wenn du meinst, die Vergangenheit müßte so bleiben, wie sie war, um einen bestimmten gegenwärtigen Plan einzuhalten, wirst du von Natur aus neugierig sein, wie etwas in der Vergangenheit so Schmerzhaftes einfach nur ein Fehler gewesen sein kann, den es zu berichtigen gilt. Wenn du an der Vergangenheit hängst, um jetzt eine Entschuldigung zu haben, dann wird sich dein Ego bedroht fühlen, und du wirst wütend werden. Wir lernen zwar nur so schnell, wie wir lernen wollen, doch die Geschwindigkeit unseres Lernens kann die Qualität unseres Lebens diktieren. Motivation ist beim Lernen und Heilen gleichermaßen der entscheidende Faktor.

Übung

Jetzt ist die Zeit gekommen, die Bereiche deines Lebens daraufhin zu überprüfen, wie gut du in spezifischen Lernsituationen bist.

1. *Überprüfe zunächst das Ausmaß deines Problems. Ist es ein leichtes Klopfen an deiner Tür, oder hat man dir die Tür eingetreten? Je größer das Problem, desto größer die verborgene Emotion, der verborgene Konflikt und die verborgene Lektion.*

2. *Überprüfe als nächstes deine Einstellung zum Lernen, da deine Haltung in jedem Lebensbereich zum entscheidenden Faktor wird.*
   - *Bewegst du dich in Richtung Erfolg oder Leid?*
   - *Bist du ein widerspenstiger oder ein glücklicher Lernender?*
   - *Greifst du dich selbst an und sagst, daß du etwas nicht lernen kannst, machst du dich klein und vergrößerst deine Ängste durch deinen Selbstangriff und deine Negativität, die einfach nur deine Angst vor dem Vorangehen verbirgt?*
   - *Kämpfst du dagegen an, eine bestimmte Lektion zu lernen, und tust du so, als sei es einfach nur etwas, durch das man hindurch muß?*

3. *Überprüfe einige der folgenden Bereiche im Hinblick auf deine Einstellung und den Erfolg, den du darin hast. Füge ruhig auch eigene Kategorien hinzu, die du aufgrund deiner Lebenssituation für wichtig hältst. Frage dich, zu welchem Prozentsatz du die jeweilige Lektion gelernt hast. Wenn du die Lektion gelernt hast und in diesem Bereich glücklich, erfolgreich und sorgenfrei bist, dann beträgt dein gegenwärtiger Lernprozentsatz ungefähr einhundert Prozent.*

Kategorie	*Einstellung*	*Wie gut habe ich die Lektion gelernt?*
– Wahre Liebe		
– Beziehungen		
– Liebe im allgemeinen		
– Fülle		
– Geld		
– Freizeit		
– Gesundheit		
– Kommunikation		
– Emotionen		
– Offenheit		
– Sexualität		
– Beruf		
– Lebensaufgabe		
– Zuversicht		
– Erfolg		
– Familie		
– Elternschaft		

Wenn du bereit bist, deine Kontrolle und deinen Plan aufzugeben, gibt es einen einfachen Weg, auf dem du dich öffnen und die Lektion lernen kannst. Jeder Bereich deines Lebens, in dem es Probleme gibt, in dem unbedingt alles nach deinem Willen geschehen muß oder in dem du dich ärgerst, ist ein Ort, an dem der Plan deines Ego abläuft und es dir an Zuversicht mangelt.

Wenn du mutig und willens bist, die Lektion zu lernen, dann werden Zuversicht und Leichtigkeit da sein. Nimm eine beliebige Kategorie und lasse deinen Plan dafür los. Bitte den Himmel oder dein Höheres Bewußtsein, dir den Weg zu zeigen. Während du deinen vergangenen Ärger, deine Ängste, deine Unwilligkeit voranzugehen, deine Schuldgefühle, deinen Zorn oder andere Blockaden losläßt, bitte darum, die Lektion zu empfangen, die dich befreien, dir Zuversicht schenken und dich voranbringen wird.

Wähle eine Kategorie und führe Buch über diesen Bereich; auf diese Weise wirst du feststellen, wann Lernsituationen auftauchen. Verpflichte dich jeden Tag, in diesem Bereich leicht zu lernen. Eine Quelle der Hilfe und des Lernens können auch Freunde sein, die Schule, Bücher,

Arbeitskollegen, ein Mentor, Workshops, Konferenzen, Besprechungen, das Fernsehen, das Internet, Träume oder Inspiration. Nimm wahr, wie dein Wunsch zu lernen und deine Bereitschaft, deinen alten Plan aufzugeben, dich befreien. Ein Kurs in Wundern *legt uns nahe, daß wir von der Rolle unseres eigenen Lehrers zurücktreten. Entscheide dich dafür, die Lektion zu lernen. Wünsche dir, die Lektion zu lernen. Sei willens, die Lektion zu lernen. Nimm wahr, wie schnell sich die Dinge entfalten können, nachdem du diese Lektion gelernt hast, und wie der Erfolg auf einer völlig neuen Ebene wachsen kann, wenn du losläßt und darum bittest, daß dir der Weg gezeigt werde.*

Sobald sich diese Lektion abgeschlossen anfühlt – was nicht nur dadurch bewiesen wird, daß du von deinem Problem befreit bist, sondern auch durch deine neue Kraft –, wähle einen neuen Lebensbereich, in dem du vorankommen möchtest, und gehe genauso vor. Wie schnell die Situation auf eine völlig neue Ebene des Lernens und des Erfolgs gelangt, hängt davon ab, um wieviel dein Wunsch größer ist als deine Angst.

Weg 2
Angst heilen

Angst liegt im Herzen eines jeden Problems. Einer der effektivsten Wege, um ein Problem zu heilen, besteht darin, die innere Angst zu heilen. Die meisten Menschen erkennen nicht, daß Angst – wie alle Emotionen – bei uns selbst beginnt. Sie kommt als eine Reaktion aus unserem Inneren. Sie ist das Ergebnis unseres Denkens und unserer Betrachtungsweise der Dinge. Die Art und Weise, wie wir agieren und reagieren, erzeugt unsere Angst.

Angst beruht im wesentlichen auf Trennung. Somit erschaffen wir Angst an jedem Ort, wo wir etwas wegschieben, z. B. durch Verurteilung, Angriff oder Rückzug. Wir projizieren dann unser Tun nach draußen und betrachten die Welt so, als würde sie uns dies antun. Unsere Emotionen sind ein anderes Beispiel dafür, daß wir ernten, was wir säen. Obwohl es nicht wahr ist, glauben wir häufig, daß das, was uns geschieht, durch andere Menschen oder eine äußere Handlung verursacht wird. Wir halten uns selbst für passiv, für neutrale Beobachter. Wir glauben, daß andere Menschen oder Situationen ein Gefühl in uns auslösen. Aussagen wie „Er machte mich zornig“, „Sie hat Schuldgefühle in mir geweckt“ oder „Er hat mich verletzt“ sind nur einige Beispiele hierfür. Wir erkennen einfach nicht, in welchem Maß unsere Gedanken und Reaktionen unsere Gefühle erzeugen. Überall dort, wo *keine* Liebe ist, *keine* Verbundenheit, *kein* Verständnis, *kein* Sich-Verbinden oder ein beliebig anderes Heilungsprinzip, das uns zusammenbringt, wird Angst herrschen. Sie ist die Grundlage aller negativen Emotionen. Alle Emotionen lassen sich im Grunde auf zwei reduzieren: Liebe und Angst, wobei die Angst eine Illusion ist.

Alle Angst beruht auf Verurteilung und Angriffsgedanken, die wir auf unsere Umwelt richten. Die Angst hat ihren Ursprung nicht außerhalb von uns. Wie wir denken und handeln, so sehen wir die Welt uns gegenüber denken und handeln. Wir projizieren unser Tun nach draußen und erleben uns dann als angegriffen und verletzlich, was uns davon abhält, uns mit anderen auszutauschen und zu verbinden. An diesem Punkt verlieren wir die Tatsache aus den Augen, daß die Situation bzw. die Gefühle als Gedanken begonnen haben – Gedanken, die auf einer gewissen Ebene eine Entscheidung waren und selbsterfüllende Prophezeiungen hervorbringen. Unsere Gedanken erschaffen buchstäblich die Welt, die wir sehen, und sie führen uns entweder in Richtung Leben und Glücklichsein oder in Richtung Leid und Tod. Wenn wir uns der unzähligen Angstgedanken bewußt werden, die dadurch entstehen, daß wir andere Menschen, die Situation oder uns selbst verurteilen, können wir uns entscheiden, diese Gedanken aufzugeben. Einer von vielen Wegen, um die Angst an der Wurzel eines jeden Problems zu heilen, besteht darin, unsere Angstgedanken und negativen Überzeugungen loszulassen und uns dadurch für eine neue Ebene der Zuversicht, der Chancen und der Begabung zu öffnen, welche die äußere Situation schnell und leicht auflöst.

Dies erfordert zunächst einmal, daß wir uns der Gedanken bewußt werden, die wir im Zusammenhang mit einer Situation geschaffen haben. Viele Menschen sind sich nicht einmal bewußt, daß sie Angstgedanken haben, die zu selbsterfüllenden Prophezeiungen werden, die unser Leben bestimmen. Wir gehen mit diesen ständig unbewußten Angstgedanken durch unser Leben, und um sie endlich zu bemerken, müssen wir schon durch und durch von Angst erfüllt sein. Wir erkennen nicht, inwieweit wir uns selbst durch solche Gedanken angreifen. Unsere Ängste ziehen unsere Probleme an und bringen sie zu uns nach Hause. Sie verstärken und rufen unterbewußt nach dem, wogegen wir Widerstand leisten, wodurch sie genau das hervorbringen, vor dessen Eintreten wir Angst haben. Unsere Angst schwächt und lähmt uns, und sie verhindert, daß wir uns zuversichtlich fühlen und effektiv handeln. Doch unsere Angst wird immer dann überwunden, wenn unser Wunsch nach Heilung größer ist als unsere Angst vor dem nächsten Schritt. Am Ende werden wir durch dieses Gefühl nicht länger zurückgehalten. Ganz gleich, um welche Situation es sich handelt, unsere Angst blockiert unsere Zuversicht und Handlungsfähigkeit.

Die Angst versucht die Zukunft zu bewältigen, bevor sie eintritt, was unmöglich ist. Je mehr wir versuchen, in der Zukunft zu leben, desto ängstlicher werden wir, da wir glauben, daß unser Leben genauso sein wird wie bisher und daß sich jedwede unaufgelöste Negativität der Vergangenheit wiederholen wird.

Angst beruht auf Gefühlen des Verlusts oder der Trennung. Wir fühlen uns dermaßen geängstigt, daß wir uns abgeschnitten, verlassen, abgewiesen und unerwünscht fühlen, ohne einen Menschen, der uns helfen könnte. Ungeheilte Zeiten der Vergangenheit, in denen wir isoliert oder getrennt wurden oder die Verbundenheit verloren haben, existieren in Form von Angst noch immer in uns. Dies bedeutet, daß unglückliche Erinnerungen an unsere Vergangenheit sich als Angst oder Vertrauensmangel zeigen. Doch wir können nur dann diese Angst immer noch in der Gegenwart fühlen, wenn wir denken, daß wir alleine sind und daß es niemanden gibt, der uns nahesteht, nicht einmal Gott. Wenn wir uns erlauben würden, die Gegenwart Gottes an unserer Seite zu spüren, würden wir die Angst genauso auflösen, wie das Licht die Dunkelheit auflöst. In derselben Weise werden wir die Angst auflösen, wenn wir uns mit einem anderen Menschen verbinden und im Hier und Jetzt Verbundenheit schaffen. Viele von uns tragen aufgrund von altem Schmerz, der in ihrem Innern eingeschlossen ist, Angstmuster mit sich herum. Nachdem ich mit Tausenden von Menschen gearbeitet habe, in deren Kindheit es schwerwiegende Geschichten von Ablehnung und Zurückweisung gab, ist mir bald klar geworden, daß hier viel mehr abläuft, als mit bloßem Auge sichtbar ist.

Alles, was wir vor uns selbst in Dunkelheit verborgen haben, und alles, was wir verurteilt haben, erzeugt Angst. Sobald wir bereit sind, uns dem zu stellen, was wir unterdrückt und verdrängt haben, was wir verleugnet und abgespalten haben, können wir beginnen, die begrabenen Emotionen zu durchleben, da uns die Angst nicht länger einschüchtert. Wir können endlich beginnen, diese Erfahrung zu heilen. Dieses Problem hätte gelöst werden können, wenn wir das anfängliche Gefühl, das vorhanden war, als der Schmerz begann, in seinem vollen Umfang – bis zu seiner Auflösung – durchlebt hätten. Wenn wir jetzt mit den unterbewußten Elementen des Geistes in Kontakt kommen, beginnen wir zu verstehen, wie viele negative Emotionen wir vor uns selbst versteckt haben. Wo immer wir Emotionen dieser Art vergraben, erfüllt uns dies mit noch mehr Angst. Wenn wir diese Emotionen heilen, indem wir sie ganz durchleben und zu einem neuen Verständnis, Vergebung oder Loslassen gelangen, wächst unser Vertrauen, und wir betrachten uns nicht länger als unwürdig. Als Ergebnis dieser Heilung glauben wir nicht länger, Verlassenheit und Zurückweisung verdient zu haben, und eine ganze Schicht von Selbstangriff fällt von uns ab. Ein Großteil dessen geschieht dadurch, daß wir viele verborgene Elemente verstehen, die an unserer Erfahrung des Verlassenseins, der Zurückweisung und des Herzensbruchs beteiligt waren. Wir beginnen Egostrategien, verborgene Pläne und ihre Ziele zu erkennen. Wir beginnen zu erkennen, daß wir der Überzeugung waren, durch das Bezahlen eines gewissen Preises an Schmerz und Negativität etwas erreichen zu können, von dem wir glaubten, daß es uns helfen oder uns glücklich machen würde. Dieser irrige Glaube beinhaltet auch Dynamiken wie das Verbergen und Vermeiden unserer Lebensaufgabe, eine Entschuldigung haben, um andere angreifen zu können, Selbstsucht beibehalten oder verbergen, den eigenen Kopf durchsetzen wollen, etwas Besonders sein wollen, ein gewisses Maß an Unabhängigkeit aufrechterhalten, nach Rache dürsten und Angst vor Zurückweisung und Verlassenheit behalten. Bei diesen Dingen handelt es sich um einen Versuch, noch größere Ängste zu meiden wie die Angst vor Beziehung, vor zwischenmenschlicher Nähe, vor der eigenen Lebensaufgabe, vor unserer wahren Größe und Bestimmung. Wenn wir die Angst vor dem Verlassenwerden und vor Zurückweisung auflösen, werden unsere Beziehungen einen großen Schritt nach vorne machen. Anstelle von Angst, Rückzug, Abspaltung, Versagen oder übermäßigem Bemühen verspüren wir nun Zuversicht, Liebenswürdigkeit und Unwiderstehlichkeit sowie die Gaben der Heilung und der Stärke.

Courage, das englische (und französische) Wort für Mut, kommt vom Französischen coeur, was „Herz“ bedeutet. Das Ausmaß, in dem uns das Herz gebrochen wurde, ist das Ausmaß, in dem wir von Angst erfüllt bleiben. Angst führt zu Verletztheit, Eifersucht, Unsicherheit, Bedürftigkeit, Unwilligkeit, noch mehr Herzensbruch, Abspaltung, Unabhängigkeit, Fehlen von Beziehungen, Zynismus und Verbitterung. Wo wir durch vergangene Erfahrungen den Mut verloren haben, wächst unsere Angst, und wir handeln auf eine Art und Weise, die uns schwächt. Wir ziehen uns dann entweder zurück oder greifen an, in der Hoffnung, daß jemand kommen wird, um uns zu finden und durch seine Liebe zu retten. Wir erkennen nicht, wie sehr wir uns mit diesen Mustern selbst schaden. Wenn wir keinen Partner haben und nicht auf die Welt gekommen sind, um als Mönch oder Nonne zu leben oder dem Weg des Zölibats zu folgen, dann ist hier ein großes Angstelement am Werk, ungeachtet dessen, was wir uns selbst erzählen. Wo in einem Lebensbereich Mangel herrscht, haben wir Angst zu empfangen, und dann handeln wir auf selbst-schwächende Weise.

Confidence, der englische Begriff für Zuversicht und Vertrauen, kommt von den lateinischen Wörtern *cum* und *fides*, was soviel bedeutet wie „mit Glauben“. Zuversicht bedeutet, daß wir unseren Geist aufrichtig und gewissenhaft einsetzen und daß wir die Situation und uns selbst aufbauen, anstatt uns selbst mit Angstgedanken oder durch Verurteilung anzugreifen, die auf Angst, Schuldgefühlen und unserem Bedürfnis beruht, uns selbst als vom Gegenstand unserer Verurteilung getrennt und ihm überlegen zu betrachten. Wenn wir angreifen oder verurteilen, werden wir genau dieses Urteil zu uns zurückkommen sehen. Dies erfüllt uns mit Angst. Wenn wir jedoch vertrauensvoll und zuversichtlich sind, greifen wir niemanden an, nicht einmal uns selbst. Man kann uns nicht verärgern, weil wir die Kraft unseres Geistes einsetzen, um auf positive Weise zu denken und zu entscheiden, im Wissen, daß das, was wir wählen und denken, als Erfahrung auf uns zurückkommen wird. Wir überziehen weder unsere Gefühle noch die Situation selbst mit Zuckerguß. Wir täuschen uns nicht durch das Tragen einer rosa Brille, und dann wird es auch kein böses Erwachen geben, wenn unsere Leugnung Risse bekommt. Wir wissen einfach, daß alles, was geschieht, letzten Endes keine Macht über uns hat, da wir darauf vertrauen, daß die Situation sich auf bestmögliche Weise entfalten wird. Durch die auf das Gute ausgerichtete Kraft unseres Geistes sind wir in der Lage, Situationen, die ansonsten möglicherweise Leid, Zerstörung oder Tod symbolisiert hätten, in ein Mittel zum Frieden und zum Erfolg zu verwandeln.

Unser Geist ist kraft- und machtvoll. Er erschafft im wahrsten Sinne des Wortes die Welt, die wir sehen. Jeder Versuch, die Kraft unseres Geistes schmälern zu wollen, ist ein mißgeleitetes Bemühen, unsere Ängste zu verringern. Langfristig wird ein solcher Versuch nur unsere Ängste vergrößern, da er an die Stelle unserer Fähigkeit und unserer Verantwortung tritt, unser Leben zu verändern und zu verbessern, und uns vom Zufall oder einer launischen Welt abhängig macht, die nicht viel Rücksicht auf uns zu nehmen scheint.

Eines der häufigsten Ängste an der Wurzel eines jeden Problems ist die Angst vor dem nächsten Schritt. Sie beruht auf mangelnder Zuversicht und Angst vor dem Unbekannten. Eine weitere Schlüssel-Angst, die an allen Ängsten beteiligt ist, ist die Angst vor Verlust, die uns den nächsten Schritt als einen Schritt betrachten läßt, durch den wir mit unserem Vorangehen etwas Lebensnotwendiges verlieren werden. Angst beruht auf einem inneren Konflikt, sie ist das Ergebnis dessen, daß unser Geist gespalten ist und wir zwei verschiedene Dinge wollen. Wenn wir uns in eine Richtung bewegen, verlagert sich die Angst auf die eine Seite und befürchtet, die andere zu verlieren. Dies kann uns in eine Zwangslage bringen, uns so lange quälen, lähmen oder aufhalten, bis es sich so unerträglich anfühlt, daß wir die Seite des Geistes unterdrücken, mit der wir uns am wenigsten identifizieren. Dabei handelt es sich um jene Seite, die als ein Hindernis auf unserem Weg nach außen projiziert wird. Angst beruht auch auf Machtkampf. Diese äußeren Konflikte mit einem anderen Menschen beginnen als innere Konflikte. Unser gespaltener Geist führt dazu, daß zwei Teile unseres Geistes zwei unterschiedliche Dinge wollen und für sie kämpfen, was uns Angst macht. Nur durch die Lösung des Konflikts und die Integration beider Seiten zu einem neuen Ganzen können wir eine größere Integrität herstellen, die uns auf Erfolg ohne Einschränkungen oder Hindernisse ausrichtet.

Schließlich beruht Angst auch auf unserem Autoritätskonflikt, auf unserem Wunsch, selbst den Boss spielen zu wollen, was sich dadurch äußert, daß wir unsere Autoritätspersonen, Führungspersonen und Gott angreifen. Dies macht uns Angst, da sie mehr Macht zu haben scheinen. Und wenn wir uns selbst als Verräter betrachten, werden wir Verrat fürchten. Widerstand gegen Dinge jeder Art erzeugt Angst, und unser Widerstand gegenüber Autoritäten und gegen Vorschriften, was wir tun sollen, selbst wenn es richtig ist, schüchtert uns ein. Das Ausmaß, in dem wir uns Autoritätspersonen widersetzen oder sie angreifen, entspricht dem Ausmaß unserer Angst vor Menschen in Führungspositionen, und es bestimmt, inwieweit wir Gott als strenge, verurteilende Person und nicht als liebenden Vater betrachten, der nur helfen und das hervorbringen will, was für uns das Beste ist.

Wenn wir nicht so viel Angst davor hätten, daß man uns sagt, was wir tun sollen, würden wir auf die Antworten hören, die von innen kommen und unsere Angst auflösen können. Wir kämpfen darum, unser eigener Chef zu sein, selbst wenn wir uns irren oder versagen. Da wir nicht wissen, was wir wirklich wollen, identifizieren wir uns mit unserem Ego und kämpfen gegen uns selbst. Wir haben Angst, unsere eigenen Vorstellungen aufzugeben, weil wir glauben, durch den Verlust unserer distanzierten, reaktiven Unabhängigkeit unsere Freiheit zu verlieren, und erkennen nicht, daß wir in wechselseitiger Abhängigkeit (Interdependenz) viel mehr Freiheit und Wahrheit erfahren würden.

Angst beruht auf unseren Gedanken und Überzeugungen. Überzeugungen sind statische, kontinuierliche Gedanken, die aus den von uns getroffenen Entscheidungen entstehen, manchmal nach schmerzlichen Qualen. Was wir fühlen, beruht auf dem, was wir denken oder glauben. Angstvolle Gedanken oder Überzeugungen führen zu angstvollen Emotionen und beängstigenden Erfahrungen, die wiederum unsere angstvollen Überzeugungen verstärken.

Übung

Diese Übung kann die zugrundeliegende Angst, die ein Problem an seinem Platz hält, wegnehmen. Sie entfernt den Schlüsselfaktor des Selbstangriffs, der jeder Angst innewohnt. Triff die Wahl, dich nicht länger mit negativen Gedanken anzugreifen.

Denke im Laufe des heutigen Tages mindestens fünfmal, jeweils fünf Minuten lang, über ein Problem nach, das du lösen möchtest. Formuliere deine Antworten so präzise wie möglich, wenn du den nachfolgenden Satz vervollständigst:

- *In der Situation, die __________________________ betrifft, habe ich Angst davor, daß ________________________________ geschieht.*

Erkenne, daß jeder dieser Gedanken ein direkter Angriff auf dich selbst ist, der dein Vertrauen, deine Sicherheit und deinen Erfolg untergräbt.

- *Dieser Gedanke verursacht mein Problem und hält mich vom Weitergehen ab.*
- *Möchte ich mir dies weiterhin antun?*

Wenn du diese Fünf-Minuten-Übung fünf- bis sechsmal gemacht hast, wirst du feststellen, daß ganz entscheidende Angst- und Angriffsgedanken an die Oberfläche kommen. Am Ende jeder Übungszeit sage dir: „Ich will mich nicht länger auf diese Art und Weise angreifen. Ich treffe jetzt die Wahl, folgendes zu denken: ____________________________________.“

Weg 3
Seins-Einstellungen oder negative Einstellungen

Unsere Einstellung entsteht aus den Entscheidungen, die wir kontinuierlich treffen. Eine in dieselbe Richtung gefällte Entscheidung nach der anderen wird zu unserer Einstellung, und zwar entweder zu einer positiven oder einer anderen. Unsere Einstellung ist möglicherweise die wichtigste Wahl, die wir im Leben treffen, da es nur zwei Richtungen gibt, in die wir gehen können. Wir haben entweder eine *Seins*-Einstellung voller Segen, Geben und Freude an der Welt um uns herum, wo wir aus unserer Fülle und Ganzheit schöpfen, oder wir haben eine *negative* Einstellung, die ihren eigenen Plan zum „Nehmen" hat. Es gibt etwas, was wir zu nehmen versuchen, wenn wir eine negative Einstellung haben, und wir werden wütend, wenn uns ein Mensch in die Quere zu kommen scheint. Unsere negative Einstellung kann die Form von Rechthaberei, Machtkampf, Selbstsucht, Leid oder Tod annehmen. Eine Seins-Einstellung schätzt Heilung, Lernen, Glücklichsein, die Liebe und das Leben. In manchen Bereichen mögen wir in Richtung Leben gehen, während wir uns in anderen Lebensbereichen vielleicht für den Weg in Richtung Tod entscheiden. Es mag uns nicht einmal bewußt sein, in welche Richtung wir gehen, bis wir es überprüfen, doch sobald wir dies tun, ist die Entscheidung in der Regel einfach. Ich haben manchmal Menschen mit großen Problemen oder schweren Erkrankungen um eine Einschätzung gebeten, wo sie sich auf der Lebensskala (siehe Seite 50) befinden.

Wenn Menschen feststellen, daß sie sich auf der negativen Seite der Skala befinden, können sie einfach die Wahl treffen, eine Kehrtwendung zu machen und in den positiven Bereich Richtung Leben zu gehen. Natürlich sind wir alle so gut, wenn es um Themen geht wie Selbsttäuschung, Projektion, Verbergen, Kompensation, Leugnung und Verdrängung unserer Konflikte, Rache, Rebellion und eine allgemein negative Einstellung, daß wir oft nicht erkennen, daß wir tatsächlich eine negative Einstellung haben, zum Beispiel dann, wenn wir etwas als das Problem oder den Fehler eines anderen Menschen betrachten statt als Teil unserer eigenen Verantwortung aufgrund unserer Beteiligung an der Situation. Der Zustand des Opfers reflektiert eine solche mehr oder weniger verborgene negative Haltung. Manchmal stellen wir fest, daß wir von dieser negativen Haltung, deren Existenz uns nie bewußt war, eine Schicht nach der anderen abschälen. Die Effektivität der Verantwortlichkeit liegt darin, daß ihre Schuldlosigkeit sie aufgeschlossen, kooperativ und hilfsbereit macht, und nicht verurteilend, überheblich und habgierig.

–100	Tod
– 90	Selbstzerstörung
– 80	Zerstörung
– 70	Versagen
– 60	Leiden
– 50	Schuldgefühle
– 40	Schmerz
– 30	Problem
– 20	Aufopferung
– 10	Widerstand
10	Motivation
20	Bereitwilligkeit

Unfälle, Erkrankungen und chronische Probleme, die uns eine Falle stellen und Schmerz verursachen, sind allgemeine Symptome von schlechten Einstellungen, die wir vor uns selbst verborgen haben. Dies bedeutet unter anderem, daß wir in die falsche Richtung gehen und daß wir ein Ziel oder einen verborgenen Plan haben, der uns weg vom Leben in Richtung Tod führt. Wenn wir dies in unserem Innern entdecken, ist es entscheidend, daß wir eine andere Wahl treffen. Wir können wählen, offen zu sein, bereitwillig und der inneren Führung zugänglich. Wir können auch wählen, uns die Wahrheit zu wünschen, unsere Fehler zu berichtigen, die Lektionen zu lernen und um Hilfe beim Ver-Lernen der dunklen, schmerzhaften Lektionen zu bitten. Wir können neue und positive Entscheidungen fällen, unser Vertrauen in einen positiven Ausgang setzen und Verhaftungen, Selbstsüchte, dunkle Überzeugungen, Schuldgefühle und Todesversuchungen loslassen.

Wenn wir uns erlauben, uns selbst und anderen Menschen zu vergeben, können wir Trennung und Verurteilung aufgeben, und wir können uns mit anderen verbinden, uns für das Leben, unseren Partner und unsere Gaben engagieren, unsere Lebensaufgabe leben, unsere Bestimmung annehmen und um ein Wunder bitten. All diese Heilungsprinzipien führen uns in eine Lebens-Richtung, die unser Leben aufbaut.

Alle Entscheidungen, die wir treffen und die entweder in Richtung Leben oder weg vom Tod führen, schaffen Heilung. Es gibt keine neutralen Stellen; wir gehen entweder in Richtung Leben oder in Richtung Tod, und die ganze Zeit können wir wählen. Was immer eine Falle, eine Zwangsvorstellung oder ein Hindernis für unseren Frieden darstellt, ist nicht nur ein Problem an sich, sondern es ist für uns auch ein Zeichen der Sünde, der Zerstörung und des Todes. Durch unsere innere Einstellung können wir wählen, genau das, was wir dazu benutzen, um in eine negative Richtung zu gehen, als ein Mittel zur Heilung und zum Frieden zu betrachten. Wenn wir dies tun, wenden wir uns in eine positive Richtung, und unsere Probleme werden zu Lern- und Heilungssituationen – dem Material, aus dem positive Einstellungen gemacht sind.

Übung

Sei auf der Hut davor, daß das Ego deine Bewußtwerdung zu blockieren versucht, indem es dich beschuldigt. Es benutzt Schuldgefühle, um dich davon abzuhalten, das zu entdecken, was unter deiner Leugnung verborgen liegt. Versprich, nicht darauf hereinzufallen. Wann immer du Schuldgefühle durchlebst, übergib sie zur Auflösung deinem Höheren Bewußtsein. Deine Bereitschaft, Schuldgefühle auflösen zu lassen, wird sie auflösen, und mit ihnen die damit einhergehende Angst. Wisse, daß Schuldgefühle nicht die Wahrheit sind, und dies ist der Grund, warum alle Schuldgefühle aufgelöst und in Verantwortlichkeit, gelernte Lektionen und persönliche Reife verwandelt werden können. Wenn dies nicht geschieht, werden wir all die in uns vorhandenen Schuldgefühle als eine Form der Unwilligkeit benutzen, die uns getrennt hält und in Richtung Tod orientiert. Begib dich nicht in eine Richtung, in die du einen geliebten Menschen nicht gehen lassen würdest.

Beurteile dich selbst auf der Skala der Lebenseinstellungen. Wenn du dich auf der positiven Seite befindest, entscheide dich dafür, noch positiver zu werden. Überprüfe unterschiedliche Aspekte deines Lebens auf diese Weise.

Wenn du dich auf der negativen Seite befindest, triff eine neue Entscheidung und stelle dir vor, wie du kehrtmachst und die positive Seite der Skala entlanggehst. Triff die Wahl, alles Negative in deinem Leben als ein Werkzeug zum Lernen, für Heilung, Frieden und Glücklichsein zu nutzen.

Wenn dich ein Problem aus dem Gleichgewicht bringt, dann erkenne, daß eine verborgene negative Einstellung vorhanden ist, und triff die Entscheidung, sie aufzudecken, während du dir Wahrheit, Heilung, Frieden und Leben wünschst.

Überprüfe den Begriff, der am besten auf dich zutrifft, und nimm ihn als einen Hinweis darauf, was in Lebensbereichen wie Liebe und Beziehungen, Sex, Geld, Kreativität, Beruf, Erfolg, Glücklichsein, Gesundheit und Leichtigkeit vor sich geht. An welchem Ort der Skala du dich auch befinden magst, erkenne, daß es das ist, was du in der jeweiligen Situation willst und gibst. Wenn du nur das Positive gibst, dann wirst du das Positive ernten. Engagiere dich dafür, das zu finden, was du vor dir selbst verborgen hast, damit du eine neue Wahl treffen kannst. Du kannst deinen Geist jetzt ändern, um deiner selbst willen und zum Wohle der Menschen, die du liebst.

Weg 4
Verstehen

Ein Problem ist das Ergebnis eines Mißverständnisses, einer Art Ego-Illusion. Wenn wir unsere Situation voll und ganz verstehen würden, würde sich das Problem selbst lösen. Meiner Erfahrung nach ist das Verstehen ein ganz entscheidendes und ursprüngliches Element, und zwar nicht nur, wenn es darum geht, Menschen von ihren Problemen zu befreien, sondern auch bei der Wiederherstellung der Verbundenheit und Schuldlosigkeit, die durch Trennung und Mißverständnis verlorengingen. Je tiefer das Verständnis, desto größer die Befreiung von Angst, Bedürftigkeit, Groll und Verlust – allesamt Schlüsselfaktoren eines jeden Problems. Bei genauerem Hinschauen basieren letztlich die durch Probleme ausgelösten emotionalen Schmerzen und die Probleme an sich auf Mißverständnissen, die Trennung erzeugen und zu Verurteilung führen. Verurteilung vergrößert dann wiederum das Mißverständnis und die Trennung, welche auch die Schuldgefühle verstärkt. Verurteilung und/oder Aufopferung werden dann benutzt, um die Schuldgefühle zu verbergen. Wenn wir nicht verstehen, leben wir in einer illusionären Landschaft, ohne Verbundenheit, Leichtigkeit, zwischenmenschliche Nähe oder Erfolg. Wir stecken in einem Muster fest, das Angst, Schuld- und Verlustgefühle verbirgt. Ein solches Muster führt zu Unwilligkeit und verstärkt zukünftige Illusionen und Mißverständnisse.

Vor Jahren, als ich in der Rehabilitation von Drogenabhängigen tätig war, wurde mir klar, daß Probleme gelöst und Schmerzen aufgelöst werden können, weil sie nicht die Wahrheit sind. Wenn eine falsche Wahrnehmung korrigiert wurde oder tiefes Verständnis entstand, fand auch eine tiefgreifende Heilung statt. Diese durch Verstehen ausgelösten Heilungen gingen weit über bloße intellektuelle Vorstellungen hinaus und verwandelten die betroffenen Situationen auf ganz entscheidende Weise. Probleme können in Schichten aufgebaut sein, wobei die oben liegenden Probleme viel größere weitere Probleme unter sich verbergen. Wo wir verstehen, und daher auch vertrauen, hören wir nicht mittendrin auf, sondern gehen Schicht für Schicht weiter, bis ein ganz bestimmtes Muster geheilt und abgeschlossen ist, und als Ergebnis herrschen Frieden und Freude.

Die nachfolgende Übung ermöglicht uns, nacheinander durch die einzelnen Schichten hindurchzugehen, bis wir zu Frieden und einer Lösung gelangen. Dabei gehen wir in der Regel von oberflächlicheren zu tieferen Bereichen des Geistes, und oft geht es noch weiter bis in die Schichten des Überbewußtseins hinein, wofür die sich ausbreitende Freude ein Indiz ist. Diese einfache, hilfreiche Methode wird die *5 Why-Methode* (Methode der 5 Warum-Fragen) genannt und wurde von Jeremy Roe entwickelt, um den verborgenen Ursachen der Dinge auf die Spur zu kommen. Als ich erkannte, daß sich diese Methode zur Heilung einsetzen läßt, habe ich sie lediglich dadurch erweitert, daß ich sie so lange wiederhole, bis der Klient über das Problem hinaus in einen Zustand der Freude gelangt. Die Kraft der Wiederholung der *Warum*-Fragen erlaubt uns, durch jede einzelne der vorhandenen Schichten hindurchzugehen und sie loszulassen. Wenn wir zu einem tieferen Verständnis für das *Warum* gelangen, fällt die vorherige, mehr oberflächliche Schicht ab. Selbst wenn eine bereits dagewesene Antwort auf einer nachfolgenden Ebene erneut auftaucht, wird sie jetzt im Vergleich zum vorherigen, genauso beantworteten Warum größere Tiefe besitzen. Viele Menschen berichteten, daß sie sich durch diesen Prozeß ihrem Gefühl nach einige Jahre der Arbeit, der Probleme und des Leids erspart haben. Wenn wir durch eine Schicht nach der anderen hindurchgehen, insbesondere durch die schwierigeren, beginnen wir uns immer leichter zu fühlen, und gelangen dann wie von selbst in die spirituellen und freudvollen Bereiche unseres Geistes, wenn wir den Wunsch haben, so weit zu gehen.

Übung

Du kannst diese Übung mit Papier und Bleistift, mit einem Kassettenrecorder oder mit einem Freund durchführen.

1. *Frage dich (falls dir ein Freund bei der Übung hilft, lasse ihn die Frage stellen): „Warum habe ich (hast du) dieses Problem?" Nimm als Antwort den ersten Gedanken, der dir in den Sinn kommt. Wiederhole die Frage so lange, und schreibe jedesmal die Antwort nieder bzw. sprich sie auf Band, bis du die Frage fünfmal gestellt und beantwortet hast. Diese fünfte Antwort wird dann zum „Warum" im nächsten Fragenzyklus.*

Nachfolgend einige Beispiele:

- *Warum habe ich diese Krankheit? Ich bin sterbenskrank.*
- *Warum habe ich diese Krankheit? Ich bin so müde.*
- *Warum habe ich diese Krankheit? Ich brauche eine Pause.*
- *Warum habe ich diese Krankheit? Ich bin so gelangweilt.*
- *Warum habe ich diese Krankheit? Ich stecke fest.*

Nimm die fünfte Antwort, um einen neuen Fragenzyklus zu beginnen:

- *Warum stecke ich fest? Ich weiß den Weg nicht.*
- *Warum stecke ich fest? Ich habe Angst, den Weg zu finden.*
- *Warum stecke ich fest? Ich will den Weg nicht finden.*
- *Warum stecke ich fest? Ich würde es hassen, den Weg zu finden.*
- *Warum stecke ich fest? Ich will meinen Eltern nicht die Genugtuung verschaffen zu wissen, daß ich den Weg gefunden habe.*

Beginne dann einen neuen Warum-Zyklus, für den du wiederum die fünfte Antwort aus dem vorangegangenen Zyklus verwendest.

- *Warum will ich meinen Eltern nicht die Genugtuung verschaffen zu wissen, daß ich den Weg gefunden habe? Etc.*

Fahre mit der Übung so lange fort, bis du dich glücklich fühlst und das Gefühl hast, daß der Prozeß abgeschlossen ist.

2. *Alternativ könntest du einfach um das Verstehen bitten und für das Verstehen beten, das dein Problem lösen und auflösen würde. Verstehen bedeutet, daß du erkennst, welcher Prozeß beteiligt ist und wie du mit Leichtigkeit durch ihn hindurchgehen kannst.*

Weg 5
Der Ruf nach Veränderung

Jedes Problem ist auch Angst vor Veränderung und verweigert sie daher. Probleme sind ein Weckruf und eine ganz entscheidende Lektion, die uns wissen läßt, daß unser momentaner Zustand uns nicht nähren wird. Die Dinge sind noch nicht vollständig, größerer Erfolg liegt vor uns, und es ist wichtig, an dieser Stelle nichts hinauszuzögern. Es ist an der Zeit, alle Verhaftungen loszulassen, die uns bisher aufgehalten und von Veränderung abgehalten haben, damit wir unsere Reise auf erfolgreichere Weise fortsetzen können. Wir sind aufgerufen, mutig zu sein und neue Schritte zu unternehmen. Vor allem die Erfahrung eines Verlustes in unserem Leben ist ein Ruf nach einer Neugeburt. Sie läßt uns wissen, daß das, worauf wir uns bisher verlassen haben, nicht wirklich unsere Antwort ist, und daß jetzt mehr gefragt ist. Sie erinnert uns daran, stärker auf unsere eigene höhere Macht zu vertrauen, die uns helfen und uns tragen wird, und nicht auf etwas oder jemanden außerhalb von uns. Dieses Problem erinnert uns daran, daß jetzt die Zeit gekommen ist, etwas außerhalb von uns loszulassen und die in uns vorhandene Kraft wiederzuerkennen.

Unsere Veränderung ist unsere Heilung. Wenn wir bleiben, wo wir sind, veränderungslos und getrennt, dann beginnen wir, uns in Richtung Tod zu wenden. Wenn wir so weitermachen wie bisher, dann werden wir einfach nur mehr von dem bekommen, was wir bereits haben. Hier ist Transformation gefragt. Das Problem bedeutet, daß wir von hier aus, wo wir jetzt sind, unser Ziel nicht erreichen können. Die einzige Lösung ist Veränderung. Unsere *Bereitschaft* zur Veränderung macht es möglich, daß Veränderung in uns geschehen und sich um uns herum entfalten kann. Unsere Bereitschaft zur Veränderung sagt ja! zum Leben. Sie akzeptiert die Situation und erlaubt ihr, sich zu verwandeln und uns auf eine neue Ebene zu bringen. Heute wird unsere Bereitwilligkeit unsere Angst und unser Festhalten durchtrennen und uns ganz natürlich und leicht verändern. Das Ausmaß des Problems spiegelt das Ausmaß der Veränderung wider, die uns angeboten wird. Wir sind aufgerufen, Mut und Vertrauen in eine bessere Lebensweise zu haben.

Übung

Stelle dir vor, daß du an einer Wegkreuzung stehst. Eine der Wahlmöglichkeiten, vor denen du stehst, wird dich nach vorne in eine völlig neue, aber wahre Richtung bringen. Der andere Weg führt dich so lange im Kreis herum, bis du in ein paar Jahren wieder an derselben Kreuzung stehst. Nimm den neuen Weg, du bist aufgerufen, ein Führer zu sein. Wenn du ja! zu dieser neuen Richtung sagst, ja! zum Leben und ja! zu deinem Höheren Bewußtsein, dann wirst du vielleicht eine Zeit durchleben, in der alles auseinanderzubrechen scheint. Es ist wichtig, sich daran zu erinnern, daß es sich hierbei einfach um den Geburtsvorgang handelt, der für die Vollendung der Veränderung erforderlich ist. Höre an diesem Punkt nicht auf, sondern vertraue dem Prozeß, und du wirst weiter durch alle Unruhephasen hindurchgehen, bis du in deinem Leben eine neue Hochebene erreicht hast.

Weg 6
Schuldgefühle heilen

In jedem Problem stellen Schuldgefühle eine Schlüsseldynamik dar. Schuldgefühle gehören zu den Strategien des Ego mit der größten Zerstörungskraft. Das Ego baut auf Selbstangriff und Rückzug auf und ist darin verankert. Schuldgefühle glauben eher an Grandiosität, an dunklen Glanz und Selbstbestrafung als an die Berichtigung von Fehlern. Schuldgefühle verstärken kontinuierlich den Fehler und sorgen dafür, daß wir feststecken und niemals die Lektion lernen. Das Ego beabsichtigt uns durch Schuldgefühle vom Vorangehen abzuhalten, indem es die Angst vor dem nächsten Schritt und die Angst vor menschlicher Nähe für seine Zwecke einsetzt. Schuldgefühle bedeuten, daß wir uns in bezug auf die Vergangenheit schlecht fühlen, und wir benutzen sie zum Festhalten an der Vergangenheit, in dem vergeblichen Versuch, jetzt Bedürfnisse erfüllt zu bekommen, die damals nicht erfüllt wurden. Dies kann natürlich nicht funktionieren. Diese verborgenen Bedürfnisse können in der Gegenwart nur durch Vergebung, durch das Eingehen von Verbindung und durch Geben und Empfangen erfüllt werden. Diese heilsamen Impulse rufen nach einer Beendigung des Rückzugs, der durch Schuldgefühle ausgelöst wurde, die auf einer gewissen Ebene immer noch darauf warten, daß jemand kommt, um uns mit seiner Liebe zu retten und uns zu sagen, daß wir unschuldig sind. Heilung bringt uns zu jener Art von Kontakt und Verbindung zurück, die zum Erfolg führt. Sie bringt unsere Schuldlosigkeit zurück und erlaubt uns, die Lektion durch eine neue Verständnisebene zu lernen.

Schuldgefühle zeigen sich in Symptomen wie unbelohnter harter Arbeit, Aufopferung und Ausleben bestimmter Rollen (Erscheinungsformen eines Handelns, bei dem wir uns selbst nichts geben). Schuldgefühle zeigen sich auch in Form von Selbstangriffen, Versagen, Krankheit, Fehlschlägen, Depression, Rechthaberei, Unwürdigkeitsgefühlen, Schwierigkeiten, Wertlosigkeit, Kompensation und Verurteilung sowie in Angriffen seitens anderer Menschen und in Angriffen auf andere. *Ein Kurs in Wundern* besagt, daß wir uns niemals alleine kreuzigen. Durch Schuldgefühle bestrafen wir nicht nur uns selbst, sondern wir kreuzigen auch die Menschen, die wir lieben. Durch unser Verhalten lehren wir die

Welt genau dieses Verhalten und verstärken es. Schuld ist unerbittlich in ihrer Starrköpfigkeit, sie weigert sich, die Lektion zu lernen und voranzugehen, und sorgt so dafür, daß dieser Bereich unseres Lebens stagniert und erfolglos bleibt.

Zuweilen sind Schuldgefühle Teil eines Wettkampfes um Besonders-sein, durch den man versucht, unter den Bösen der Schlimmste zu sein. Andere Male sind Schuldgefühle ein Versuch, Anerkennung zu bekommen. Wir mögen beispielsweise etwas Schlechtes getan haben, aber wir fühlen uns jetzt angemessen schuldig und reuevoll, um zu beweisen, daß wir gar nicht so schlecht sein können. Wir versuchen andere dazu zu bringen, daß sie unsere Bedürfnisse erfüllen, indem sie uns bestrafen oder sich wegen uns schlecht fühlen, doch dies trennt uns nur noch mehr von ihnen. Die meisten Schuldgefühle, die uns beherrschen und dazu führen, daß wir ein Leben der Kompensation durch unbelohnte harte Arbeit und Aufopferung führen, waren bereits in der Kindheit vorhanden. Diese Schuldgefühle können sich auch in Form von Symptomen zeigen wie Zorn, Abspaltung, Aufopferung, Verschmelzung (Verlust der natürlichen Grenzen zwischen uns und anderen Menschen) sowie in selbst-schwächenden Mustern. Schuldgefühle sind die reinste Form der Zeitverschwendung.

Wir alle haben zwar Schuldgefühle, aber es ist wichtig, daß wir uns dafür einsetzen, andere Menschen und uns selbst von Schuldgefühlen zu befreien. Die meisten Menschen setzen Schuldgefühle dafür ein, sich und andere zu kontrollieren, mit dem Ziel, die Wiederholung eines Fehlers zu vermeiden, doch in Wirklichkeit verstärkt Schuld den Fehler. Wenn wir Schuldgefühle haben, machen wir entweder im Fehlermuster weiter, weil unsere Schuldgefühle dem Fehler negative Aufmerksamkeit schenken und als hochwirksame Verstärker wirken, was noch mehr Schuldgefühle verursacht, oder wir müssen uns aus Angst vor einer Wiederholung dessen, was unsere Schuldgefühle ausgelöst hat, weiter aus der Situation zurückziehen. Manche Menschen geben sich mit Schuldgefühlen die Erlaubnis, mit etwas „Schlechtem" weiterzumachen, das sie weiterhin tun wollen, und meinen, es würde genügen, daß sie anschließend den Preis bezahlen, sich schuldig zu fühlen.

Schuldgefühle sind dann auch eine Form der Selbstbestrafung, die uns nebenbei damit belohnt, daß wir uns unserem nächsten Schritt im Bereich zwischenmenschlicher Nähe und unserer Lebensaufgabe nicht zu stellen brauchen. *Ein Kurs in Wundern* bezeichnet Schuldgefühle als eine Form von Arroganz, da wir uns für unser Ego entscheiden, das uns schuldig spricht, und gegen Gott, der uns frei von Schuld spricht.

Übung

Um über das Ego und seinen Widerstand hinauszugehen, ist es wichtig, daß du bei allen Übungen auf deine Intuition vertraust. Stelle dir so lange folgende Frage, bis du die Antwort erhältst, von der du weißt, daß es die richtige ist.

- *Dadurch, daß ich dieses Problem habe, bestrafe ich mich selbst, weil ich das Gefühl habe, bei ______________________________ versagt zu haben.*

Überlege, inwieweit du bereit bist, die Vergangenheit loszulassen und sie von deinem Höheren Bewußtsein berichtigen zu lassen. Erkläre mindestens dreimal am Tag – morgens, nachmittags und abends – mit folgenden Worten deine Freiheit, oder wiederhole diese Aussage einfach so oft, bis du dich wieder gut fühlst.

Ich will und werde diese Probleme nicht länger zur Selbstbestrafung einsetzen, um mich selbst zurückzuhalten. Ich entscheide mich dafür, mir zu vergeben, damit ich die Lektion lernen und vorangehen kann.

Weg 7
Vergebung

Jedes Problem, das wir erleben, ist das Resultat eines auf andere Menschen gerichteten Angriffs, Grolls oder Urteils. Es kann sich um das größte oder das kleinste Problem handeln, unsere Verurteilung und unser Angreifen sorgen dafür, daß wir in Problemen und in der Situation, die wir verurteilt haben, gefangen bleiben. Wie es häufig bei Angriffsgedanken der Fall ist, hegen wir einen solchen Gedanken oft nur im Bruchteil einer Sekunde, um ihn dann sofort zu begraben. Doch diese Angriffsgedanken sind auch ein Angriff auf uns selbst und sperren uns in der Situation ein, die wir verurteilt haben. Unsere Werturteile entspringen unseren eigenen Schuldgefühlen, die in der Regel noch tiefer verborgen sind.

Schuldlosigkeit hingegen kennt weder Schuldzuweisungen noch Angriff. Sie erkennt nur die Liebe und den Ruf nach Liebe. Vergebung löst die verborgenen Schuldgefühle und den Rückzug auf, der uns vom Vorangehen und vom Erfolg abhält. Vergebung erlaubt uns, anderen von Herzen zu geben. Sie befreit uns von unserer Selbstverurteilung, die wir auf andere Menschen projiziert haben, und verändert die Art und Weise, wie wir uns selbst und andere wahrnehmen. Vergebung befreit alle Menschen. Mit der Veränderung unserer eigenen Wahrnehmung verändert sich auch die der anderen Menschen, und die Situation verändert sich. Vergebung transformiert und erlöst uns tatsächlich aus der Situation, in der wir uns in Schmerz und Aufopferung befanden, und sie erlaubt uns zu erkennen, daß es sich einfach um ein Mißverständnis gehandelt hat. Wir können nun das Verhalten anderer Menschen als einen Hilferuf erkennen und entsprechend darauf reagieren. Vergebung stellt die Verbundenheit wieder her und beendet die Trennung, und darum führt sie uns näher an die freudvolle, bewußte Erfahrung des Einsseins heran. Vergebung heilt einen Konflikt in unserem Inneren, indem sie Friede und Glück in einen äußeren Konflikt hineinbringt. Vergebung ist das Herz aller Heilungsprinzipien und beendet den Rückzug, der durch jeden Groll und jede Verurteilung erzeugt wird. Es gibt keine Situation, die nicht durch Vergebung gelöst werden könnte.

Übung

Würdest du ein kleines Kind, das dir tränenüberströmt auf dem Bürgersteig entgegenkommt, abweisen oder auf die Straße stoßen? Stelle dir vor, daß der Mensch, dem du grollst, direkt vor dir steht. Wenn du dieses Mal diesen Menschen beurteilst, dann beschränke dich nicht einfach nur auf sein Handeln, sondern schaue auch in ihn hinein. Sieh das verwundete Kind bzw. die verwundeten Kinder in ihm, die ihn dazu veranlassen, so zu handeln, wie er es tut. Würdest du sie von dir stoßen? Würdest du ihnen deine Hilfe verweigern? Du könntest dich nicht in einer solchen Situation befinden, wenn es nicht auch in dir ein verwundetes Kind gäbe. Wie alt ist das verwundete Kind, bzw. wie alt sind die verwundeten Kinder in dir? Bist du bereit, dem anderen Menschen und dir selbst zu helfen? Falls du dazu bereit bist, dann lasse das verwundete Kind in dir auf das verwundete Kind im anderen zugehen. Wenn du sie in deine Arme nimmst und ihnen deine Liebe schenkst, können all die verwundeten Kinder geheilt werden und heranwachsen. Wenn sie dein gegenwärtiges Alter erreicht haben, dann wird dein verwundetes Kind mit dir verschmelzen, und das verwundete Kind des anderen Menschen wird mit ihm verschmelzen, und dies wird neues Leben, Liebe und Erfolg bringen, und zwar mit Leichtigkeit und Energie.

Weg 8
Lebensaufgabe

Nachdem ich ungefähr zehn Jahre lang als Therapeut gearbeitet hatte, begann ich etwas zu erkennen, was mir bis dahin nicht aufgefallen war. Sobald die Probleme, mit denen sich meine Klienten beschäftigten, gelöst waren, stellten sie sich größtenteils als Ablenkungs-, Verzögerungs- und Täuschungsmanöver heraus. Ich wollte herausfinden, was sich hinter diesen Problemen verbarg, und schon bald wurde deutlich, daß die Probleme der meisten Menschen dazu dienen, die eigene Lebensaufgabe zu umgehen. Diese Vermeidungshaltung machte ihr Leben unbedeutend und oberflächlich und nahm ihnen den Richtungssinn. Ich begann zu erkennen, daß etwa 85 Prozent all unserer Probleme unbewußt im Rahmen dieser gegen uns selbst gerichteten Verschwörung eingerichtet werden – einer Verschwörung gegen unsere Lebensaufgabe und unsere Größe. Ich fand heraus, daß die meisten Probleme wie von selbst verschwinden, wenn wir unseren Lebenssinn finden, und was dann noch an Problemen übrigbleibt, ist als Lernerfahrung für die Erfüllung unserer Lebensaufgabe notwendig.

Die Liebe und unsere Lebensaufgabe erfüllen unser Leben mit Sinn. Unsere Lebensaufgabe ist ein Akt der Liebe, den wir für die Welt erbringen. Wir alle haben eine Reihe von Lebensaufgaben gemeinsam, wie Liebe und Glücklichsein. Wenn wir nicht in einem Zustand der Liebe und des Glücks sind, dann haben wir alle die Aufgabe, uns selbst zu heilen, um diesen Zustand der Freude wiederzuerlangen. Wir sind auch aufgerufen, der Welt zu helfen und sie von ihrem Leid zu erlösen. Für die meisten von uns bedeutet dies, die Situationen, in denen wir uns befinden, zu heilen und zu transformieren. Dies hat automatisch eine positive Wirkung und breitet sich in kleinen Wellen immer weiter in der ganzen Welt aus.

Dann gibt es noch jene persönliche Lebensaufgabe, die ganz individuell ist. Es handelt sich um unser Versprechen, auf eine gewisse Weise der Welt etwas zu geben. Sie ist unsere Berufung und das, wofür wir als einziger unter allen Menschen auf der ganzen Welt am besten geeignet sind. Sie ist eine einzigartige Kombination aus dem, wer wir sind und was wir zu tun inspiriert sind. *Ein Kurs in Wundern* besagt, daß dieser Ruf ungehört verhallt, wenn wir ihm nicht folgen.

Unsere Lebensaufgabe erfüllt uns. Sie ist unsere Berufung, die uns so lange gleichermaßen fasziniert und ängstigt, bis wir uns erlauben, uns an sie zu erinnern und sie anzunehmen. Sie ist unsere Aufgabe, die gleichermaßen einzigartig und individuell auf uns zugeschnitten ist. Unsere Lebensaufgabe kann mit der Zeit wachsen und sich verändern, so daß wir im Laufe unseres Lebens in der Regel mehrere Lebensaufgaben haben. Wenn wir unsere Lebensaufgabe kennen, dann gibt dies unserem Leben eine klare Richtung. Sie ist eine Bewegung in Richtung Leben, und nicht in Richtung Tod. Sie ist das, was wir tun können, um unser Leben glücklicher und erfüllter zu machen. Sie ist das, was wir tun können, um anderen und uns selbst zu helfen. Um uns davon abzuhalten, erzählt uns unser Ego, daß wir zwar eine große Lebensaufgabe haben, daß wir aber niemals in der Lage sein werden, sie zu erfüllen. Es versucht uns zu ängstigen, indem es uns erzählt, daß das Ganze unmöglich ist und wir viel zu klein sind, um etwas so Großes zuwege zu bringen. Gewiß, unsere Lebensaufgabe ist in der Regel größer, als wir bewältigen zu können glauben, doch es wird eher so sein, daß sie mit Hilfe der Gnade durch uns hindurch bewirkt wird, als daß wir sie selbst ausführen müssen. Unsere Aufgabe besteht darin, uns zur Verfügung zu stellen und bereit zu sein, damit die Inspiration durch uns hindurch getan werden kann. Was zu groß ist, um von uns bewältigt werden zu können, ist für den Himmel eine Kleinigkeit. Es ist an der Zeit, uns in unserer ganzen Größe zu zeigen und all das beizutragen, was wir zu geben gekommen sind.

Übung

Heute bist du aufgefordert, dein Augenmerk auf das zu richten, was du wirklich von Herzen gerne tun würdest, wovor du aber vielleicht immer noch ein wenig Angst hast.

- *Was hast du auf Seelen-Ebene versprochen?*
- *Was würdest du liebend gerne tun?*
- *Wozu fühlst du dich berufen?*
- *Was könntest du geben, das dich wahrhaft inspiriert, sich aber zu groß oder furchterregend anfühlt?*
- *Wenn du einen Zauberstab hättest und der Welt alles geben könntest, was du willst, was wäre das?*

Du hast zwar keinen Zauberstab, aber du hast ein großes Herz und einen großen Geist, und du hast Freunde in höheren Gefilden.

Wähle deine Lebensaufgabe. Entscheide dich für den Sprung zu dieser neuen Lebensweise. Dies kann bedeuten, daß du durch eine Zeit des Umbruchs hindurchgehen wirst, während dein Leben vom Bekommen zum Geben umgestaltet wird, damit du deine Lebensaufgabe leben kannst. Jetzt ist die Zeit gekommen, Zuversicht zu bewahren, bis du eine neue, glücklichere Ebene und ein wahrhaftigeres Leben deiner Lebensaufgabe erreicht hast.

- *Wähle deine Lebensaufgabe.*
- *Verpflichte dich deinem wahren Lebensweg.*
- *Wünsche dir deine Lebensaufgabe von ganzem Herzen.*
- *Sei bereit, da zu sein, um das zu tun, was du zu tun inspiriert bist, und die Hilfe und Gnade für die Erfüllung deiner Lebensaufgabe zu empfangen.*

Weg 9
Loslassen

Jedes Problem, das wir haben, spiegelt eine gewisse Verhaftung wider, sei sie verborgener oder anderweitiger Natur, die ein Festhalten an einem Menschen oder einer Sache der Vergangenheit ist. Bei diesem Gegenstand unseres Festhaltens handelt es sich um das Ereignis, von dem wir uns am meisten wünschen, daß es sich wiederholt, selbst wenn dies gegen jede Realität verstößt. Gegenstand unseres Festhaltens kann auch eine Selbstsucht oder Abhängigkeit sein, welche die Vergangenheit wiedergutmachen soll. Dadurch, daß wir das Ziel eines auf Phantasie basierenden Festhaltens erreichen, glauben wir, ein bestimmtes Bedürfnis von uns endlich erfüllt zu bekommen. Bedürfnisse, die ein Festhalten sind, gehen immer mit einer dringenden seelischen Not einher, doch genau diese Dringlichkeit blockiert das Empfangen. Je mehr wir etwas brauchen, desto mehr Widerstand erzeugen wir im Zusammenhang mit dem Empfangen dieser Sache. Wir versuchen von anderen zu nehmen, was wir zu benötigen glauben, wodurch wir auf der Seite des Gebenden Widerstand hervorrufen. Unser Bedürfnis schiebt ganz sachte den Gebenden und das Geben von uns weg. Jedes Bedürfnis ist kontraproduktiv und bringt das Gegenteil dessen hervor, was es sich wünscht. Frustration und Enttäuschung, von denen das Festhalten immer begleitet wird, sowie Bedürfnisse und die von ihnen geweckten Erwartungen lehren uns, daß die Quelle des Glücklichseins nicht im Außen, sondern im Innen zu finden ist.

Jedes Bedürfnis in der Gegenwart repräsentiert eigentlich ein altes Bedürfnis, das in der Vergangenheit nicht befriedigt wurde. Es ist unmöglich, ein Bedürfnis der Vergangenheit in einer gegenwärtigen Situation erfüllt zu bekommen, da die Vergangenheit nicht mehr existiert. Es ist vergeblich und frustrierend, wenn wir versuchen, Schmerzen und Verluste der Vergangenheit zu berichtigen. Ein solcher Versuch kann nur Enttäuschung bringen. Es gibt im Unterbewußtsein eine Dynamik, die besagt, daß wir nichts verlieren können, was wir uns voll und ganz wünschen bzw. wertschätzen, und das bedeutet, daß alles Vergangene, was verloren scheint, nicht vollständig wertgeschätzt wurde. In irgendeiner Form ist unser Verlust infolge unseres gespaltenen Geistes eingetreten.

Wir versuchen etwas, was uns in der Vergangenheit nicht befriedigt hat, für den Versuch zu benutzen, uns jetzt zufriedenzustellen.

Wenn wir festhalten, dann halten wir an einer Phantasievorstellung fest. Wenn wir uns ein Bild dessen zusammenphantasieren, was unsere Bedürfnisse erfüllen könnte, bedeutet dies, daß unsere Hände nicht für das Empfangen geöffnet sind, denn wenn der Empfänger bereit ist, erscheint auch der Geber, und es ist gar keine Phantasie notwendig. Dies bedeutet, daß wir dann, wenn wir an irgendeinem alten Bild festhalten, in Wirklichkeit Angst vor dem Empfangen haben. Das Paradoxe am Festhalten ist die Tatsache, daß wir niemals das bekommen oder behalten können, woran wir festhalten.

Loslassen ist ein Paradoxon, das uns für das Empfangen dessen öffnet, was wir uns wünschen, aber nicht brauchen. Loslassen bedeutet weder, irgend etwas wegzuwerfen, noch spaltet es uns von anderen ab, wobei Abspaltung in Wirklichkeit einen geheimen Versuch darstellt, die Kontrolle zu übernehmen, ohne verletzt zu werden. Abspaltung ist eigentlich ein Zeichen dafür, daß es noch viele Dinge gibt, an denen wir festhalten. Loslassen ist hingegen eine Ablösung, die alles wieder ins rechte Verhältnis zueinander rückt und die Quelle unseres Glücklichseins vom Außen zurück in unser Inneres bringt. Dies ermöglicht ein Fließen und eine Entwicklung in der Situation sowie eine wahre Beziehung zu anderen, die uns voranbringt. Loslassen bringt Attraktivität, Frieden und inneres Gleichgewicht zurück und öffnet uns für das Empfangen.

Eine andere Erscheinungsform unseres Festhaltens sind Selbstsüchte, die einen Versuch darstellen, ein vergangenes Bedürfnis bzw. einen alten Schmerz wiedergutzumachen und uns von der Erschöpfung der Aufopferung zu erlösen. Ganz gleich, ob emotionaler oder körperlicher Natur, eine Selbstsucht zeigt immer einen hohen Grad an Festhalten, der sich in Trotzanfälle oder Abhängigkeit verwandeln kann. Häufig verbergen wir diese Selbstsüchte – zumindest vor uns selbst –, weil wir uns schämen oder schuldig fühlen, und dadurch wird es viel schwieriger, sie zu finden und zu heilen. Vielmals steckt hinter einem chronischen Problem, das sich nicht lösen läßt, eine Selbstsucht, an der wir so sehr festhalten, daß wir uns weigern, sie loszulassen. Das chronische Problem ist gleichzeitig ein Schutzmantel und die Kompensation für die Selbstsucht. Wir wissen, daß wir durch den nächsten Schritt die Selbstsucht verlieren würden, die wir uns als Medizin verabreichen. Selbstsucht kann uns niemals glücklich machen, da es sich bei ihr um eine bunte Mischung aus Getrenntheit und Phantasievorstellungen handelt.

Übung

Finde heute heraus, welches Bedürfnis du in deiner gegenwärtigen Problemsituation hast und woran du festhältst. In irgendeiner Weise ist es dein Festhalten, das der Situation kein Vorwärtskommen erlaubt. Sobald du dein Bedürfnis identifiziert hast, frage dich:

- *Wenn ich wüßte, wann dieses Bedürfnis begann, das ich jetzt zu befriedigen suche, dann war es, als ____________________ .*
- *Wenn ich wüßte, mit wem ich zusammen war, dann war es möglicherweise ____________________ .*
- *Wenn ich wüßte, was geschah, dann handelte es sich möglicherweise um ____________________ .*

Lasse diese Szene und alle Bedürfnisse, Gefühle und Überzeugungen los, die damals entstanden. Sei bereit, die Gefühle und Bedürfnisse loszulassen, damit du weitergehen und Erfolg haben kannst. Es erfordert Mut, mit leeren Händen dazustehen, aber es ist einer der einfachsten Wege des Vorangehens. Loslassen ist einfach eine Aussage, daß du nicht länger versuchen willst, in der Gegenwart das zu bekommen, was du von der Vergangenheit zu wollen glaubtest. Es ist eine Bereitschaft anzuerkennen, daß du das, was du von außen bekommen wolltest, dort möglicherweise gar nicht bekommen konntest. Es war und ist in dir, und es ist bereit, geteilt zu werden. Wenn diese Entscheidung für das Loslassen getroffen wird, dann ist nichts anderes mehr notwendig.

Hier noch drei weitere Methoden des Loslassens, die zwar anders, aber effektiv sind. Setze eine oder auch alle Methoden in deiner Situation ein. Es gibt zwei hauptsächliche, aber entgegengesetzte Formen des Loslassens. Eine Methode besteht darin, dem unter deinem Bedürfnis verborgenen Schmerz und der Traurigkeit so lange nachzuspüren, bis sie sich schließlich in positive Gefühle verwandeln. Die andere Methode besteht darin, dein Festhalten und die Vergangenheit in Gottes Hände zu legen. Wenn du etwas aufgibst, was illusorisch und schmerzhaft ist, dann befreit es dich nicht nur, sondern es ist auch ein Geschenk an Gott, an die Welt und an jene Menschen, die du liebst. Sieh oder spüre, was Gott dir dafür zurückgibt, daß du ihm dein Festhalten übergeben hast.

Werde bereit, jedes chronische Problem und die darunterliegende Selbstsucht loszulassen. Wenn du erkennst, daß es eine Täuschung ist und dich von dem abhält, was dich wirklich glücklich machen würde, dann bist du bereit. Stelle dir vor, daß du deine Selbstsucht in eine Rakete steckst, die weit hinaus ins Weltall fliegen soll. Dann schicke die Rakete ab. Wenn dadurch alter Schmerz und alte Bedürfnisse aufgedeckt werden, dann schicke diese mit einer anderen Rakete ins Weltall. Wenn all dies verschwunden ist, öffne dich für den nächsten Schritt nach vorne.

Weg 10
Die Kraft und die Macht der Wahl

Ein Problem spiegelt eine Wahl wider, die wir aus irgendeinem Grund getroffen und sofort wieder verdrängt haben, eine Wahl, die dazu bestimmt war, etwas zu bekommen. Unsere Wahl hat das Problem herbeigeführt. Es gab etwas, von dem wir glaubten, daß unsere Wahl es uns verschaffen würde, etwas, was uns glücklich machen würde. Daß die von uns getroffene Wahl ein Fehler war, zeigt sich deutlich an dem Problem, dem Ärger und dem Unglücklichsein, das sie uns bringt. Aus welchem Grund auch immer wir das Problem gewählt haben, es war ein Fehler, und es kann auf dieselbe Weise korrigiert werden, wie es begann – durch eine Wahl. Zum Beispiel können wir nur dann ein Problem haben oder uns elend fühlen, wenn wir uns entschieden haben, jemanden zu verurteilen. Wir können *wählen*, diese Verurteilung loszulassen und unser Glücklichsein wiederzuerlangen.

Wenn wir die Wahl, die wir getroffen haben, und den Grund dafür verstehen, dann hilft uns dies sehr, eine andere Wahl zu treffen. Daß wir unsere Wahl unmittelbar unterdrückt haben, macht sie sofort verdächtig. Wir würden ganz sicher nichts begraben, vor dessen Anblick wir keine Angst hätten. Was wir in unserem Leben vergessen haben, ist weitaus mehr als das, woran wir uns erinnern, doch die Milliarden von Entscheidungen, die wir getroffen haben, und die Erfahrungen, die wir gemacht haben, sind alle in unserem Geist gespeichert. Wenn sie negativ sind, bringen sie entsprechende Erfahrungen hervor und müssen aufgelöst werden.

Der erste Schritt beim Auflösen eines gegenwärtigen Problems besteht im Anerkennen, daß es sich um das Resultat einer falschen Wahl handelt und daß wir es nicht länger wollen. An diesem Punkt können wir eine andere Wahl treffen. Der zweite Schritt besteht in der Bereitschaft, in bezug auf die Situation unrecht zu haben, denn wenn wir recht haben wollen, werden wir im jetzigen Zustand stecken bleiben. Wenn wir unrecht haben, erlauben wir uns, die Situation anders wahrzunehmen und einen wahrhaftigeren Weg kennenzulernen. Wenn wir einfach nur zugeben, daß wir einen Fehler gemacht haben, erlaubt dies unserem Geist, nach einem besseren Weg zu suchen. Wir können eine bessere Wahl treffen in bezug auf das, was wir wollen, und so einen neuen Weg eröffnen. So, wie wir einen Weg gewählt haben, der das Problem hervorgerufen hat, so können wir auch wählen, es zu lösen. Denke daran, wir müssen unbedingt dafür sorgen, so zu wählen, daß niemand dabei verlieren muß, damit wir uns nicht in einer anderen Problemsituation wiederfinden.

Wir können zwar zu jedem beliebigen Zeitpunkt eine Wahl treffen, der Geist ist jedoch kurz vor dem Einschlafen und kurz nach dem Aufwachen am empfänglichsten für ein effektives Wählen, da unser Höheres Bewußtsein zu diesem Zeitpunkt vollkommen wach ist. Unsere Welt ist größtenteils das Ergebnis unserer unerkannten Entscheidungen. Jetzt haben wir die Gelegenheit, darüber nachzudenken und zu wählen, was wir wollen. Die Entscheidung für eine negative Situation wird in der Regel im Bruchteil einer Sekunde getroffen und verdrängt, und sie hinterläßt bis auf das daraus resultierende Problem kein sichtbares Zeichen dieser Wahl. Wir können uns fragen, wann und aus welchem Grund wir die Entscheidung für ein bestimmtes Problem getroffen haben. Dann können wir uns vorstellen, daß wir in die Situation zurückgehen und auf klügere Weise neu wählen.

Selbst wenn unser Problem der Fehler eines anderen Menschen zu sein scheint, beruht es auf einer von uns getroffenen falschen Wahl, auf einer Art Ego-Plan. Das Ego bietet uns dann eine Lösung, die nicht funktioniert und nur für das Ego Sinn ergibt, welches die Fehler der anderen sehen und sie verändern will, während es unsere eigenen Fehler leugnet. Dies führt zu einer eingeschränkten Lösung, da wir uns so sehen und behandeln, wie wir andere sehen und behandeln, was zu einem späteren Zeitpunkt eine Problemsituation hervorrufen wird. Das alles zieht endlose Reparaturarbeiten nach sich, aber keine Lösung. Wenn wir bereit wären, auf unser Höheres Bewußtsein zu hören, würde es eine Lösung bereitstellen, die eine Lektion des Teilens ist und die funktioniert.

Übung

1. *Wähle heute das, was du anstelle des Problems möchtest. Stelle sicher, daß es sich um eine Lösung handelt, bei der alle Beteiligten gewinnen und bei der es nur Akzeptanz und keine Verurteilung gibt, ansonsten wählst du eine Antwort, die nicht von Dauer sein wird. Wie du die an der Situation Beteiligten siehst, bestimmt, wie du dich bewußt oder*

unbewußt selbst behandelst, und eine Lösung mit Verurteilung ist keine Lösung.

- *Sieh, fühle und höre, was du dir wünschst. Dann stelle dir vor, daß du deine neue Wahl ins Universum aussendest. Die Antwort wird zu dir zurückkommen, sobald du das Vertrauen hast, die Antwort zu erhalten.*
- *Sieh, fühle und höre, wie glücklich du sein wirst, wenn die Antwort kommt. Die Dinge geschehen auf fast magische Weise, wenn wir unsere Kraft der Wahl einsetzen. Jedesmal, wenn dir der Gedanke an ein Problem in den Sinn kommt, lasse ihn los und triff eine neue Entscheidung. Wenn ein Problem chronisch zu sein scheint, dann wende die auf der vorhergehenden Seite beschriebenen Schritte an. Jedesmal, wenn du an dein Problem denkst, triff eine neue Wahl zugunsten dessen, was du dir wünschst. Jede Wahl kann eine Schicht des Problems auflösen, wenn nicht sogar das gesamte Problem.*

2. *Übernimm Verantwortung für das, was bisher geschehen ist. Dies stellt deine Entscheidungskraft wieder her. Übergib deine gegenwärtigen Urteile über die Menschen in dieser Problemsituation und über ihre Fehler deinem Höheren Bewußtsein. Übergib dann all deine eigenen Fehler und deine ganze Selbstverurteilung deinem Höheren Bewußtsein. Jedesmal, wenn du versuchst, einen anderen Menschen zu verbessern, kommt dies von deinem Ego, welches über das Ego des anderen urteilt, und du wirst keine Lösung finden. Bitte dein Höheres Bewußtsein um eine Lösung, die Teilen, Wahrheit und Erfolg für alle beinhaltet. Gib dich nicht mit weniger als absolutem Erfolg zufrieden, oder du wirst schon bald wieder die Dinge umgestalten und einen neuen Versuch starten müssen. Nur der Himmel oder dein Höheres Bewußtsein kann dies vollbringen.*

Weg 11
Der Ruf nach Führungsverhalten

Jedes Problem meidet die Hilferufe, die uns umgeben. Ein Problem ist auch eine Ablenkung und eine Form von Selbstangriff, die uns für die Menschen taub macht, die uns brauchen. Auf Hilferufe reagieren ist die Essenz von Führungsverhalten. Probleme machen uns unsicher, sie machen uns klein, sie verfolgen uns und stellen uns Fallen in dem Versuch, uns davon abzuhalten, die Bedürfnisse anderer wahrzunehmen. Nachdem ich eineinhalb Jahre lang nach den Wurzeln von Problemen wie Schüchternheit, Befangenheit, Selbstangriff, Selbstquälerei, Verlegenheit, Scham und Demütigung geforscht hatte, hat mich die Entdeckung überrascht, daß die daran beteiligte Schlüsseldynamik in einer zwanghaften Beschäftigung mit sich selbst besteht, die ein Versuch ist, uns von einem Menschen abzulenken, der Hilfe braucht. Aufgrund unseres Selbstangriffs und unseres Kleinwerdens hören wir die Hilferufe unserer Umwelt nicht. Im Zusammenhang mit Schmerz habe ich unter anderem herausgefunden, dass es dann, wenn wir ein Problem haben, immer jemanden gibt, der in noch größerer Not ist als wir und der unsere Hilfe braucht. Führungsverhalten ist die Kunst des Eingehens auf andere. Wenn wir auf den Hilferuf reagieren, wird uns selbst und jenen Menschen, die uns brauchen, geholfen. Aufgeschlossenheit und Eingehen auf andere erzeugen für uns und alle Beteiligten ein Fließen. Durch dieses Fließen werden wir beide voran- und aus der Selbstbeschäftigung herausgebracht, die unseren Fortschritt und zumindest eine Schicht des Problems blockiert. Das Ziel eines jeden Problems, das immer ein Plan des Ego ist, besteht darin, unser persönliches Wachstum und unsere Freude einzuschränken, die das Ego Schicht für Schicht zum Schmelzen bringen würde.

Führungsverhalten ist der Wunsch zu helfen. *Ein Kurs in Wundern* besagt, daß wir die Hilferufe hören werden, wenn wir helfen wollen. Führungsverhalten – und die damit einhergehende Aufgeschlossenheit – ist einer der einfachsten Wege, um ein Problem zu heilen, oder zumindest eine Schicht des Problems. Manchmal ist ein großes Problem mit vielen Schichten ein Hinweis darauf, daß wir vielen einzelnen Menschen helfen oder ein Projekt ins Leben rufen sollen, das vielen Menschen helfen kann. Führungsverhalten ermöglicht Glück und Chancen; es öffnet Intuition und Inspiration die Tür. Führungsverhalten stellt den Menschen in Not über unseren eigenen Schmerz und unser Problem, und zwar nicht durch eine Vermeidung des Problems, sondern durch die Erkenntnis, daß uns geholfen wird, indem wir anderen helfen. Durch unsere Wahl, alle Hindernisse aus dem Wunsch heraus zu überwinden, einem anderen Menschen zu helfen, gehen wir bereitwillig durch unseren Schmerz, durch unser Problem oder alle anderen narzißtischen Selbstbeschäftigungen hindurch, um dem anderen die Hand zu reichen; und indem wir über die Begrenzungen hinausgehen, die das Problem uns auferlegt, werden wir ebenfalls befreit.

Führungsverhalten gehört zu den einfachsten Transformationsmethoden, die ich entdeckt habe. Es ist bei großen und bei kleinen Problemen effektiv. Es gibt kein Problem, das nicht effektiv darauf reagieren würde, wenn wir einem Hilferuf folgen. Jedesmal, wenn wir uns mit einem Menschen verbinden, schmilzt ein Teil des Ego, und es ist viel wahrhaftiger, einem anderen Menschen die Hand zu reichen, als sich durch Selbstangriff und Befangenheit zu grämen und zu sorgen. Dies ist ein Weg, den Hilferuf des anderen über alles zu stellen und uns auf dem Weg der Aufgeschlossenheit gegenüber anderen durch dieses Tun selbst zu befreien.

Übung

Stelle dir vor, daß der gesamte Zweck deines Problems im Wunsch deines Ego besteht, dich von anderen Menschen getrennt zu halten, damit du die Hilferufe um dich herum nicht hörst. Fälle die Entscheidung, daß Helfen – wem auch immer du zu helfen aufgerufen bist – wichtiger ist, als dir ständig über dein Problem Gedanken und Sorgen zu machen. Frage dich:

- *Wer braucht jetzt meine Unterstützung und Hilfe?*

Wer immer dir in den Sinn kommt, rufe ihn an, schreibe ihm oder sende ihm deine Liebe. Wenn diese Methoden unangemessen scheinen, befrage deine Intuition, wie du vorgehen sollst. Stelle dir vor, wie du mit dem Hören und Eingehen auf den Hilferuf gleichzeitig auch durch die Wand hindurchgehst, die dein Problem um dich herum aufgebaut hat, und wie mit deinem Hindurchgehen das Problem verschwindet. Wenn es sich um ein großes Problem handelt, verschwindet manchmal nur eine Schicht des Problems. Wenn dies der Fall ist, dann wiederhole die Übung so oft und so gut du kannst, um immer mehr Schichten zu entfernen, bis das ganze Problem verschwindet.

Weg 12
Vision

Wenn wir das Leben nicht als ein freudvolles, liebendes und kreatives Abenteuer leben, dann leben wir ein von der Vergangenheit und seinem Mangel diktiertes Leben. Vision hingegen ist ein Zustand, in dem die positive Zukunft den gegenwärtigen Augenblick bestimmt. Vision als ein transpersonaler Zustand, der die Wahrnehmung umgestaltet, zeigt den Weg nach vorne und bringt Erfolg und kreative Energie in den gegenwärtigen Moment hinein. Die Wahrnehmung wird diktiert von ungelösten vergangenen Ereignissen, die jetzt den Filter darstellen, durch den und mit dem wir sehen. Diese unerledigten Angelegenheiten sorgen dafür, daß wir uns unbelohnt und unerfüllt fühlen, und genauso erleben wir jetzt unsere Gegenwart. Wenn sich diese unerledigten Angelegenheiten jetzt zeigen, dann fordern sie, daß sich jemand aufopfert, um die Vergangenheit wiedergutzumachen. Aufopferung bedeutet, daß wir etwas für andere tun, ohne wahrhaft von innen heraus zu geben, und daß wir uns für das, was wir tun, kein Empfangen erlauben. Wenn wir uns voll und ganz einbringen, dann werden Situationen automatisch für größere Chancen offen. Vision geht somit über die Wahrnehmung hinaus und bringt jene Energie höherer Bewußtheit, die selbst das scheinbar Unmögliche mit Leichtigkeit und Kreativität geschehen läßt, ohne daß irgend jemand verlieren oder sich aufopfern muß.

Vision ist eher ein Akt des Empfangens als des Gebens, obwohl sie zuweilen durch ein Geben aus ganzem Herzen eingeladen werden kann. Sie ist im wesentlichen ein Akt der Liebe, der uns erlaubt, den Weg durch scheinbar kritische und sogar gefährliche Situationen zu erkennen, und sie beseitigt die meisten darin enthaltenen Schwierigkeiten. Da sie von Schuldgefühlen und Angst erzeugt werden, sind die meisten unserer Fallen ein Versuch, die Vision zu blockieren. Vision bringt nicht nur uns einen Gewinn, sondern auch unseren Mitmenschen. Vision, die gleichermaßen lebensverbessernd und fruchtbar ist, ermöglicht eine wahrhaftigere und erfolgreichere Lebensweise, indem sie die vorwärtsgerichtete und transformierende Energie der Zukunft in die gegenwärtige Situation hineinbringt. Die Erfahrung der Vision mag zwar als ein singuläres Ereignis erscheinen, doch sie berührt und beeinflußt jeden Bereich unserer persönlichen, sozialen und allgemeinen Lebensausrichtung. Vision ist ein tiefgreifendes Sich-Verbinden von Herz und Geist. Als solches wirkt sie transformierend, mit einer kreativen und klaren Richtung. Wenn wir uns voll und ganz geben und einbringen, setzen wir alles auf eine Karte und öffnen uns für eine größere Bewußtheit, insbesondere für ein bewußteres Wahrnehmen der erfolgreichen Wege in die Zukunft. Die Liebe, die Energie und die Kunst der Vision überschreiten den Abgrund zwischen uns und der Zukunft, und sie schlagen eine Brücke, auf der andere Menschen folgen können. Vision nimmt sich Situationen an, die nach Tod oder Mißerfolg aussehen, und zeigt sie klar und deutlich als eine Geburtschance, da es sich bei Vision im Grunde um einen Akt der Hingabe und des Empfangens der kreativen Kraft handelt. Indem wir uns voll und ganz geben, indem wir uns öffnen und nichts zurückhalten, können wir alte Bruchstellen unseres Geistes auflösen, so daß in ihrer Integration die Geburt einer Vision liegt, die auf natürliche Weise mit anderen geteilt wird.

Auch wenn wir es vielleicht anders wahrnehmen, so ist doch jedes unserer Probleme ein Versuch, etwas *zu bekommen*. Dies diktiert und bestimmt unsere Wahrnehmung der Situation und schließt uns in selbstschwächenden, aggressiven oder abwehrenden Reaktionen ein. Wir sind dann blind für die Vision, die uns zwar befreien und für größere Chancen und den Weg durch die Krise öffnen würde, die aber nur durch mutiges Empfangen und großmütiges Geben herbeigeführt werden kann. Paradoxerweise ist Vision ein Weg des Empfangens auf einer sehr hohen, auserlesenen und von Fülle geprägten Ebene, doch sie kann durch keinen einzigen Versuch *zu nehmen* oder *zu bekommen* entstehen.

Es gibt drei Ebenen der Vision, wobei jede nachfolgende Stufe energetisch kraftvoller und kreativer ist. Je höher die Vision, desto stärker die Ekstase, obwohl diese nur ein Nebenprodukt ist, und Vision kann nicht erlangt werden, wenn man versucht, Ekstase zu „bekommen". Das Wort Ekstase stammt vom lateinischen Begriff *ex stasis* ab, was soviel bedeutet wie herausragen oder sich abheben, was eine treffende Bezeichnung für diese Erfahrung ist, weil wir in der Vision uns immer mehr vom Körper abheben. Vision ist immer ein Bewußtheits-, Kraft- und Kreativitätssprung.

Die erste Ebene der Vision ist die menschliche Vision. Hierbei handelt es sich um die künstlerische Vision, in der wir uns so vollkommen in eine Sache einbringen, daß wir einen anderen Zustand erreichen, in welchem wir das Bewußtsein unserer selbst verlieren und in einen höheren Bewußtseinszustand gelangen. Wir hören auf, etwas zu tun, und es beginnt, uns zu tun. Ob es sich um Malerei, Beruf, Tanz, Sport oder Liebemachen handelt, wir werden von seiner Essenz und Kraft davongetragen. Mediale Begabungen, die wir alle bis zu einem gewissen Grad besitzen, zeigen sich auf allen drei Visionsebenen in immer größerer Stärke. Vision versetzt das Gehirn in den Thetazustand, in dem wir zuweilen Synästhesie erleben, d. h. ein Vermischen der Sinneswahrnehmungen. Synästhesie könnte zum Beispiel bedeuten, daß du Musik buchstäblich, und nicht nur im übertragenen Sinn, fühlen oder sehen kannst, oder daß das, was du siehst, auch einen ganz eigenen Ton oder Geruch hat. Die positive Zukunft und der Weg dorthin können sich auf allen drei Ebenen zeigen, wenn dies das Hauptaugenmerk der Vision ist.

Die zweite Visionsstufe ist die schamanische. In ihr werden die Zeit und Raum bestimmenden Naturgesetze überschritten. Indem wir überschreiten, was wir gemeinhin als Realität betrachten, und uns in eine ältere, ursprünglichere und metaphorische Realität hineinbegeben, können Heilungen vollbracht, Prophezeiungen gemacht und Wege durch gegenwärtige Probleme gefunden werden.

Das dritte Stadium der Vision ist die spirituelle Vision. In diesem Zustand wird die Polarität der Wahrnehmung überschritten, so daß es nur noch die Erfahrung des Einsseins, der Verbundenheit aller Dinge gibt. Hier geschehen Erfahrungen des Lichts und des Erschauens der spirituellen Realität, was die Illusion und das Leid unserer üblichen Alltagsrealität berichtigt. Hier werden die Großen Strahlen, das Himmelreich, Gott und das Einssein erfahren, spirituelles Wissen, das dem Ewigen, der Offenbarung und den tiefsten Erfahrungen der Liebe und der Freude entspringt.

Jede Vision ermöglicht uns, viel Zeit zu sparen, da wir uns mehr und mehr auf das Wichtige konzentrieren. Vision bewegt sich wie eine Rakete, in dem Sinne, daß wir damit schnell und weit vorankommen, oft sogar Orte erreichen, an die wir sonst nicht gelangen würden. Gleichzeitig lassen wir diejenigen Stadien der Rakete los, die uns zwar geholfen haben, dorthin zu gelangen, wo wir sind, die aber nicht länger von Bedeutung sind.

Übung

Um deine Vision zu finden, mußt du aufdecken, was dich wirklich begeistert.

- *Was würdest du von Herzen gerne tun?*
- *Wobei hättest du das Gefühl, mit ganzem Herzen bei der Sache zu sein?*
- *Was möchtest du nach deinem Tod zurücklassen?*
- *Was möchtest du der Welt als Erbe hinterlassen?*
- *Was würde dich faszinieren und begeistern?*
- *Welches Abenteuer würde dich so sehr reizen, daß du dich voll und ganz einbringen würdest?*
- *Wenn du einen Zauberstab hättest, was wäre das Wichtigste, das du der Welt herbeizaubern würdest?*

Indem du deine Verurteilung losläßt und dich selbst einige Wochen oder Monate lang kontinuierlich allen Menschen und Dingen in deiner Umgebung widmest, kannst du einen Zustand der Vision erlangen. Wenn du dich ohne Einschränkung gibst, können Seelenwunden heilen und die Geburt einer Vision und visionärer Gaben entstehen.

Wenn sich die Welt dir öffnet und dein Herz tief von Liebe, Transzendenz und der kreativen Kraft erfüllt ist, dann weißt du, daß du Vision erlebst.

Vision entsteht dadurch, daß du deine Konzentration so sehr von dir weg auf das Außen richtest, daß du nicht länger gehemmt, mit dir selbst beschäftigt oder zurückhaltend bist. Diese Konzentration auf das Außen, weg von dir selbst, öffnet dich für erhöhte Bewußtheit und Verbindung, und sie erlaubt dir, die kreative Kraft der Vision zu empfangen und die größeren Möglichkeiten zu sehen, die bisher vor dir verborgen waren.

Vision kann durch Fasten, Rückzug von der Zivilisation und entsprechende Absicht erlangt werden, wie dies zum Beispiel beim Ritual der Visionssuche (vision quest) geschieht. Manchmal entsteht sie auch aus einem ganz tiefen Gespräch mit einem anderen Menschen oder durch einen einzigen intuitiven Sprung.

Du kannst Vision empfangen, wenn du dir aus tiefstem Herzen wünschst, sie zu empfangen, denn alles, was man sich von ganzem Herzen wünscht, wird mit Leichtigkeit erlangt. Ein Gebet oder eine Bitte an den Himmel oder an dein Höheres Bewußtsein kann dann durch deine Offenheit und deinen Wunsch die Vision herbeiführen. Vision ist ein großes Geschenk für uns und die Welt.

Weg 13
Konflikte überwinden

Oft glauben wir, zwei unterschiedliche und manchmal entgegengesetzte Dinge zu wollen. Ein gespaltener Geist läßt uns in unterschiedliche Richtungen gehen, was bedeutet, daß wir nirgendwohin gelangen. Wir wollen dem Traum oder Weg, dem wir folgen, treu bleiben, doch wir sind neugierig, voll eitler Wünsche und Versuchungen, und wir befürchten, auf dem Weg etwas zu verlieren. Wir spüren große Bedürftigkeit, Angst, Verlust, Depression, Schmerz, Sehnsucht, Schuldgefühle, Unwürdigkeit und Unzulänglichkeit. Anstatt uns mit unserem gespaltenen Geist auseinanderzusetzen, für den diese Gefühle stehen, decken wir ihn weiter zu, indem wir diese Gefühle kompensieren und auf entgegengesetzte Weise handeln. Zu den Handlungen, die eine Kompensation darstellen, zählen unter anderem folgende Verhaltensweisen: im Gegensatz zu den eigenen Gefühlen handeln; angreifen; sich vom Gefühl abspalten; so tun, als wäre etwas nicht wahr; geschäftig oder faul sein; Rollen ausagieren; zu hart arbeiten; sich zu empfangen weigern; sich selbst antreiben; Perfektionist sein; den Schmerz oder das Problem nach draußen projizieren; Hilfe ablehnen; fordern; sich selbst angreifen; sich Erholung und Entspannung verweigern; alles auf die eigene Schulter nehmen; Schwierigkeiten haben und sich das Leben schwer machen, nur um es zu sabotieren. All diese Verhaltensweisen spiegeln einen inneren Konflikt wider, auch wenn die Kompensation einen Versuch darstellt, die Dinge auszubügeln und zu verbergen.

Konflikte zeigen sich auf vielerlei Weise. Jede Art von Verurteilung spiegelt wider, daß ein Teil unseres Geistes unbewußt einen anderen Teil unseres Geistes verurteilt. Jedes Ungleichgewicht in unserem Leben spricht von einem Ungleichgewicht in unserem Geist. Jeder Konflikt mit einem Menschen oder einer Sache außerhalb unserer selbst zeugt von einem Konflikt in unserem Inneren. In gleicher Weise sind jede Not und jeder Mangel in unserem Leben ein Hinweis darauf, daß es in uns einen verborgenen Widerstand gegen Fülle und Reichtum gibt, und sie zeigen uns, daß wir in etwas anderes als Fülle investiert haben. Krankheit, Verletzung oder Unfall zeugen von einem Ort in unserem Geist, an dem ein verborgener, von unserer bewußten Absicht abweichender Plan bzw.

das Ego am Werk ist. Probleme deuten auf einen Konflikt hin, auf einen Aspekt des Geistes, wo diejenige Seite, mit der wir uns weniger stark identifizieren, als Hindernis in der Außenwelt erlebt wird. Schattenfiguren oder Menschen außerhalb unserer selbst, die wir hassen oder nicht ausstehen können, bezeichnen Orte der unbewußten Verurteilung und des Selbsthasses in uns. Jeder Ärger, jedes Problem und jedes negative Gefühl steht für einen Groll oder etwas, was wir jemandem noch nicht vergeben haben, was auch ein entsprechendes Urteil gegen uns selbst widerspiegelt. All diese Aspekte und ihre Verteidigungsmechanismen zeugen von einem Konflikt in unserem Inneren.

Konflikterfahrungen sind zum größten Teil Schmerzerfahrungen. Ein Konflikt kann so schmerzhaft werden, daß wir sterben wollen, selbst wenn der Konflikt nicht bewußt ist. Wenn der Tod kein friedvolles Verlassen des Körpers ist, so leicht und einfach, wie wir unsere Kleidung ausziehen, dann repräsentiert er einen Konflikt, den wir nicht lösen konnten. Wenn wir es dort, wo wir sind, nicht aushalten können und uns nicht ändern wollen, dann befinden wir uns in einem so großen Konflikt, daß wir uns in Richtung Tod zu wenden beginnen. Der Ort, an dem wir in unserem Leben feststecken, ist der Ort, an dem wir im Konflikt feststecken, und wenn dies auf signifikante Weise geschieht, beginnen wir uns vom Leben abzuwenden. Krankheit stellt einen Ort dar, an dem wir feststecken: einen Ort, an dem wir gesündigt zu haben glauben; einen Ort des Konfliktes und des Trotzes; einen Ort, an dem wir darum kämpfen, recht zu haben, und an dem wir unsere Irrtümer als Groll auf einen anderen Menschen projizieren. Wir alle erleben uns selbst als im Konflikt befindlich, und obwohl es nicht unserem wahren Wesen entspricht, ist dies der Zustand, in dem sich die Menschheit gegenwärtig befindet. Wir brauchen uns nur die Welt anzuschauen, um hierfür Beweise zu finden. Tief in unserem Geist herrscht immer noch ein Zustand der Ganzheit, ein Zustand tiefsten Friedens und tiefster Heiligkeit, den angesichts des gegenwärtigen individuellen und kollektiven Entwicklungszustandes nur wenige Menschen erfahren. Dieser tiefste Teil unserer selbst ist ein Zustand des Einsseins, das als unser wesentlichster oder immerwährender Teil in uns ist. Dies ist der Zustand, in dessen Richtung sich unsere Seelen entwickeln, und er ist die Anerkennung unserer selbst als göttliches Wesen. Dies ist ein Ort des Willens, der Kraft, der Liebe, des Lichts, der Wunder, der Heilung, der Freude und Verzückung. Hier sind wir Teil des Göttlichen Geistes, ein Glied „all dessen, was ist".

In unserer Entfaltung integrieren wir immer mehr Teile unserer selbst und erfahren uns immer mehr als Ganzes. In uns liegt die Ganzheit, in deren Richtung wir uns alle entwickeln. An einem gewissen Punkt können wir den Sprung in diese Ganzheit machen. Ansonsten müssen wir durch Vergebung, Akzeptanz, Loslassen, Sich-Verbinden, Kommunikation, Integration, Vertrauen, verbindliches Engagement und alle anderen Transformationsmethoden durch jeden einzelnen Konflikt hindurchgehen. Jedesmal, wenn wir geheilt werden, kommen zwei oder mehr in Konflikt befindliche Ziele, Teile unserer selbst bzw. Teile unseres Geistes zusammen und vermitteln uns einen einheitlicheren und somit erfolgreicheren Weg. Integration verwandelt Negativität, Illusion und Übel in positive Energie mit einem vereinheitlichten Ziel. Natürlich ist es nach erfolgter Heilung nur eine Frage der Zeit, bis die nächste Konfliktebene zum Vorschein kommt. Nach jeder Heilung sind aufgrund der erlebten größeren Ganzheit des Herzens und Einheit des Geistes mehr Zuversicht und größerer Erfolg vorhanden. Manchmal reicht dies schon, um uns Mut zu machen, daß wir uns mit einem tieferen Konflikt auseinandersetzen. Wie wir in der Übung von Weg 24 erleben werden, haben wir in der Regel zu jedem beliebigen Zeitpunkt für jedes beliebige Ereignis so viele Ziele, daß es angesichts der vielen Konflikte ein Wunder ist, daß wir überhaupt etwas erreichen. Jedes dieser Ziele repräsentiert ein unterschiedliches Selbst. Jedes Selbst hat sein eigenes Glaubenssystem und seine eigene Vorstellung von dem, was uns wirklich glücklich machen wird. Im Laufe unserer Entfaltung beginnen sich diese Selbste mit den anderen Teilen unserer selbst zu verbinden, sie lassen uns heiler werden und weniger zerstreut und zerbrochen sein. Wir erleben weniger Schmerz und brauchen weniger Verteidigungsmechanismen, um den Schmerz zu verbergen. Wir erfahren mehr Stärke, Integrität, Frieden, Partnerschaft und Gegenseitigkeit mit anderen, mehr Reinheit, Ganzheit, Liebe, Licht und Gnade. Infolgedessen werden wir gesünder, erfahren mehr Fülle, werden erfolgreicher und empfinden mehr Liebe und Glück.

Übung

1. *Nimm ein Problem oder ein schmerzhaftes Ereignis der Vergangenheit, und ...*
   - *frage dich, wie viele unterschiedliche Teile deiner selbst sich miteinander in Konflikt befanden, wodurch es dann zu diesem schmerzhaften Ereignis kam;*
   - *frage dich, wie viele neue Selbste bzw. Teile deines Geistes sich infolge dieses Ereignisses abgespalten haben;*
   - *triff die Wahl, daß all diese Selbste bzw. Teile integriert werden sollen, oder stelle dir vor, wie sie alle mit deinem Höheren Selbst verschmelzen.*
   - *Wem könntest du vergeben, um dadurch dieses ganze Thema aufzulösen? Würdest du dies tun, um dich nicht länger zurückzuhalten?*
   - *Wärest du bereit, nachdem du den Groll losgelassen hast, um das Wunder zu bitten, das diesen Ort erlösen würde, an dem du steckengeblieben bist?*

   Wiederhole diese Übung für einen Konflikt oder ein Problem der Gegenwart.

2. *Die vielen Selbste in uns halten unterschiedliche Lösungen für einen gegenwärtigen Konflikt bereit, die ihren unzähligen Vorstellungen vom Glücklichsein entsprechen. Natürlich ist diese Lösung bestenfalls unvollständig, weil sie die anderen Selbste nicht berücksichtigt, sie möchte diese nur beherrschen und ihnen überlegen sein. Andererseits gibt es eine kleine Stimme der Führung in uns, die selbst für die unmöglichste Situation eine perfekte Lösung bereithält. Wir verspüren manchmal Angst, wenn wir das erste Mal in die Stille gehen und im lauten Stimmengewirr der vielen Egostimmen auf jene Führung lauschen. Wenn das Ego eine Bedrohung wahrnimmt, erleben wir Streß, und die leise Stimme der Wahrheit bedroht ganz gewiß das Ego, das auf Unterdrückung und Abspaltung – sowohl der niedrigeren als auch der höheren Impulse – basiert.*

   Manchmal begeben sich die Menschen bei wirklich großen Konflikten gerne an einen stillen Ort, der für das Nach-innen-Hören vielleicht besser geeignet ist. Doch selbst inmitten des Aufruhrs, den wir verursacht haben, können wir hören, falls wir es tatsächlich wollen, denn jene Stimme wird so laut sein, wie wir es wirklich wollen. Unser Ego

fühlt sich durch diese innere Führung bedroht, da es gegen alles ist, wodurch es sich eingezwängt fühlen könnte. Es versucht durchzusetzen, daß sein Wille mit dem unsrigen identisch ist und sich von Gottes Willen unterscheidet. Es benutzt unseren Autoritätskonflikt dazu, sich selbst zu retten, selbst wenn dies auf Kosten unseres Glücks und manchmal sogar unseres Lebens geht.
Nimm dir Zeit, um still zu sitzen. Lausche nach innen. Wozu bist du aufgerufen bzw. wohin wirst du gelenkt? Die Antwort kann eine solche Freude bringen, daß all diese Selbste sich unverzüglich auflösen und in einem Ganzen verschmelzen.

Weg 14
Wettbewerbsdenken heilen

Eine an jedem Problem beteiligte Dynamik ist die, daß es sich um eine Form von Wettbewerbsdenken handelt und wir versuchen, einen anderen Menschen zum Verlierer zu machen. In uns sitzt ein tiefer Glaube, daß stets ein anderer Mensch verlieren und sich opfern muß, damit wir gewinnen können. Ein Problem ist eigentlich eine Opferungsstrategie. Es mag dabei darum gehen, daß wir unsere Bedürfnisse erfüllt bekommen oder daß wir einen anderen Menschen jetzt oder zu einem späteren Zeitpunkt besiegen. Unsere Probleme werden zu einem Verhandlungsinstrument, durch das wir entweder direkt zu gewinnen oder zu verlieren versuchen, damit ein anderer Mensch zu einem späteren Zeitpunkt – wenn wir es für wichtiger halten – in noch größerem Maß verlieren muß, um das Gleichgewicht wiederherzustellen. Wann immer wir auf diese Weise zugunsten eines anderen Menschen verloren haben, sind wir der Meinung, der andere schulde uns etwas. Ein solches Denken ist die Grundlage, auf der das Ego als Prinzip der Trennung gedeiht.

Wettbewerbsdenken schließt uns im Teufelskreis von Überlegenheit und Unterlegenheit ein, der von unserer Unsicherheit aus dem Versuch heraus erzeugt wird, uns ein besseres Gefühl zu verschaffen. Doch wie bei jeder Egostrategie entsteht dadurch am Ende noch mehr Unsicherheit, als am Anfang vorhanden war. Das Ausmaß von Konkurrenzkampf in unserem Leben zeugt davon, wieviel Verbundenheit wir als Kind verloren haben. Dies läßt einen Glauben an Mangel und Knappheit entstehen, und daher kommt der Wettbewerb, da es nicht genug für alle gibt. Dementsprechend jedoch gleicht der Konkurrenzkampf unsere Gewinne durch ein genauso großes Maß an Aufopferung aus. Wettbewerbsdenken zeugt zwar eher von distanzierter Unabhängigkeit als von Verbundenheit und wechselseitiger Abhängigkeit (Interdependenz), beinhaltet aber eine entsprechende und genauso große Verschmelzung bzw. ein Verwischen der individuellen Persönlichkeitsgrenzen in einer Aufopferungs-Groll-Beziehung, die ebenfalls durch verlorengegangene familiäre Bindung zustande gekommen ist.

Während Konkurrenzkampf das Leben als ein Spiel des Punktesammelns und Gewinnens betrachtet, gleicht Aufopferung – ganz gleich, ob sie ausgelebt oder unterdrückt wird – dem Versuch, mit Betonklötzen an den Füßen durch einen Sumpf zu laufen und dabei noch das Gepäck eines anderen zu tragen.

Von der Dynamik her betrachtet ist Wettbewerbsdenken eine Form des Vermeidens, die unsere Lebensaufgabe und unsere Vision verdunkelt. Gewinnen – und damit der Aufbau des Ego auf Kosten eines anderen Menschen – wird zum vorrangigen Ziel. Dies mag zwar befriedigend erscheinen, doch es bringt uns nicht unbedingt voran. Es verschließt die Chance auf Kooperation und Partnerschaft. Das Ego, wenn man es mehr im spirituellen und weniger im psychologischen Sinn beschreibt, ist jener Teil, der in einem bestimmten Bereich immer mehr als andere bekommen will. Es will, daß wir der Beste sind, der Außergewöhnlichste, selbst um den Preis, daß wir in negativen Bereichen wie Leid, Krankheit oder Tragödie Meister sein müssen.

Von der Dynamik her ist Wettbewerbsdenken eine Verzögerung und eine Ablenkung, die durch eine Angst vor dem nächsten Schritt erzeugt wird. Wir haben irrtümlicherweise Gewinnen mit Erfolg verwechselt. Erfolg ist mehr als nur ein Spiel. Es erfordert kontinuierlichen Einsatz, Offenheit, Lernen und Änderungsbereitschaft, um erfolgreich zu werden und zu bleiben. Jeder erfolgreiche Sportler kann dir erzählen, daß du den einzig wirklichen Wettkampf mit dir selbst austrägst, um deine persönlichen Rekorde und die Team-Bestzeiten zu überschreiten. Ein guter Gegner gibt dir die Chance, herausragende Leistungen zu erbringen. Ein Spiel, bei dem es ums Gewinnen geht, setzt eine Gewinner-Verlierer-Basis voraus. Früher oder später bezahlen wir für ein Gewinner-Verlierer-Spiel damit, daß wir selbst verlieren müssen, um das Spiel in Gang zu halten – und wenn nicht jetzt, dann später.

Anstatt mit anderen einen Wettkampf auszufechten, was ein falsches System ist, das darauf aufbaut, daß einer verlieren muß, könnten wir uns in Kooperation einbringen und den nächsten Schritt in Partnerschaft gehen. Wenn ein Mensch verliert, müssen wir früher oder später die Rechnung bezahlen. Wenn wir den nächsten Schritt unternehmen, kommen alle voran, sind erfolgreich und bekommen ihre Bedürfnisse erfüllt. Kooperation nutzt sowohl die Ressourcen der Gruppe als auch die höhere Inspiration, die infolge der zwischenmenschlichen Verbindung entsteht. Ein Wettbewerb, der auf einer Überzeugung beruht, daß es nicht genug für alle gibt, hat ein *Gewinner-Verlierer*-Muster und bringt uns nicht auf die nächste, fortgeschrittenere Ebene voran, sondern ruft in der Regel nach einem ausgleichenden *Verlierer-Gewinner*-Muster. In ähnlicher Weise vereitelt Konkurrenzkampf zwischenmenschliche Nähe und gemeinsames Teilen zugunsten der Kunst, dem anderen immer um eine Nasenlänge voraus zu sein. Wettbewerb ist ein Hinweis auf eine bindungslose Familie, auf eine gestörte Beziehung oder auf einen Arbeitsplatz, der nicht optimal funktioniert. Wir halten Wettbewerbsdenken für das Merkmal eines gesunden Individuums und einer gesunden Gesellschaft. Doch in Wirklichkeit ist es das Merkmal einer unabhängigen, bindungslosen Gesellschaft, die in Rollen und Aufopferung gefangen ist. Wir erkennen nicht, daß es eine gesündere, durch Verbundenheit und Kooperation gekennzeichnete Form des Individuums und der Gesellschaft gibt, die auf Partnerschaft, Interdependenz, mehr Geben und einer wesentlich größeren Empfangsfähigkeit basiert.

Wenn wir das durch Angst hervorgerufene Wettbewerbsdenken aufgeben, entsteht Raum für eine höhere Ethik, für mehr Integrität, Teilen, Aufgeschlossenheit und für die Erfolgsprinzipien der Kooperation und Teamarbeit. Dies erlaubt uns auch, die bestehenden zwischenmenschlichen Verbindungen wiederherzustellen und anzuerkennen. Verbundenheit heilt Beziehungen, indem sie die Wahrheit bringt und gleichzeitig Freiheit und Leichtigkeit schafft.

Durch Verbundenheit und Kooperation können wir die Familiendynamiken und -muster überwinden, die andernfalls auf einer Ebene unser Leben bestimmen, die unterhalb unseres bewußten Denkens und Empfindens liegt – Dynamiken und Muster, die uns in Verschmelzung, verlorenen Persönlichkeitsgrenzen und Aufopferung einfangen oder in *unechter Unabhängigkeit* und Wettbewerbsdenken von anderen abspalten. Echte Unabhängigkeit ist ein Ort, wo wir, aufbauend auf unserer eigenen Selbstsicherheit, mit anderen Verbindung eingehen können. Unechte Unabhängigkeit ist ein Ort, an dem wir aus dem Versuch heraus, uns vor erneutem Verletztwerden zu schützen, alten Schmerz verdeckt und uns von Bedürfnissen abgespalten haben. Unechte Unabhängigkeit ist ein Ort, wo wir mit nur wenig oder nur oberflächlicher Rücksicht auf andere bzw. auf die Situation, in der wir uns befinden, unerbittlich tun, was wir wollen. Da wir blind für unsere eigenen Bedürfnisse, Ängste und Gefühle sind, sind wir natürlich auch unsensibel für andere und erzeugen Schmerz, ohne es zu wollen. Diese falsche Unabhängigkeit ist in der Regel auf Konkurrenzkampf eingestellt, da sie aus unseren wettkämpferischen und bindungslosen Familien hervorgeht.

Wettbewerbsdenken ist der Schlüsselfaktor in jedem Machtkampf und ein verborgener Faktor in allen Fällen von Leere in Beziehungen und im

Leben. Eine solche Erstarrung ist in der Regel ein Zeichen, daß wir uns zurückgezogen haben, um zu verhindern, daß andere uns besiegen. In der Erstarrung geht es selbst bei der Kompensation durch harte Arbeit häufig darum, zu beweisen, daß wir bei irgend etwas der Beste und anderen überlegen sind. Wettbewerbsdenken ist immer eine Form von Verzögerung, da es am falschen Ort nach Erfolg sucht, während es uns vom Vorangehen ablenkt.

Übung

1. *Während du dich auf dein gegenwärtiges Problem konzentrierst und deiner Intuition vertraust, stelle dir folgende Fragen:*
   - *Der Mensch an meiner Seite, den ich dadurch, daß ich dieses Problem habe, zum Verlierer machen möchte, heißt* ____________ .
   - *Der Grund dafür, daß ich diesen Menschen zum Verlierer machen möchte, ist* ______________________________ .
   - *Der Grund, warum ich gewinnen möchte, liegt darin, zu beweisen, daß* ______________________________ .

   Wenn der Mensch, mit dem du dich im Wettbewerb befindest, für ein Gespräch erreichbar ist, dann sprich mit ihm, und führe das Gespräch so lange fort, bis ihr einen Zustand der Gegenseitigkeit erreicht, einen Ort, an dem ihr beide gleichermaßen gewinnen könnt. Dies ist der einzige Weg, um jetzt und in der Zukunft Erfolg zu schaffen, ohne Verrat und Hinterhalt von anderen Menschen und Sabotage von deiner Seite befürchten zu müssen.

   Wenn du eine wahrhaft transformierende Kommunikation möchtest, dann sprich in gutem Glauben über deine Gefühle und übernimm die Verantwortung für sie. Dies bedeutet anzuerkennen, dass es, wenn du derjenige bist, der diese Gefühle hat, deine Gefühle sind und sie in deiner Verantwortung liegen. Jeder Versuch, den anderen zu beschuldigen, sei es direkt oder indirekt, wird jeden an der Situation Beteiligten im Schmerz feststecken lassen. Selbst wenn der andere dafür verantwortlich ist, ist er nicht mehr verantwortlich als du. Schuldzuweisungen sind ein Versuch, in der beherrschenden oder kontrollierenden Position zu bleiben, ohne Verantwortung zu übernehmen. Dies ist ein unreifes Verhalten und führt Trotz herbei.

Es ist wichtig, auch über die tieferen Gefühle wie Angst und Wettbewerbsdenken zu sprechen. Wenn du darüber sprichst, inwieweit diese Gefühle Teil deines Lebens waren, können Erinnerungen an Schlüsselereignisse aus deiner Vergangenheit hochkommen, die mit diesem Gefühl in Zusammenhang stehen. Es ist in Ordnung, auch über diese Schlüsselereignisse zu sprechen, aber verliere dich nicht in den Details der Geschichte. Konzentriere dich weiter auf die Gefühle und auf das Hindurchgehen durch diese Gefühle, denn auf diesem Weg geschieht Heilung. Wenn Heilung durch das Erzählen von Einzelheiten einer Geschichte geschehen würde, dann spürtest du jetzt nicht diesen Schmerz. Wenn du über diese Gefühle sprichst, wird mindestens eine große Schicht des Schmerzes aufgelöst werden; gleichzeitig wird die andere Person dazu inspiriert sein, dir aufgrund deiner Offenheit und Authentizität ihr Mitgefühl zu zeigen und dich zu unterstützen. Wenn es nicht angemessen sein sollte, deine Erinnerungen an die Vergangenheit, die mit dem Gefühl zusammenhängen, mitzuteilen, dann erzähle nur so viel, wie du kannst. Erkenne dann deinen Fehler an und verpflichte dich einer neuen Lebensweise.
Wenn der Betreffende aufgrund der räumlichen Entfernung, weil er bereits gestorben ist oder aus anderen Gründen nicht für ein Gespräch zur Verfügung steht und du bereit bist, über das Wettbewerbsdenken hinauszugehen, um dein Problem zu überwinden, dann stelle dir vor, wie du eine Brücke von deinem Herzen und deinem Geist zu seinem Herzen und seinem Geist baust. Triff die Wahl, ihm zu vergeben, oder es wird das auf dich zurückkommen, was du dem anderen wünschst.

2. *Sieh dich in deiner Vorstellung in deiner Jugendzeit. Verpflichte dich der Gleichberechtigung mit Brüdern und Schwestern, Freunden und Spielkameraden, Lehrern und Vorbildern. Verpflichte dich der Gleichberechtigung mit den Menschen, die du liebst oder in die du verliebt warst. Verpflichte dich der Gleichberechtigung mit deinen Eltern, damit du nicht Opfer ihres Prozesses wirst. Du kannst deine Gefühle und das, was du möchtest, zum Ausdruck bringen, und du kannst respektiert werden.*
   Sieh dich dann in deiner Vorstellung im Erwachsenenalter. Verpflichte dich wieder der Gleichberechtigung mit Brüdern und Schwestern, Freunden und Bekannten, Lehrern und Vorbildern. Verpflichte dich der Gleichberechtigung mit all denen, die du liebst. Verpflichte dich

der Gleichberechtigung mit deinen Eltern, damit du sie nicht herabsetzen mußt, um zu beweisen, daß du besser bist als sie. Gleichberechtigung wird einen Großteil der Aufopferung durchtrennen, in der du dich vielleicht im Zusammenhang mit ihnen befindest, insbesondere dann, wenn sie altersschwach oder vollkommen von dir abhängig werden. Gleichberechtigung erlaubt dir, dich an deinen Eltern, deinen Kindern und allen Menschen in deiner Umgebung zu erfreuen und mit ihnen als Teammitglieder zusammenzuarbeiten. Dies ist eine sehr einfache und leichte Übung, die dich aus dem Teufelskreis von Überlegenheit und Unterlegenheit und der Bürde der Aufopferung zu erlösen vermag, die nur durch mangelnde Gleichberechtigung und somit durch Wettbewerbsdenken entstehen kann.

Weg 15
Den verborgenen Plan heilen

Es gibt verborgene Teile deines Geistes, die andere Pläne haben als jene, von denen dein bewußter Geist Kenntnis hat. Es ist einer dieser verborgenen Teile, der dein Problem will. Wenn wir auf Erfolg hinarbeiten und etwas erreichen, was alles andere als ein Erfolg zu sein scheint, dann haben wir in Wirklichkeit einen Erfolg gemäß der Definition eines verborgenen Teils unseres Geistes erzielt. Wenn wir auf etwas zusteuern, das sich von dem unterscheidet, was normalerweise in einer Situation als Erfolg definiert wird, dann verbergen wir dies in der Regel vor uns selbst. Ein altes geflügeltes Wort besagt vom Unterbewußtsein, daß das, was wir haben, das ist, was wir wollen. Dies kann eine machtvolle Betrachtungsweise der Welt sein, weil sie das zur Bewältigung an die Oberfläche bringt, was bisher verleugnet, abgespalten oder verdrängt war. In jeder Problemsituation, in der wir einen Menschen beschuldigen, rauben wir uns selbst die Kraft, anstatt Verantwortung zu übernehmen. Unser Zorn und unser Selbstangriff verbergen den Aspekt des geheimen Einverstandenseins mit unseren Problemen.

Wir wollen die Suche nach unseren verborgenen Plänen damit beginnen, zu erkennen, daß wir machtvolle, zielgerichtete Wesen sind, die manchmal eine falsche Entscheidung treffen. Alles, was wir tun, und alles, was uns angetan wird, erfüllt einen bestimmten Zweck. Wenn wir Ziel und Zweck unseres Problems entdecken und als eine falsche Wahl erkennen, die uns niemals glücklich machen kann, werden wir einsehen, daß sein Lohn nicht mehr das ist, was wir wollen. Dann können wir eine heilende und lebensverbessernde Entscheidung treffen.

Alles, was uns Verantwortung gibt und dabei gleichzeitig unsere Schuldlosigkeit aufrechterhält, stärkt uns. Jedes Problem, das wir haben, ist in Wirklichkeit ein Ort, an dem wir das Problem dazu benutzen, einem anderen Menschen Vorwürfe zu machen. Es nimmt uns die Kraft und hält uns davon ab, zu prüfen, was in unserem Geist vor sich geht. Wir setzen es ein, um uns nicht ändern zu müssen, fordern aber von anderen, daß sie sich ändern. Unsere Veränderung ist natürlich genau das, was unseren Reifeprozeß und unseren Erfolg fördern würde. Doch nur allzu oft gehen wir in die Falle der Selbstbeschuldigung, sobald wir aufhören, anderen die Schuld zu geben. Schuldzuweisungen sind eine Falle, die Kraft raubt, ganz gleich, wogegen der Finger der Anklage erhoben wird. Wenn wir uns in Bereiche des Geistes vorwagen, die wir vor unserem Bewußtsein verborgen haben, sind Schuldgefühle das übliche Verteidigungsmittel, das uns vom Ego entgegengeworfen wird, um uns von weiteren Nachforschungen abzuhalten. Es ist wichtig, zu erkennen, daß diese Schuldgefühle letztlich unwahr sind, und wenn wir an sie glauben, stellen wir uns damit selbst eine Falle und bestrafen uns, ohne daß wir die Lektion lernen oder vorangehen. Es ist wichtig, daß wir uns durch unsere Schuldgefühle nicht vom weiteren Erforschen abhalten lassen, sonst stecken wir fest und erkennen nicht, daß der Ort, an dem wir Kraft bekommen, ein Ort ist, an dem jeder Mensch gleichzeitig verantwortlich und schuldlos ist.

Übung

Du kannst die nächsten Fragen intuitiv beantworten und dort, wo du keine intuitive Antwort erhältst, einfach raten. Um deine Intuition zu unterstützen, beginne jede Frage mit:

1. *Wenn ich wüßte, ...*
   - *... welchen Nutzen es mir bringt, daß ich dieses Problem habe, dann ist es womöglich ...*
   - *... was mir dieses Problem zu tun erlaubt, dann ist es womöglich ...*
   - *... was ich dadurch, daß ich dieses Problem habe, nicht zu tun brauche, dann ist es ...*
   - *... wovon ich befürchte, daß es geschehen könnte, wenn ich dieses Problem nicht hätte, dann handelt es sich um ...*
   - *... was ich zu verlieren befürchte, wenn ich dieses Problem nicht habe, dann ist es ...*
   - *... bei wem ich mich beschweren würde, wenn dieses Problem eine Beschwerde wäre, dann würde ich mich bei ... beschweren.*
   - *... worüber ich mich beschweren würde, dann wäre es ...*
   - *... wen ich dadurch beschuldige, daß ich dieses Problem habe, dann wäre es ...*
   - *... welche Schuldgefühle ich dadurch abzuzahlen versuche, daß ich dieses Problem habe, dann wären es ...*

- *… an wem ich mich dadurch räche, daß ich dieses Problem habe, dann wäre es …*
- *… was ich dadurch zu beweisen versuche, daß ich dieses Problem habe, dann wäre es …*
- *… was ich dadurch zu bekommen versuche, daß ich dieses Problem habe, dann wäre es …*
- *… was ich dadurch nicht gebe, daß ich dieses Problem habe, dann wäre es …*
- *… gegen wen ich rebelliere, dann wäre es …*
- *… was ich dadurch nicht befolgen will, daß ich dieses Problem habe, dann wäre es …*
- *… wen ich dadurch angreife, daß ich dieses Problem habe, dann wäre es …*
- *… welches Bedürfnis ich dadurch erfüllt zu bekommen versuche, daß ich dieses Problem habe, dann wäre es …*
- *… welches Geschenk, welche Begabung oder Chance ich nicht anzunehmen wage, vor der mich das Problem zu bewahren versucht, dann wäre es …*
- *… wie ich es schaffe, durch dieses Problem recht zu bekommen, dann wäre es …*
- *… wen ich dadurch kritisiere, daß ich dieses Problem habe, dann wäre es …*
- *… welche Überzeugung ich haben muß, damit ein solches Problem in meinem Leben entstehen konnte, dann wäre es …*
- *… welche Art von Geschichte ich durch dieses Problem in meinem Leben erzähle, dann wäre es …*

Ein Problem stellt ein Kapitel einer dunklen Geschichte dar, die wir in unserem Leben erzählen.

- *Wenn ich wüßte, welches Ziel ich mit dem Erzählen dieser Geschichte verfolge, dann wäre es …*
- *… wen ich dadurch, daß ich dieses Problem habe, besiegen will, dann wäre es …*
- *… was ich allen wichtigen Menschen in meinem Leben dadurch mitteile, daß ich dieses Problem habe, dann wäre es …*

(Nenne alle wichtigen Menschen in deinem Leben mit ihrem Namen und der Botschaft, die du ihnen unterbewußt mitteilst)

NAME	*BOTSCHAFT*

Wenn du erkennst, daß keines dieser Ziele dich glücklich macht, dann fälle eine andere Entscheidung.

2. *Sprich mit dem verborgenen Teil deines Geistes. Finde seinen Namen heraus, sein Alter und sein Ziel. Jeder verborgene Teil deines Geistes möchte anerkannt werden. Auf irgendeine irrtümliche Art glaubt dieser Teil, sein fehlgeleiteter Zweck könnte dir helfen oder dich retten. Heilung beginnt damit, daß man Licht in das hineinbringt, was verborgen, verleugnet und ein Irrtum war. Wenn du entdeckst, was verborgen war, kannst du jenem Teil helfen, ein besseres Ziel oder eine bessere Strategie zu wählen, und ihn darin unterstützen, sich mit dem zu verbinden, was die bewußten Teile deines Geistes wollen. Einfach dadurch, daß du diesen verborgenen Plan als einen Fehler erkennst, kann unser Höheres Bewußtsein ihn zu verändern beginnen. Du kannst diesen Teil auch in den Rest deines Geistes integrieren, indem du einfach die Wahl triffst, daß dies geschehen soll, oder dir vorstellst, daß er mit dem Rest von dir verschmilzt, um dich mehr ganz zu machen. Seine Energie und Fürsorge wird dir helfen, ein einheitliches Ziel für dich als Ganzes zu finden. Dies wird eine Strategie erzeugen, die besser ist als die vielen fehlgeleiteten Strategien, wie sterben müssen, um dich vom Schmerz zu befreien, oder dich zum Rückzug bewegen, damit du nicht mehr verletzt werden kannst.*

Weg 16
Verurteilung heilen

Jedes Problem ist das Ergebnis eines Urteils, das wir über die Welt oder einen Menschen in unserem Umfeld gefällt haben. Wenn wir eine Situation nicht verurteilen, dann kann sie sich entfalten und ihre wahre Bedeutung zeigen, die niemals schmerzhaft ist. Verurteilung, die niemals das ganze Bild kennen kann, führt letztlich zu Schmerz. *Ein Kurs in Wundern* beschreibt unsere ganze Welt als die Verkörperung unserer Verurteilung. Ein Problem draußen in der Welt ist die Projektion einer Selbstverurteilung oder eines Problems in unserem Innern. Ein Problem ist etwas, wofür wir uns selbst verurteilt haben, was unsere Schuldgefühle widerspiegelt. Die Alternative zum Vergeben oder dem so intensiven Durchleben von Gefühlen, daß sie sich in nichts auflösen, besteht darin, im Rückzug und in Verleugnung zu bleiben. Wir kompensieren Schuldgefühle durch tugendhaftes Handeln, projizieren sie aber immer noch durch die Arroganz der Verurteilung nach draußen. Dies hält uns in der Hölle oder dem Fegefeuer eines Problems fest. Das Loslassen der Verurteilung erlaubt uns, die Bedeutung eines Ereignisses und seinen Zweck in unserem Leben bewußter wahrzunehmen und besser zu verstehen. Wenn Verurteilung losgelassen wird, kann sich die Bedeutung des Himmels uns offenbaren.

Verurteilung legt die Inspiration still und schließt uns im Gefängnis unserer Selbstverurteilung ein. Sie hält auch die Menschen um uns herum in unserer Wahrnehmung gefangen, die auf unserer Verurteilung beruht. Wenn wir die Fehler verurteilen, die das Ego eines anderen Menschen begeht, betrachten wir diesen Menschen durch die Fehler unseres eigenen Ego. Wie können wir den anderen korrigieren wollen, wenn wir uns selbst nicht berichtigen können? Wenn wir verurteilen, sperren wir uns selbst in ein Gefängnis, und zwar nicht nur dadurch, wie wir andere sehen, sondern auch dadurch, daß wir das Urteil über uns selbst fällen. Der Bibelspruch „Richte nicht, auf daß du nicht gerichtet werdest" ist eine exakte psychologische Aussage. Urteile nicht, es sei denn, du bist bereit, dich selbst genauso zu beurteilen, da du das eine nicht ohne das andere tun kannst. Wenn wir einen anderen Menschen verurteilen, können wir nicht umhin, uns selbst anzugreifen.

Die Welt mit ihrem Schmerz und ihren Problemen ist nur eine Projektion unserer Selbstverurteilung, unseres Selbstangriffs und Selbsthasses. Wir tun dies aufgrund des Ausmaßes unserer Trennung von anderen, von der Liebe, der Freude und sogar von Gott. Verurteilung beruht auf Trennung. Das Ausmaß dieser Trennung und der Mangel an Verbindung außerhalb unserer selbst ist immer eine Widerspiegelung der mangelnden Verbindung und der Abspaltung in unserem Inneren. Dies erzeugt wiederum die Selbstverurteilung, den Angriff und den Haß, den wir auf die Welt projizieren und in ihr erleben. Jene Menschen, die wir im Spiegel der Welt verurteilen, zeigen nur, wo wir den Finger der Verurteilung auf uns selbst richten. In jeder Situation, in der wir zu verurteilen geneigt sind, könnten wir darum bitten, sie so zu sehen, wie der Himmel sie betrachten würde. Auf diese Weise würden wir eine Wahrnehmung gezeigt bekommen, bei der alle Menschen schuldlos sind.

Übung

Lasse in dieser Problemsituation deine Verurteilung los. Sie blockiert die natürliche Entfaltung der Situation, die Intuition, die Inspiration und die Antwort. Deine Entscheidung für das Loslassen macht es möglich, daß sich das Problem in seinem wahren Licht zeigen kann, welches unproblematisch ist. Ohne Verurteilung gibt es keine Probleme.

1. *Betrachte dein Problem, spüre es und höre ihm zu. Stelle dir dein Problem als eine Burg vor. Sieh dann, wie du in das Burgverlies hinuntersteigst. Wenn du unten im Kerker angekommen bist, gehe zu der Tür, die dich zu rufen scheint. Öffne diese Tür und schaue nach, wer dahinter eingesperrt ist. Finde heraus, wie die betreffende Person heißt, wie alt sie ist und warum sie eingekerkert wurde. Du hast die Wahl, diesen Menschen zu begnadigen oder ihn weiter in deinem Verlies gefangenzuhalten, doch was du ihm antust, das tust du auch dir selbst an. Frage dich:*
   - *Wenn ich wüßte, wann ich mich derart verurteilt habe, dann muß es im Alter von _______ Jahren gewesen sein.*
   - *Wenn ich wüßte, wer damals bei mir war, dann war es wahrscheinlich ________________ .*

- *Wenn ich wüßte, welches Ereignis dazu geführt hat, daß ich mich so verurteilt habe, dann wahrscheinlich aufgrund von __________.*
- *Will ich mich dafür weiterhin verdammen?*
- *Will ich dieses Problem weiterhin haben?*

Wenn du dir selbst vergibst und deine Urteile über andere sowie deine Selbstverurteilung losläßt, so wirst du befreit. Wenn du dich dafür entscheidest, dir selbst zu vergeben, dann stelle dir vor, wie der Mensch, der in diesem Kerker eingesperrt war, auf dich zukommt und dich umarmt. Während er dich umarmt, stelle dir vor, wie er mit all seiner Energie und seinen positiven Eigenschaften mit dir verschmilzt und dich so gegen weitere negative Verurteilung in dieser Situation impft.

2. *Bitte darum, die Person oder die Situation durch die Augen deines Höheren Bewußtseins zu sehen. Nur mit dem Höheren Bewußtsein können wir einen Weg nach vorne sehen, ohne unseren Weg zu verlieren. Wenn wir durch die Augen des Ego schauen und urteilen, dann werden wir dafür bezahlen, da unser Ego den Weg hindurch nicht finden will und wir unseren Weg verlieren werden.*

Weg 17
Geben und Empfangen

Geben macht uns erfolgreich, und das Geben unserer selbst bringt uns den allergrößten Erfolg. Jedes Problem repräsentiert einen Ort, an dem wir uns nicht geben, sondern auf irgendeine Weise zu nehmen versuchen. Alle Probleme könnten durch Geben geheilt werden. Dabei kann es sich um ein völlig neuartiges Geben oder um ein Geben auf einer vollkommen neuen Ebene handeln.

Ein Problem ist in irgendeiner Weise das Ergebnis dessen, daß wir nicht geben und darum auch nicht empfangen, da beides unentwirrbar miteinander verbunden ist. Es kann in unserem Leben kein Problem geben, ohne daß es etwas Entsprechendes gibt, das wir zurückhalten und nicht empfangen. Für gewöhnlich hat es bei Problemen eher den Anschein, daß jemand anderes uns nichts gibt. Wir beschweren uns, daß wir nichts empfangen oder daß man uns das Falsche gibt. In Wahrheit könnte das Problem dadurch gelöst werden, daß wir entweder dem Empfangen die Tür öffnen oder daß wir den Teil geben, den wir aufgerufen sind zu geben. Wenn du erst einmal weißt, daß jedes Problem dadurch aufgelöst werden kann, daß du gibst, was gebraucht wird, oder empfängst, was du und andere brauchen, gibt dir dieses Wissen die Kraft, dich selbst zu ändern. Dies ist die Kraft, die Fülle, Liebe, Erfolg, ein Leben ohne Einschränkungen und das Geben jenes Geschenks, das du bist, ermöglicht. Während Aufopferung und Kompensation ein Geben vortäuschen, kannst du den Unterschied zum wahren Geben daran erkennen, daß erstere ohne Lohn bleiben. Häufig haben wir uns aufgrund eines Kindheitstraumas zurückgezogen und infolgedessen aufgehört, einen gewissen Teil von uns zu geben oder für das Empfangen offen zu sein. Dies bedeutet, daß es verwundete, komatöse oder tote Teile in uns gibt, und die meisten dieser Teile unserer selbst sind Kinder. Wenn wir diese eingesperrten Teile unserer selbst finden und wieder integrieren, kann dies das ganze Problem zum Verschwinden bringen.

Durch unser Geben öffnen wir die Tür für das Empfangen sowie für das Erleben und die Freude an dem, was wir geben und was uns gegeben wird. Empfangen erlaubt uns wiederum, auf einer völlig neuen Ebene zu geben. So wie der Lehrer erscheint, wenn der Schüler bereit ist, so erscheint der Geber, wenn der Empfänger bereit ist. Dies bedeutet, daß ein Problem auf einer gewissen Ebene einen Ort darstellt, an dem wir noch nicht bereit sind oder Angst vor dem Empfangen haben. Irgendwie glauben wir, daß unser Geben und diese neue Ebene des Erfolgs uns nicht nur etwas geben, sondern auch etwas wegnehmen wird. Manchmal haben wir Angst, etwas zu verlieren, zum Beispiel einen Menschen oder eine Selbstsucht, an der wir festhalten, so daß das Problem in Wirklichkeit einen Versuch darstellt, nicht loszulassen. Dies bedeutet, daß wir Angst vor der nächsten Erfolgsebene in unserem Leben haben, daß wir Angst haben, die Kontrolle zu verlieren oder für den Umgang mit den Geschenken oder den Dingen, die wir auf der nächsten Erfolgebene aufgerufen sind zu tun, nicht gut genug zu sein. Manchmal befürchten wir, daß der Erfolg oder die Gaben uns überwältigen könnten, und darum verzichten wir lieber auf sie.

In Wahrheit ist es vielmals so, daß dann, wenn wir uns öffnen und etwas Neues empfangen, alter Schmerz das erste ist, was aus uns herausbricht. Dies ist der Schmerz, der uns zuvor blockiert hat, da wir zu voll waren, um irgend etwas hereinzulassen. Wenn wir etwas hereinlassen wollen, muß dafür ein Teil des alten Schmerzes losgelassen werden. Wir hören auf zu empfangen, weil wir Angst bekommen, den alten Schmerz zu spüren, und wir beginnen irrtümlicherweise Schmerz mit Empfangen zu assoziieren. Doch das *Loslassen des Schmerzes* ist in Wirklichkeit zart und von prickelnder Schärfe, und es bringt die Süße der Geburt mit sich. Es erfordert Mut, so weit offen zu sein und so viel zu empfangen, aber je mehr wir empfangen, desto leichter wird es. Wenn das Bewußtsein auf die höheren Ebenen der Partnerschaft – wie Vision, Meisterschaft und Erleuchtung – gelangt, dann wird es weiblich. Das weibliche Prinzip ist am Werk, wenn es in allen Dingen ums Empfangen geht, so daß es mehr zu geben gibt. Nachdem wir die männliche und die weibliche Seite in uns ins Gleichgewicht gebracht haben, was verbindliche Beziehungen ermöglicht, begeben wir uns dann in Bereiche hinein, in denen das Empfangen des weiblichen Bewußtseins vorherrschende Bedeutung erlangt. Wir sind nun in der Lage, durch das Empfangen von innerer Führung, von Gaben und der Gnade, die auf diesen höheren Bewußtseinsebenen notwendig sind, sogar noch weiter voranzugehen, und es geschieht weniger durch unsere eigene harte Arbeit.

Übung

1. *Setze heute deinen bewußten Geist dafür ein, um herauszufinden und zu geben, was auch immer in deiner Situation zu geben erforderlich ist. Stelle dir die Situation vor und alle an ihr beteiligten Menschen. Was braucht jeder einzelne von ihnen? Gib es mit Freude, aufrichtig und reichlich. Stelle dir vor, wie du die Türen deines Geistes und deines Herzens öffnest und genau das gibst, was jeder an der Situation Beteiligte braucht. Dies legt in deinem Geist den Grundstein für ein positives Muster, und du wirst wie von selbst die entsprechenden Taten folgen lassen, um diese Gaben in die Tat umzusetzen.*
2. *Frage dich, wann du die Tür davor verschlossen hast, das zu haben, wovon dein Problem dich abhält, was auch immer es sein mag. Denn sobald du die Tür öffnest und empfängst, wogegen du dich gesträubt hast, wird das Problem hinwegzuschmelzen beginnen.*
3. *Überprüfe, womit du vielleicht verhaftet bist und was dadurch dein Problem am Platz hält. Woran hältst du fest? Festhalten, das immer ein Versuch ist, etwas zu bekommen, kann niemals Erfolg haben. Unser Bedürfnis blockiert unsere Bewußtheit dafür, daß unter dem Bedürfnis und dem Groll, welche die Trennung und das Bedürfnis entstehen ließen, immer noch genau das als Geschenk liegt, das wir zu bekommen versucht haben. Nur dadurch, daß wir dieses Geschenk teilen, wird das Problem transformiert werden, und wenn wir dies tun, dann wird das Geschenk zu einem natürlichen Bestandteil unseres Lebens, den wir kennen, weil wir ihn teilen. Denke daran, daß du in Wirklichkeit nicht die äußere Form des Geschenks willst, sondern seine Energie. Sieh dich, wie du jenes Geschenk und seine Energie aus deinem Geist und aus deinem Herzen heraus mit allen Menschen teilst, die es in deinem Umfeld brauchen.*
4. *Überlege und finde heraus, was du durch deinen Erfolg zu verlieren befürchtest. Das Ego warnt dich in der Regel davor, daß du durch deinen Erfolg etwas verlieren wirst, und manchmal warnt es dich sogar vor deinem eigenen Tod. In Wahrheit aber stirbt durch deinen Erfolg ein Teil des Ego und läßt dich mit weniger Selbstkonzepten und größerer Offenheit für das Empfangen und die Freude zurück. Dies ist ein einfacher Weg nach vorne. Lasse die Angst los und sei bereit, voranzugehen.*

Weg 18
Die Aufopferung opfern

Jedes Problem ist das Ergebnis eines Sabotageaktes, der dadurch entsteht, daß wir vor lauter Aufopferung ausgebrannt sind und einen Weg brauchen, um uns Erholung zu verschaffen oder einen Stop einzulegen. Dies ist ein Beispiel für eine typische Strategie des Ego, mit der es dafür sorgt, daß wir eine Pause bekommen oder die Dinge nicht noch schlimmer werden. Wenn wir uns in hohem Maße aufopfern, können wir den Gedanken an eine weitere Ebene des Erfolgs nicht ertragen, da er in unseren Augen nur noch mehr Aufopferung bedeutet. Aufopferung ist eine Form von *Verlierer-Gewinner*-Verhalten, denn obwohl wir zu geben scheinen, halten wir uns selbst zurück und machen es zu einer Form von vorgetäuschtem Geben. Ohne wahrhaftes Geben gibt es kein wirkliches Empfangen, keine Erneuerung und kein Auftanken für uns und erst recht keine Hoffnung auf langfristigen Erfolg. Aufopferung ist eine Form von Märtyrertum, in dem auch ein Aspekt des tragischen Helden liegt. Da es sich um eine Rolle handelt, ist der Held insofern tragisch, als ihn seine Mitmenschen nicht kennen, obwohl er manchmal in seiner Not sehr schnell um Beifall oder Sympathie buhlt. Doch leider kann Aufopferung weder volle Befriedigung verschaffen, noch heilen oder retten, da sie eine Rolle darstellt, ein Imitationsverhalten, das wahres Geben lediglich nachahmt. Laut *Ein Kurs in Wundern* hat Jesus Christus das letzte Opfer dargebracht, damit niemals mehr ein Mensch ein Opfer bringen muß. Doch wie so viele Anhänger haben seine Jünger die Botschaft falsch interpretiert und beschlossen, es ihm nachzutun. Aufopferung ist eine psychologische Falle. Wenn wir uns aufopfern, treten die Menschen, die wir lieben, unglücklicherweise in unsere Fußstapfen und opfern sich genauso auf, wie wir es getan haben. Da sie uns lieben, folgen sie uns ebenfalls, um uns zu zeigen, daß sie uns lieben. Viele Menschen haben sich aus Liebe zu Freunden, Familienangehörigen und Partnern aufzuopfern versucht. Viele haben sich in dem irrtümlichen Versuch, andere zu retten, aufgeopfert, obwohl ein Opfer gar nicht nötig war. Hierbei handelt es sich um eine Dynamik, auf die ich oft bei chronischen Erkrankungen gestoßen bin. Selbst dann, wenn es notwendig schien, daß wir uns aufopfern, handelte es sich nur um ein Kapitel in der Aufopferungsgeschichte, die wir aus unserem Leben machen.

Aufopferung baut auf Schuldgefühlen, Unwürdigkeit und Wertlosigkeit auf. Sie leugnet, daß wir gemeinsam mit anderen gewinnen können, und fordert, daß einer von uns verlieren und sich aufopfern muß. Dies ist ein Glaube, der das Ego unterstützt, das alles tut, um uns davon abzuhalten, daß wir uns mit anderen verbinden und uns am gegenseitigen Geben und Empfangen erfreuen. Aufopferung ist in Wirklichkeit insofern ein Wettbewerbsverhalten, als sie jetzt verliert, um später zu gewinnen. Sie hat Angst vor Gleichberechtigung und zwischenmenschlicher Nähe und stellt sich entweder über oder unter denjenigen, für den das Opfer gebracht wird.

Probleme sind eine Form der Aufopferung. Aufopferung ist eine Rolle, die wir spielen, um uns vor altem, unaufgelöstem Schmerz zu schützen. Diese Rolle ist ein Abwehrmechanismus, der vor einem unvollständig betrauerten Verlust der Vergangenheit schützen soll. Aufopferung ist nicht nur ein erfolgloses Verhalten, sie ist darüber hinaus auch ein erfolgloses Lebensmuster, das uns von anderen trennt, das somit die Partnerschaft Lügen straft und uns vom Vorangehen abhält.

Aufopferung ist unnötig, da wir Erfolg haben können, ohne uns aufopfern zu müssen. Unser Glaube an die Aufopferung als einer erfolgreichen Strategie, die uns vor Zurückweisung schützen oder Schuldgefühle, Unwürdigkeit oder Versagen kompensieren soll, verstärkt diese Emotionen lediglich. Nur dadurch, daß wir uns diesen Gefühlen stellen und sie heilen, können wir von ihnen und den damit einhergehenden Rollen befreit werden.

Rollen und Aufopferung waren das, womit wir versucht haben, unserer Ursprungsfamilie zu helfen, als sie sich im Schmerz befand. Dieses Verhalten war nicht nur ineffektiv, sondern hat zudem einige tiefsitzende, uns selbst schwächende Probleme und Konflikte heraufbeschworen. Was wir bisher durch Aufopferung getan haben, könnten wir auf effektive Weise mit Hilfe der Gnade tun. Durch die Gnade können wir alle Rollen und irrtümlichen Aufgabenstellungen, die wir vielleicht zu jenem Zeitpunkt übernommen haben, loslassen.

In der Aufopferung sind wir eher von uns selbst als von Gott abhängig. Das Ego setzt Aufopferung dafür ein, um zu beweisen, daß Gott von uns verlangt, wir sollten uns lieber zum Märtyrer machen, als die Gnade zu nutzen. Unser Ego will uns glauben machen, Gott wolle, daß wir uns aufopfern, damit wir Gott und seinen Willen fürchten. Während das Bankhaus Gottes immer geöffnet ist, bestehen wir auf dem Glauben an Mangel, an Abspaltung und unser eigenes Tun. Dies hält uns so beschäftigt, daß wir auf effektive Weise das Empfangen umgehen und das vermeiden, was wir im Leben zu geben, zu vollenden, zu heilen und zu lernen versprochen haben. Jetzt ist es an der Zeit, daß wir diese vortrefflich gefälschte Erscheinungsform des Helfens opfern und die Liebe und effektive Hilfsbereitschaft wiederfinden. Aufopferung führt niemals zum Erfolg. Sie erniedrigt immer unseren eigenen Selbstwert und damit auch den Selbstwert der anderen. Sie ist eine Form des Gebens, das immer aus einer Position des Rückzugs heraus erfolgt, in der es uns niemals gelingt, uns selbst zu geben. Aufopferung ist ein Weg, uns aufgrund von Angst vor unserer Größe und unserem Lebensziel zu verstecken. In unserer Aufopferung lassen wir uns von anderen benutzen, um zu verbergen, wie wir sie aus Angst vor dem Vorangehen dazu benutzen, uns zurückzuhalten. Triff heute eine Wahl zugunsten zwischenmenschlicher Nähe, Gleichgewicht, Selbstwertgefühl, Erfolg und dem kombinierten Geben und Empfangen, das *Gewinner-Gewinner*-Situationen entstehen läßt. Setze dich ganz dafür ein, um deinetwillen und für alle Menschen, die du liebst, die Verteidigungsstrategie der Aufopferung aufzugeben.

Übung

Stelle dir vor, du könntest in die Zeit zurückschweben, in der deine Aufopferung begann. Frage dich:

- *Wenn ich wüßte, wer bei mir war, dann war es womöglich …*
- *Wenn ich wüßte, welches Ereignis dazu geführt hat, daß ich die Wahl traf, mich aufzuopfern, dann war es womöglich …*

Bitte die Gnade, in die Situation hereinzukommen und sie zu transformieren, so daß du keine Opferrollen oder falschen Aufgaben übernimmst. Je mehr Gnade du hereinläßt, desto mehr wird die Situation verwandelt werden.

Lasse mit Hilfe deines Höheren Bewußtseins die dunklen Überzeugungen los, die du aus der Vergangenheit mit dir herumträgst, und triff eine neue Entscheidung. Bitte mit Hilfe deines Höheren Bewußtseins darum, daß alle an der Situation Beteiligten zurück in ihre Mitte getragen werden, an den Ort der Wahrheit und des Gleichgewichts. Lasse dir Zeit dabei, aber bitte darum, daß ihr – du selbst und alle Beteiligten – zurück in so viele Zentren der Mitte getragen werdet, wie nötig sind, um alle zu heilen. Stelle dir mit Hilfe deines Höheren Bewußtseins vor, daß du die Türen zu deinem Herzen und deinem Geist öffnest und all die Gnade empfängst, die nötig ist, um alles für die Heilung und Transformation der Situation zu geben. Du wirst durch dein Geben befreit werden, und die Menschen um dich herum werden durch das Empfangen all dessen, was sie brauchen, befreit werden.

Weg 19
Frieden

Probleme spiegeln Streß wider, einen Ort, an dem dein Ego oder deine Selbstachtung sich bedroht fühlt. Konflikte, die in unserem Innern ablaufen und das äußere Problem verursachen, erzeugen noch mehr Streß. Alles in unserer äußeren Welt ist einfach nur ein Spiegel dessen, was in unserem Innern vor sich geht. Die von außen kommenden Forderungen, die uns unter Druck setzen, sind Forderungen, die wir an uns selbst stellen. Perfektionismus und das, was wir glauben, tun zu müssen, erlegen uns ebenfalls eine Menge Streß auf. Distanzierung und Verdrängung sind Verteidigungsmechanismen, die mit dem Schmerz und seinem Streß zurechtzukommen versuchen und am Ende noch mehr Schmerz und Streß herbeiführen. Wenn wir den inneren Schmerz finden und heilen, dann verschwindet auch das äußere Problem und der damit verbundene Streß. Darum können wir sogar durch große Probleme schnell hindurchgehen, wenn wir einfach nur den entsprechenden Konfliktpunkt in uns finden und heilen. Wenn wir diese Methode nicht für unsere innere Heilung einsetzen, was die Wirksamkeit der Verantwortlichkeit betont und uns befähigt, die Situation zum Besseren zu verändern, dann besteht unsere einzige Alternative in dem Versuch, die äußere Situation und alle anderen Menschen ändern zu wollen. Wir alle haben versucht, unsere Mitmenschen durch Manipulation, Ratschläge und Forderungen zu ändern, und wir alle wissen, daß es selten funktioniert. Selbst wenn es uns gelingen würde, die anderen durch irgendeine Form der Kontrollausübung zu ändern, würden sie von uns abhängig werden, was bedeutet, daß wir sie mittragen müßten, und dann wären sie nicht mehr so attraktiv wie vorher. Wenn wir jedoch uns selbst ändern, indem wir jenen Teil in unserem Geist finden und heilen, den das Problem repräsentiert, wird sich die Außenwelt ganz leicht verändern.

Konflikte sind nur dann möglich, wenn es an Frieden fehlt. Friede ist die erschaffende Kraft, der alle guten Dinge wie Liebe, Erfolg, Fülle und Zuversicht entspringen. Im Frieden wird unsere Fähigkeit möglich, Bindungen einzugehen und Liebe und Freude zu erfahren. Konflikte bringen nicht nur Unruhe, sie können sogar zu Wegweisern auf der Straße in Richtung Stagnation, Leid und Tod werden. Wenn dies geschieht, können selbst die kleinsten Rückschläge und die geringfügigsten Probleme Zorn, Hilflosigkeit und Depression auslösen, da sie mit dem Gefühl einhergehen, daß sich niemals etwas ändern wird und es scheinbar keinen Ausweg gibt. Doch es gibt *immer* einen Ausweg, wenn genügend Veränderungsbereitschaft vorhanden ist. Frieden entsteht naturgemäß dann, wenn die Trennung beendet wird. Es ist der Friede, der uns auf den Weg führen kann, Veränderung zuversichtlich anzunehmen und als einen Segen zu erkennen, da der Friede beweist, daß es sich um eine Änderung zum Besseren handelt, was die natürliche Wirkung des Lernens ist.

Der Frieden dehnt sich aus und läßt so die Welt zu einem guten Platz werden, und der Weg durch den Konflikt wird erkennbar. Konflikte schmelzen einfach dahin, wenn Frieden einkehrt, da ein Konflikt gleichermaßen Angst erzeugt und durch Angst hervorgerufen wird. Frieden bringt Arglosigkeit und Ganzheit.

Viele distanzierte Menschen scheuen vor Frieden zurück, weil sie ihn entweder für langweilig oder emotional tot halten. Eines Nachmittags, als ich während der Mittagspause eines Workshops den tiefsten Frieden meines Lebens erfuhr, schickte ich alle Gedanken in die Verbannung, daß der Friede etwas Langweiliges sei; es war so faszinierend und wundervoll, daß ich mich nicht bewegen wollte. Ich verbrachte die nächsten beiden Stunden in Gefühlen des Friedens, die mich mit Wogen der Freude durchzogen. Meine inneren und äußeren Sinne waren völlig gefangengenommen, und ich war unbeschreiblich glücklich.

Übung

- *Sieh dein Problem vor dir und sage dir: Ich will und werde dies nicht als ein Zeichen des Leids, der Zerstörung und des Todes nutzen. Ich will und werde dies nicht als ein Hindernis für den Frieden, sondern als ein Mittel zum Frieden nutzen.*
- *Im Zustand der Meditation stelle dir vor, daß dein Problem vor dir liegt, und werde immer friedvoller, während du dich immer tiefer in dich selbst hineinfallen läßt. Entspanne dich immer tiefer in dich hinein. Wenn dein Frieden tiefer geht als dein Problem, dann wird dein Problem hinwegschmelzen.*

Weg 20
Beziehungen heilen

Jedes Problem ist eine Widerspiegelung unserer vergangenen und gegenwärtigen Beziehungen. Wenn wir das Problem heilen, entwickeln sich dadurch unsere Beziehungen weiter, hin zu einem Ort größerer Liebe. Wir können in der Tat die Beziehung mit unserem Partner oder mit den Menschen, die uns am nächsten stehen, als Hilfsmittel einsetzen, um den Konflikt zu heilen, der uns im Weg steht.

Das Problem spiegelt einen problematischen Sachverhalt in der für uns wichtigsten Beziehung wider oder etwas, wo in dieser Beziehung noch keine Bindung eingegangen wurde, da alles, was uns umgibt, auch unsere Berufstätigkeit, unsere Kinder und unsere Gesundheit, unsere Partnerbeziehung widerspiegelt. Natürlich ist das, wo es in unserer Beziehung an Bindung fehlt, auch in jeder unserer anderen Beziehungen noch nicht verbunden. Es mag uns nicht bewußt sein, daß wir in unserer Partnerbeziehung ein Problem haben, doch alles, was zwischen uns und der Erleuchtung steht, wird früher oder später als Konfliktthema zwischen uns und unserem Partner an die Oberfläche kommen. Probleme in unserem Umfeld sind nichts anderes als Probleme innerhalb der Beziehung, die noch gelöst werden müssen und die vielleicht noch nicht einmal bemerkt wurden. Wenn man davon ausgeht, daß in unserer Beziehung normalerweise eine gewisse innere Verbindung und Bereitwilligkeit vorhanden ist, dann gibt es auch eine gewisse Leichtigkeit und Mühelosigkeit, mit der äußere Probleme geheilt werden können. In einer Beziehung, die geprägt ist vom Einlassen auf den Partner, ist jedes Problem, das zwischen uns und unserem Partner auftaucht, lediglich eine Angelegenheit, die geheilt werden will, um dadurch eine noch engere Beziehung entstehen zu lassen. Die Antwort auf jedes Problem liegt immer im Eingehen von Verbindung, was bedeutet, sich selbst zu geben und den anderen zu empfangen. Wenn ein Problem auftaucht und wir den Wunsch haben, eine weitere Brücke zu bauen, die einen weiteren Bereich der Leichtigkeit und Verbundenheit zwischen uns und unserem Partner entstehen lassen kann, dann werden wir das Problem als eine Chance betrachten, um noch mehr Nähe herzustellen, und unsere Motivation, das Problem zu lösen, wird dadurch noch größer werden. Dies wird insbesondere dann geschehen, wenn wir aus unserem früheren Eingehen von Verbindung viele Früchte und viel Lohn geerntet haben.

Übung

1. *Wenn der Mensch, der dir am nächsten steht, wie beispielsweise dein Ehepartner, ein Freund, ein Elternteil, eines deiner Kinder oder Geschwister dafür zugänglich ist, dann sprich mit ihm über dein Ziel, die Lösung dieses Problems als ein Mittel zu nutzen, um noch mehr Nähe zu ihm herzustellen. Sprich mit ihm zunächst über das Problem und richte dein Augenmerk auch auf das, was in eurer Beziehung abläuft. Wenn du dann weiter über deine Gefühle und Erfahrungen sprichst, wird mit Sicherheit irgendwann ein Thema auftauchen, das zwischen euch steht. Bitte dein Höheres Bewußtsein darum, dir bei der Suche nach diesem Problem und bei seiner Lösung zu helfen. Führe das Gespräch in dem Wunsch fort, alle Mißverständnisse aus dem Weg zu räumen und über Schmerzen und Bedürfnisse so zu sprechen, daß du keine emotionale Erpressung oder ähnliche Mittel einsetzt, die deinen Partner zum Versuch zwingen sollen, deine Bedürfnisse zu erfüllen.*
   (Zur Auffrischung kannst du das Thema transformierende Kommunikation in der Übung von Weg 2 noch einmal nachlesen.)
   Wenn dein Partner von dieser Art des Austauschs nicht begeistert zu sein scheint, dann nimm Papier und Bleistift, um das Problem niederzuschreiben, und schreibe alles auf, was dir zu deiner Beziehung einfällt, bis du dich schließlich auf ein Hauptthema konzentrierst. Alternativ kannst du diese Übung auch auf Band sprechen. Wenn du herausgefunden hast, welches Problem zwischen dir und deinem Partner steht, dann verpflichte dich innerlich dazu, eine Lösung zu finden, damit ihr beide vorankommen könnt. Das Problem verbirgt einen Ort der Bedürftigkeit, an dem du direkt oder indirekt von deinem Partner gefordert hast, dich zu retten, oder umgekehrt, doch dieses Bedürfnis kann durch neue Verbundenheit in der Beziehung erfüllt werden.
2. *Stelle dir dann das Problem als einen Fluß vor, der dich von deinem Partner trennt. Spüre deinen Wunsch, die Trennung für euch beide zu heilen, und stelle dir vor, daß eine Brücke von deiner Seite des Flusses*

zum Ufer deines Partners gebaut wird. Wenn die Brücke das andere Ufer erreicht, ist der Weg frei, daß du zu deinem Partner hinübergehen kannst oder er zu dir herüberkommen kann, oder ihr könnt euch beide in der Mitte treffen. Jedesmal, wenn du daran denkst, sage dir:
Es gibt keine Kluft zwischen meinem und deinem Herzen.
Das Bauen einer solchen Brücke kann dich und deinen Partner nicht nur auf eine völlig neue Beziehungsebene bringen, sondern es kann auch das anstehende Problem transformieren und auflösen.

Weg 21
Angriff und Rache heilen

Jedes Problem ist eine verborgene – oder auch gar nicht so verborgene – Form des Angriffs. In jedem Problem gibt es ein verschleiertes und indirektes Urteil über einen anderen Menschen. Jedes Problem ist eine Form von Opferung. Dabei lassen wir uns angreifen, um dann den anderen mit der gleichen Heftigkeit anzugreifen. Ein Opfer kann auf diese Weise andere Menschen angreifen und immer noch unschuldig erscheinen, und größtenteils verdrängen wir diese Tatsache und verbergen sie vor uns selbst. Neben einem Angriffsmittel sind Probleme auch ein Weg, um Rache zu üben, und zwar nicht nur an dem Menschen, der uns zu schaden scheint, sondern an mindestens einem weiteren wichtigen Menschen. Wir Erwachsenen rächen uns manchmal an jemandem in der Gegenwart und an jemandem aus der Vergangenheit, wie beispielsweise den Eltern. Doch all dies tun wir die ganze Zeit mit der bewußten Überzeugung und dem Gefühl, machtlos zu sein. *Ich räche mich am anderen dadurch, daß ich dieses Problem habe!* ist die Essenz unserer Angriffs-/Rachehaltung. *Ich werde verletzt sein, dann wird es den anderen leid tun, dann werden sie sich schlecht fühlen, dann werden sie mich wertschätzen.* Sowohl in der Rolle des Opfers als auch in der Rolle desjenigen, der andere zum Opfer macht, versuchen wir zu nehmen. Das Erkennen, daß wir angreifen und Rache üben, erlaubt uns, die einfache Lösung für die Beendigung des Problems zu finden, indem wir den Angriff und die Rache mittels Vergebung auflösen.

Ein Problem ist ein Mittel, sich selbst zu verletzten, um sich an einem anderen Menschen dadurch zu rächen, daß man ihm Schuldgefühle macht und ihn emotional erpreßt. Es ist Teil eines Machtkampfes, bei dem unser nächster Angriff darin besteht, daß wir uns verletzen lassen. Wenn wir diese Dynamik, die tiefer als jede andere verborgen ist, aufgeben, können wir uns sehr schnell von einigen unserer größten Probleme und Verschwörungen befreien. Der erste Schritt in diesem Heilungs- und Problemlösungsprozeß besteht darin, sich bewußt zu werden, wen wir, abgesehen von uns selbst, angreifen und warum wir diesen Menschen angreifen.

Wenn wir das Thema Angriff und Rache näher untersuchen, mögen die auftauchenden Antworten ziemlich überraschend für uns sein. Es handelt sich in der Regel um etwas, was wir sogar vor uns selbst verbergen. Nun, da es ans Licht gekommen ist, können wir überlegen, ob dieses Problem den Versuch wert ist, Rache zu üben. Die meisten Menschen, die auf diese Weise angegriffen werden, ahnen nicht einmal, daß unser Problem ein Angriff auf sie ist. Es kommt auch häufig vor, daß der Mensch, den wir auf diese Weise angreifen, bereits gestorben ist. Wenn die alten falschen Entscheidungen ins Bewußtsein gebracht werden, können sie leicht neu getroffen werden, da diese Entscheidungen in den meisten Fällen sich ohnehin bereits mit unserem bewußten Geist in Konflikt befinden. Andererseits kann es auch vorkommen, daß wir, wenn wir uns unseres verborgenen Schmerzes bewußt werden, ihn nicht aufgeben wollen. An diesem Punkt wird es in der Regel offensichtlich, daß wir an der Vergangenheit festhalten – so schmerzhaft sie auch ist und so sehr wir emotional blockiert wurden – und sie als Entschuldigung benutzen, weil wir Angst vor der Auseinandersetzung mit den Dingen haben, die als nächstes unseren Weg kreuzen.

Es kann uns motivieren, das Problem loszulassen, wenn wir erkennen, daß jeder Angriff auf andere Menschen uns trennt. Wir greifen damit jeden an, auch uns selbst und die Menschen, die wir am meisten lieben. Durch Loslassen haben wir viel größere Chancen auf Erfolg und Freude, als Rache uns jemals geben könnte. Es gibt eine ganze Welt, die sich nach Hilfe sehnt – eine Welt, in der Freude statt Leid herrschen könnte. Selbst wenn wir am Problem festhalten, um einen Menschen anzugreifen, der uns verletzt hat, verwunden wir damit energetisch und symbolisch auch die Menschen in unserem Umfeld auf ähnliche Weise. Der ursprüngliche Schmerz ist, genau wie unser gegenwärtiges Problem, ein Mißverständnis. Wenn wir uns verletzt fühlen, zeigt dies, daß unsere Bedürfnisse nicht erfüllt wurden, doch das, was uns verletzt hat, war ein Verhalten, das durch den Schmerz eines anderen Menschen ausgelöst wurde. Es ist immer noch ein Geschenk in uns, das – wenn wir es damals gegeben hätten – den anderen von seinem Schmerz erlöst und uns davor bewahrt hätte, in der Rolle des Opfers seinen Schmerz auf uns zu nehmen. Selbst jetzt ist unter dem Schmerz, den wir auf uns genommen haben, immer noch unser ursprüngliches Geschenk vorhanden. Wenn wir dies erkennen und annehmen würden, könnten wir vor unserem geistigen Auge zum ursprünglichen Ereignis zurückkehren und dem anderen jetzt dieses Geschenk geben, anstatt ihn und andere dadurch anzugreifen, daß wir uns von ihnen verletzen lassen. Das Geben dieses Geschenks ist einer der leichtesten Wege, um die Situation aufzulösen und dort die Verbundenheit wiederherzustellen, wo der Schmerz und das Verhaltensmuster ihren Anfang nahmen.

Übung

1. *Frage dich:*
   - *Wenn ich wüßte, an welchem Menschen der Vergangenheit ich mich durch dieses Problem räche, dann ist es* ________________ .
   - *Wenn ich wüßte, wen ich in der Gegenwart dadurch angreife, daß ich dieses Problem habe, dann ist es* ____________________ .
   - *Wenn ich wüßte, warum ich diese Menschen angreife, dann deshalb, weil* ______________________________________ .

   Es ist Zeit, Angriff und Rache loszulassen, damit wir jetzt glücklich sein und unser Leben auf einer neuen Erfolgsebene weiterführen können.

2. *Stelle dir vor, daß du in jene Situation zurückgehst, in der du dich zurückgezogen hast oder von diesem Menschen verletzt fühltest. Was braucht er wirklich, um sich geliebt und in Frieden zu fühlen? Dieses Geschenk ist noch immer in dir und wartet so lange, bist du dafür bereit bist. Sieh dich in deiner Vorstellung kurz vor dem Zeitpunkt, als der Schmerz in dein Inneres einzutreten begann, wo deine Gaben in Einsatzbereitschaft warten. Dort wird dir unter vielen Türen eine Tür ins Auge fallen, und diese eine Tür glänzt und leuchtet. Öffne die Tür und nimm dein Geschenk an. Sieh dich dann, wie du in jener Zeit die Energie des Geschenks bzw. der Geschenke gibst, welche die an der Situation beteiligten Menschen brauchen.*

Weg 22
Wahrheit

Selbsttäuschung ist ein fundamentaler Bestandteil eines jeden Problems. Das Problem beruht auf etwas, was wir vor uns selbst verbergen, obwohl dies für alle anderen Menschen sichtbar sein kann. Wahrheit bereinigt die Selbsttäuschung.

Wahrheit, Freiheit, Engagement und Leichtigkeit, all diese Prinzipien haben dieselbe Dynamik. Sie sind unterschiedliche Facetten derselben Kraft und Energie. Was wahr ist, verwandelt Schwierigkeiten. Wahrheit gleicht dem Licht, das in die Dunkelheit gebracht wird, so daß die Dunkelheit verschwindet. Das gleiche geschieht, wenn wir uns engagiert auf etwas einlassen; Probleme verschwinden, und Verbindung, Partnerschaft und Chancen können entstehen. Schwierigkeiten und Probleme wollen etwas Gutes oder Schlechtes an uns selbst beweisen, je nachdem, auf welche individuelle Weise wir Aufmerksamkeit zu erregen versuchen. Wo Wahrheit ist, dort herrschen auch Leichtigkeit, Freiheit und ein Gefühl der Unterstützung. Wahrheit löst das Problem und das darunterliegende Bedürfnis auf und zeigt, daß die Angst, die dem Problem zugrunde liegt, eine Illusion ist. In ähnlicher Weise verabschiedet sie Schuldgefühle als etwas Unwahres, als eine List des Ego, die uns stoppen, schwächen und von anderen Menschen trennen soll, anstatt uns die Lektion lernen, Verbindung eingehen, weitergehen und erfolgreich sein zu lassen. Die Wahrheit zeigt den Weg nach vorne, der bisher verborgen war. Sie überbrückt den Graben zwischen uns und anderen Menschen und macht es möglich, daß jedermann fair behandelt werden und das empfangen kann, was ihm zusteht. Wahrheit schafft Freiheit, indem sie die Aufopferung aufhebt und die Zuversicht wiederherstellt.

Die Wahrheit kann uns Angst machen, wenn wir glauben, daß sie einen Verlust mit sich bringt. Wir können wie Nietzsche daran glauben, daß die Wahrheit so erdrückend ist, daß bestenfalls die Kunst sie ertragen kann. Dennoch ist es gerade die Wahrheit, die uns zeigt, wie wir vorangehen und in welche Richtung wir voranstürmen können. Sie macht das Leben erträglich, weil es nur durch die Wahrheit Verbesserung geben kann. Sie lädt uns ein, aus der Hölle herauszukommen, indem sie einen segensreichen Wandel in die Situation hineinbringt, in der wir steckengeblieben sind. Wahrheit bringt Bewußtheit und klärt die Leugnung auf, die ansonsten dafür sorgt, daß ein Problem unverändert bestehen bleibt. Sie läßt alles wieder ins rechte Verhältnis zueinander rücken, so daß Klarheit herrscht und der Weg hindurch sich offenbart. Jedes Problem ist ein Weg, die Wahrheit zu verbergen. Das Aufgeben der Selbsttäuschung läßt uns immer Fortschritte machen.

Übung

Heute ist ein Tag, die Wahrheit zu lieben, die Wahrheit herbeizuwünschen und zu erkennen, daß sie dich befreien wird. Verpflichte dich im Zusammenhang mit deinem Problem der Wahrheit. Sie wird dich befreien. Gehe in die Stille, und frage dich: Was gebe ich nicht zu wissen vor? Die Wahrheit wird dir die Antwort geben.

Nun, da du um die Wahrheit gebeten hast, wird dein Weg und dein Leben durch deine aufrichtige Bereitschaft, Veränderung anzunehmen, verwandelt werden. Wenn dein Leben auseinanderzubrechen scheint, erinnere dich unbedingt daran, daß dieses Auseinanderbrechen der Anfang eines Geburtsprozesses ist. Genau dies ist nötig, damit die Wahrheit offensichtlich werden und dich befreien kann. Verpflichte dich einfach von neuem der Wahrheit und denke daran, daß es gerade in diesen Zeiten besonders wichtig ist, deine Zuversicht zu bewahren. Passe dich weder dem Umbruch an, noch gib dich mit dem Problem zufrieden. Bleibe beim Hindurchgehen durch diesen Prozeß vertrauensvoll, und wenn du bei der Wahrheit bzw. einer neuen Ebene der Wahrheit angelangt bist, dann wirst du wesentlich glücklicher sein.

Heute ist ein Tag, darum zu bitten, daß die Wahrheit sich in Problemsituationen leicht zeigen möge, und darum zu bitten, daß die Wahrheit dir den Weg zu Freiheit und rechter Beziehung zeigen möge. Wenn du das Geschenk der Wahrheit, das immer angeboten wird, annimmst, kannst du es mit anderen teilen und so zu ihrer Befreiung beitragen. Wähle die Wahrheit für dich selbst und für alle von deinem Problem Betroffenen.

Weg 23
Von der Kontrolle zur Zuversicht

Jedes Problem beruht auf einem Mangel an Zuversicht. Wo Zuversicht herrscht, gibt es keine Probleme, sondern einfach nur etwas, was auf dem Weg zu einer neuen Erfolgsebene bewältigt werden will. Probleme sind eine verborgene Form von Kontrolle, dem Gegenteil von Zuversicht. Angst und Konflikte erzeugen unser Kontrollbedürfnis, das von ungeheiltem Herzensbruch herrührt und diesen kompensiert. Wenn wir Kontrolle ausüben, haben wir in der Regel den inneren Wunsch, daß jeder gewinnen soll, ohne verletzt zu werden, weshalb wir auf mehr oder weniger subtile Weise alle anderen dahingehend manipulieren, wie sie sich verhalten sollen, damit alles klappt. Dieses Verhalten neigt dazu, einen Machtkampf einzuleiten, weil die anderen unsere Ideen – auch die gutgemeinten – nicht aufgezwungen bekommen wollen. Wir benutzen unsere Probleme als ein Mittel, mit dem wir uns selbst und andere kontrollieren, um das Vorwärtskommen zu verlangsam oder ganz zum Stillstand zu bringen. Wir mögen uns durch etwas Negatives oder Positives an einem anderen Menschen bedroht fühlen, doch unter keinen Umständen wollen wir, daß etwas geschieht, was uns überwältigen oder verletzen könnte. Oder wir fühlen uns womöglich durch etwas Negatives oder Positives an uns selbst bedroht.

Jeder Abwehrmechanismus ist eine Form von Kontrolle, die genau das hervorbringt, wogegen sie uns zu verteidigen sucht. Unser Kontrollverhalten und das Problem bringen noch mehr Konflikte und noch mehr Machtkampf hervor und setzen uns einem weit größeren Verletzungsrisiko aus, als die Schutzmaßnahmen jemals verhindern könnten. Um sicher zu sein, müssen wir unbedingt die Kontrollausübung durch unsere Verteidigungsmaßnahmen aufgeben und statt dessen Vertrauen, das Eingehen von Verbindung und Kommunikation einsetzen, wodurch Kontrolle geheilt wird. Wenn wir einen Partner kontrollieren, bedeutet dies, daß wir unsere eigene Wahrnehmung als Definitionsmaßstab einsetzen, statt die Wahrnehmung beider Partner zu integrieren, um unsere Partnerschaft auf eine höhere Ebene zu bringen. Diese Integration kann geschehen durch Vertrauen, Teilen, Sich-Verbinden, Integration und Kommunikation. Wenn wir so weitermachen wie bisher und dadurch unseren

Partner besiegen, wird er unattraktiv, langweilig und abhängig von uns, wodurch wir beide zum Verlierer werden.

Die Antwort auf ein Problem kommt zeitgleich mit dem Einsetzen des Problems. Dies bedeutet, daß die Zeit, die wir brauchen, um ein Problem zu lösen, der Zeit entspricht, die wir brauchen, um im betreffenden Bereich Zuversicht zu gewinnen. Konflikte, die zu Kontrollverhalten führen, beruhen auf einer Spaltung unseres Geistes. Jeder Teil des Geistes möchte etwas anderes und befürchtet, daß der Erfolg des jeweils anderen Teils ihn als Verlierer mit unerfüllten Bedürfnissen zurücklassen könnte. Wir projizieren in der Regel den Teil des Konfliktes, mit dem wir uns weniger identifizieren, auf unseren Partner oder einen nahestehenden Menschen und machen so aus dem, was bereits ein Konflikt in unserem Inneren war, einen zwischenmenschlichen Konflikt.

Zuversicht haben bedeutet, daß wir die Kraft unseres Geistes einsetzen, um einen positiven Ausgang zu erkennen, und sie dann weiter nutzen, um alle veränderungsbedingten schwierigen Zeiten durchzustehen. Die Kraft unseres Geistes muß irgendwohin gehen; sie geht entweder in die Lösung oder in das Problem. Sie kann in körperliche Gelüste oder in Kreativität investiert werden. Inmitten jeder Schwierigkeit können wir bewußt die Kraft unseres Geistes darauf ausrichten, einen positiven Ausgang zu sehen und zu spüren. Dies bedeutet, daß wir immer dann, wenn Situationen nicht harmonisch sind, diesen Situationen und den daran beteiligten Menschen kein Vertrauen entgegengebracht haben. Dies beruht auf mangelndem Vertrauen in uns selbst, da aller Zweifel von Selbstzweifeln kommt. Es ist entscheidend, daß wir auf eine positive Entfaltung der Situation vertrauen. Ohne Vertrauen entsteht Angst, die sehr negative Geschichten in unserem Leben erschaffen kann. Das Ergebnis zeigt, wie wir unsere Geisteskraft investiert haben. Wenn wir einem Problem mit Zuversicht begegnen, wird es sich auf eine Weise zu entfalten beginnen, die am Ende, und manchmal auf paradoxe Weise, gut für uns ist. Zuversicht ist nicht blind, sie zeigt uns, was wir wissen müssen, und gibt uns das Vertrauen, zügig zu handeln.

Übung

Beginne heute damit, dir selbst, der Situation und allen anderen betroffenen Menschen mit Zuversicht zu begegnen, und setze dies Tag für Tag so lange fort, bis das Problem gelöst ist. Wenn du einen Menschen als deinen Feind betrachtest, so setzte dein Vertrauen in ihn und vertraue darauf, daß er und seine Handlungen dir und der Wahrheit am Ende irgendwie dienlich sein werden. Da jeder äußere Konflikt einen inneren Konflikt repräsentiert, stellt ein solcher Feind einen Teil deines Geistes bzw. eine innere Persönlichkeit dar, die gegen dich arbeitet. Dein Vertrauen in diesen Menschen und in die Situation wird euch beide aus dem Kontrollverhalten und dem Konflikt herausführen, hin zu einem gemeinsamen Ziel. Dies kann zu dramatischen Ergebnissen führen, es kann zum Beispiel einen Feind vollkommen verwandeln oder gänzlich von einer Situation wegführen.

Meide heute alle Gedanken der Angst und setze deinen Geist dafür ein, dich selbst und dein Leben aufzubauen. Investiere deinen Geist und dein Herz – deine größten Schätze – in die Lösung statt in das Problem. Jedesmal, wenn du dich bei einem Angstgedanken ertappst, entscheide dich dafür, dich nicht anzugreifen, und wähle das, was du dir wünschst.

Weg 24
Integration

Alle Konflikte beruhen auf einem gespalten Geist, wobei jeder Teil der Meinung ist, ein anderes Ziel würde uns glücklich machen. Wenn eine Seite unseres Geistes einen Schritt nach vorne gehen und erfolgreich sein würde, dann hätte die andere Seite bzw. die anderen Seiten das Gefühl, verloren zu haben. Der äußere Konflikt, den das Problem repräsentiert, ist eigentlich ein Spiegel des Konfliktes in unserem Inneren. Probleme spiegeln einen Mangel an Integration wider und zeigen auf, daß wir widersprüchliche Ziele haben, die in der betreffenden Situation unmöglich gleichzeitig erreichbar sind. Das Bedürfnis nach Integration ist so stark, daß wir in der Regel auch ohne ihr Vorhandensein so tun, als wären wir *eins im Geiste*, und denjenigen Teil des Geistes verleugnen, der ein Ziel verfolgt, das vom Ziel unseres bewußten Geistes abweicht. Genau dieser verleugnete Teil wird nach draußen projiziert und tritt dann als das Problem in Erscheinung.

Integration ist ein fundamentales Heilungsprinzip, das in allen Formen der Heilung gegenwärtig ist. Sie ist die Einbindung dieser unterschiedlichen Ziele, die jeweils von einem anderen Teil unseres Geistes vertreten werden, in ein gemeinsames höheres Ziel. Wenn ein negativer bzw. Schatten-Teil unseres Geistes integriert wird, dann schmilzt die Negativität hinweg, und die Energie wird für das Eingehen von Verbindung eingesetzt, was das Beste beider Teile in einem Ganzen zusammenbringt. Was negativ ist, wird zu einem Impfstoff gegen weitere Negativität im Zusammenhang mit dem jeweiligen Thema. So stellt zum Beispiel ein selbstzerstörerischer Teil des Geistes, sobald er einmal integriert ist, ein Gegenmittel gegen weitere Selbstzerstörung dar. Mit unserem zunehmenden inneren Heilwerden entstehen überall um uns herum natürliche Zuversicht, Kommunikation und Teamarbeit. Es gibt viele tausend Persönlichkeiten und Persönlichkeitsfragmente in jedem von uns. Sie alle zusammen bilden unser Ego. Tatsächlich repräsentiert jeder Gedanke in der Regel eine Persönlichkeit, die nach Aufmerksamkeit heischt und uns ein Ziel außerhalb unserer selbst anbietet, das uns, wie sie uns versichert, dieses Mal glücklich machen wird. Doch nur durch Integration kann eine größere Fähigkeit erreicht werden, zu empfangen und glücklich zu sein, und wir werden auf dem Weg der Entfaltung vorankommen.

Übung

Wenn wir uns in einer Zwangslage befinden, wie sie ein Konflikt darstellt, ist es wichtig, daß wir uns nicht für eine Seite des Problems entscheiden. Integration (ganz und heil machen) wird dich mit einem Sprung nach vorne auf eine neue Ebene bringen und dir die Energie, die Qualität und das Beste von beiden Seiten bringen, wodurch du zufrieden, friedvoll und fähig zu empfangen sein kannst.

Vielleicht greifst du für diese Übung zu Papier und Bleistift, um deine intuitiven Antworten aufzuschreiben. Decke im Zusammenhang mit deinem Problem so viele Ziele auf wie möglich. Sage dir: Wenn ich wüßte, was ich damit, daß ich dieses Problem habe, bezwecken will, dann handelt es sich um ______________________________________.
Wenn dir etwa sechs bis sieben Ziele in den Sinn gekommen sind, wirst du allmählich auf die tief in deinem Geist verborgenen Kernziele stoßen. In Anbetracht der Vielzahl von Zielen, die in jeder Konfliktsituation vorhanden sind, könntest du niemals glücklich oder zufrieden und schon gar nicht erfolgreich sein, wenn eines dieser Ziele erreicht wird, weil die anderen in so viele Richtungen gehen.

Als nächstes stelle dir jedes Ziel bildlich vor, sei es in Menschengestalt oder in beliebig anderer Form. Anschließend kannst du dann jedes Ziel mit einem bestimmten Gefühl oder einer Empfindung, wie warm, kalt, angsterfüllt oder energiegeladen, verknüpfen. Dann kannst du diese Ziele auch noch mit einem Klang in Verbindung bringen. Zuletzt stelle dir vor, spüre oder höre, wie du diese Teile deines Geistes deinem Höheren Bewußtsein übergibst. Stelle dir vor, wie sie in einen großen Schmelztiegel kommen und erhitzt werden, bis die Formen und Gestalten, die Gefühle und Klänge zu einer einzigen Gestalt, einem einzigen Gefühl oder einem einzigen Klang höherer Ordnung verschmelzen. Manchmal entsteht durch das Einschmelzen einfach eine Energieform. Erlaube dir dann, die Auswirkungen dieser Form, dieses Gefühls, dieses Klangs oder dieser Energie im Kontext deines gegenwärtigen Lebens zu sehen.

- *Wie erfährst du diese Ganzheit?*
- *Wie wird sie sich zeigen?*

- *Wie wird sie sich für dich und andere Menschen anfühlen?*
- *Was wirst du dir selbst und anderen über die Auswirkungen sagen, die diese Integration auf dein Leben und auf die Situation hat, an der du momentan arbeitest?*
- *Was werden die anderen zu dir über die Auswirkungen sagen, die diese Integration auf dein Leben und auf die Situation hat, an der du momentan arbeitest?*

Weg 25
Beschwerden sind ein Angriff auf uns selbst und andere

Beschwerden sind ein Angriff auf uns selbst und andere. Durch Beschwerden greifen wir unser Selbstvertrauen und unser Sicherheitsgefühl an, da wir vorgeben, keine Verantwortung bzw. Macht zu haben, um eine Situation verändern zu können. Beschwerden sind insofern arrogant, als sie die Last der Veränderung auf andere abwälzen und uns selbst gleichzeitig als Opfer der Situation entschuldigen, anstatt unsere Verantwortung als Mitverursacher der Situation zu akzeptieren; sie dienen uns in irgendeiner Weise als Entschuldigung, als ein Mittel, unsere Lebensaufgabe zu meiden oder den nächsten Schritt zu umgehen. Eine Beschwerde ist ein sicheres Zeichen, daß wir nicht in einer Weise kommunizieren, die Veränderungen einlädt, da sie danach trachtet, andere Menschen statt uns selbst zu tadeln. Dies ist eine armselige Strategie und eine schlechte Einstellung, die uns von Veränderung abzuhalten versucht. Beschwerden sind jedoch nur zum Teil in der Lage, unsere Schuld und unsere Gefühle in der Situation zu überdecken.

Anstatt nach einer Lösung zu suchen, verstärken Beschwerden nur das Problem. Sie geben zu verstehen, daß andere für unser Glücklichsein verantwortlich sind, sie versuchen unsere Machtlosigkeit zu beweisen und fordern, daß andere Menschen sich noch mehr anstrengen sollen, unsere Bedürfnisse zu erfüllen. Sie sind insofern narzißtisch, als sie einen verborgenen Groll beinhalten, weil man uns nicht als etwas Besonderes behandelt. Beschwerden sind ein Versuch, Kontrolle auszuüben und uns vom Schmerz der Vergangenheit zu erretten, der sich in Verkleidung der Gegenwart zeigen will. Beschwerden machen uns blind für die Tatsache, daß wir in Wirklichkeit Angst vor der eigenen Veränderung haben, während wir einen anderen Menschen dahingehend zu steuern versuchen, daß er sich zu unseren Gunsten verändert. Sie sind ein sicheres Zeichen dafür, daß wir unserer Kraft und unserer Fähigkeit aus dem Weg gehen, die Lage zu verändern.

Jedes Problem, das wir haben, ist eine Form von Beschwerde, und wenn es sich um ein großes Problem handelt, dann spiegelt es eine Trotzhaltung wider. Durch unser Problem drücken wir aus, daß jemand nicht richtig – nicht unseren Vorstellungen entsprechend – gehandelt hat und daß wir uns infolgedessen in einer schwierigen Lage befinden. Unsere Beschwerden können sich auf einen Menschen unserer Gegenwart oder unserer Vergangenheit, auf einen bereits verstorbenen oder noch lebenden Menschen beziehen. Selbst wenn unsere Beschwerden uns das einbringen würden, was wir wollen, wären sie uns nicht dienlich, da sie lediglich unsere Unreife und Schwäche, unsere Annahme, daß andere unsere Bedürfnisse erfüllen müssen, verstärken würden, während sie gleichzeitig unsere Verantwortlichkeit und Stärke verbergen. Manche Menschen würden zwar lieber sterben, als sich laut über etwas zu beschweren, doch unsere Probleme sind ein Weg, unsere Klagen herauszuschreien. So ist zum Beispiel jeder Tod, der kein friedvolles Verlassen des Körpers ist – ähnlich dem Aussteigen aus einem Auto –, entweder eine Beschwerde oder eine Trotzhandlung.

Einige Menschen erkennen nicht, daß unsere Stimmungen, die langen Gesichter, die wir ziehen, eine Form des Schmollens und der Gereiztheit sind, die emotionale Erpressung dafür einsetzt, die Welt dazu zu bewegen, daß sie sich für uns ändert. Beschwerden sind in ihrem Groll, ihrem Zorn und ihrem Gejammer niemals diskret, sondern treffen all unsere Mitmenschen, auch jene, die wir lieben.

Wenn wir das, was wir wollen, durch Beschwerden erreichen, dann bedeutet dies, daß wir das, was wir bekommen, gar nicht zu verdienen glauben, da Beschwerden mit Manipulation und Gewalt arbeiten, um ein bestimmtes Ergebnis zu erzielen. Dies wird langfristig lediglich die Zweifel an unserem eigenen Wert verstärken. In Situationen wie dieser sind es Kommunikation, Vertrauen und Selbstveränderung, die uns unsere Kraft und Stärke zurückbringen. Wenn unsere äußere Situation unlösbar scheint, dann ist es wichtig, innere Methoden der Heilung und Transformation anzuwenden, wie beispielsweise die bewußte Wahl, Vergebung, Integration, Begabung oder Gnade. Wenn unsere äußere Situation unmöglich erscheint, dann gibt es eine Verantwortung, die wir nicht akzeptieren. Statt dessen sind wir bereit, die Situation so zu lassen, wie sie ist, da wir die in ihr verborgene Entschuldigung und Selbstsucht wollen.

Übung

1. *Denke über dein Verhalten nach. Wo drückt es unreife Verhaltensweisen aus wie Zorn, Überempfindlichkeit, Launenhaftigkeit oder*

Gereiztheit? Wo forderst du, als etwas Besonderes behandelt zu werden?
Wie stark beschwerst du dich im stillen über andere? Du könntest jetzt eine neue Entscheidung zugunsten von Reife und effektiver Aufgeschlossenheit treffen.

2. *Triff die Wahl, jetzt deine Beschwerden loszulassen, um vorangehen zu können. Wenn du die Beschwerde aufgibst, wird das Problem verschwinden.*
Frage dich:
- *Inwiefern ist mein Problem eine Beschwerde?*
- *Worüber beschwere ich mich?*
- *Wem gegenüber beschwere ich mich?*

Bei jeder Antwort auf diese Fragen, was immer du auch einem anderen Menschen vorhalten magst, frage dich:
- *Würde ich mir selbst diesen Vorwurf machen?*

Wenn die Antwort nein lautet, seid ihr beide befreit. Andernfalls seid ihr beide in der Problemhölle gefangen, aber zumindest kannst du dich weiterhin beschweren.
Überprüfe, wofür du die Beschwerde einsetzt, und vertraue dabei auf deine Intuition.
- *Inwiefern dient mir diese Beschwerde?*
- *Was erlaubt mir diese Beschwerde zu tun?*
- *Was brauche ich aufgrund dieser Beschwerde nicht zu tun?*
- *Inwieweit fröne ich damit meiner Selbstsucht?*
- *Vor welcher Verantwortung habe ich Angst?*
- *Vor welchem Erfolg habe ich Angst?*

Lasse die Angst und die Selbstsucht los zugunsten von Freude und wahrem Erfolg. Wähle neu, was du willst und wie du dein Leben führen möchtest.

3. *Was solltest du mitteilen, anstatt dich zu beschweren, und dabei gleichzeitig Verantwortung für deine Gefühle und die Situation übernehmen, in der du dich befindest? Erkenne, daß jeder Kampf eine Form von Beschwerde mit gleichzeitiger Angst vor Veränderung ist.*
- *Wen solltest du um Hilfe bitten?*

Bitte oder bete aufrichtig um Hilfe. Wünsche dir von ganzem Herzen, daß die Situation aufgelöst werde. Wenn du mit emotionaler Integrität, die keine Vorwürfe macht, über deine Gefühle und Erfahrungen zu sprechen beginnst, wirst du durch eine Gefühlsschicht nach der anderen hindurchgehen und schon bald über deine Kindheitserfahrungen sprechen. Wenn du mit deiner Erzählung am Ende bist, wird das Problem, oder zumindest eine ganze Schicht des Problems, verschwunden sein.

Weg 26
Verurteilung beurteilen

Verurteilung ist immer mit Projektion verbunden. Wir verurteilen etwas in uns selbst und glauben, daß es nicht zu uns gehört, anstatt es als einen Teil von uns zu erkennen, der geleugnet und verborgen wurde. Anschließend projizieren wir dann diesen Teil nach draußen auf andere, wir sondern uns von ihnen ab und schließen sie als Menschen, die weniger wert sind als wir und Bestrafung verdienen, aus unserem Leben aus.

Verurteilung macht unseren Geist eng, sie blockiert die Intuition, die Inspiration, die innere Führung und die Gnade. Wir glauben dann, daß unser Urteil korrekt sei, und stecken mit der Person oder Situation fest, die so bleibt, wie wir sie verurteilt haben. Dies versetzt uns in die Aufopferung, in der wir unseren Angriff für gerechtfertigt halten. Verurteilung kann man mit einem liebeskranken Gorilla vergleichen, der uns durch das ganze Haus scheucht. Wir wollen uns in einem leeren Zimmer in Sicherheit bringen, machen die Tür zu, schließen sie ab, und während wir noch die Hand an der Tür haben, bemerken wir eine große haarige Hand auf unserer Schulter. Dies bedeutet, daß wir dem, was auch immer wir verurteilt haben, ausgeliefert sind und infolgedessen in Aufopferung und Leid hineingestürzt werden. Dies gibt uns das Gefühl, angegriffen zu werden, und macht uns wütend. *Ein Kurs in Wundern* besagt, daß alles Leid auf der Welt von Verurteilung kommt, während das Loslassen der Verurteilung uns freimacht für Klarheit und Miteinbezogensein. Unser Geist ist buchstäblich voller Verurteilung. Wir erkennen nicht, daß wir zuerst uns selbst verurteilen, bevor wir einen anderen Menschen verurteilen. Dies bedeutet, daß wir alle Fehler, die wir in anderen wahrnehmen, in uns selbst verwirklichen. Wir versuchen dann, dieses Verhalten zu leugnen oder in irgendeiner Weise zu verteidigen, damit es für uns nicht offensichtlich ist. Wir sind aufgerufen zu akzeptieren, anstatt zu verurteilen, denn das, was akzeptiert wird, wird losgelassen, und wir gelangen in ein Fließen, wo wir bisher nicht weitergekommen sind.

Verurteilung setzt Machtkämpfe in Gang, da sie auf Schuldgefühlen beruht. Die Schuldlosen urteilen nicht, sondern nehmen wahr und erkennen. In ihrem Mitgefühl sehen sie dort einen Hilferuf, wo andere ein

Urteil gefällt hätten, und strecken darum eine helfende Hand aus. Unsere Verurteilung ist ein Versuch, uns von Menschen, auf die wir unsere Schuldgefühle projiziert haben und die wir deshalb als schlecht, anders und geringer betrachten, zu distanzieren und uns ihnen überlegen zu fühlen. Je mehr wir verurteilen, desto schlechter geht es uns emotional, und infolgedessen fühlen wir uns erschöpft. Wir versuchen das Ganze zu berichtigen, um dieses negative Gefühl zu überdecken, und gehen so in eine rechthaberische Verteidigungshaltung, um unsere Verurteilung und unsere Schuldgefühle zu verdecken. Wir können unsere eigenen Fehler nicht beheben, und darum ist es unmöglich, die Fehler der anderen zu beseitigen. Wir benutzen unser Ego, um das ihre zu korrigieren, doch dieser Versuch gleicht einem Blinden, der einen anderen Blinden führen will. Wohin uns auch unser Ego führen will, wir werden uns verirren – wenn nicht durch Streitsucht, dann durch mangelnde Vision. Es gibt kein Problem, an dem Verurteilung nicht als Schlüsseldynamik beteiligt ist. Unsere Verurteilung ist eine Form von Angriff auf unsere Mitmenschen, und unsere Verurteilung läßt Probleme entstehen, die eine andere Form von Angriff sind. Verurteilung wie auch Probleme erzeugen Angst. Verurteilung wie auch Probleme bestärken uns darin, die Welt durch eine dunkle Brille zu sehen, da es keine klare Wahrnehmung geben kann, wo Verurteilung beteiligt ist.

Verurteilung beruht auf einer Wahl, die unser Ego und unsere Eigeninteressen schützen soll. Sie ist nichts, was uns aufgezwungen wird. Wenn wir dies begriffen haben, können wir wählen, ob wir auf jemanden reagieren oder auf ihn eingehen wollen. Wir werden dann erkennen, daß wir die Macht und die Kraft der Freiheit in uns haben. Wir können wählen, ob wir etwas mit Mißbilligung und einer bestrafenden Haltung betrachten wollen oder voller Mitgefühl, das auf andere zugeht. Anderen die Hand zu reichen kann viele Formen annehmen wie Barmherzigkeit, Unterstützung, Geben, Vergebung, Liebe oder das Loslassen unserer Verurteilung, doch ganz gleich, für welchen Weg wir uns entscheiden, wir treffen diese Wahl gleichermaßen für uns selbst wie für andere. Wir könnten unser Höheres Bewußtsein darum bitten, die Probleme von uns beiden zu heilen. Was wir im anderen verurteilt haben, wird uns von unserer Wahrnehmung gezeigt und kommt daher von unseren Selbstkonzepten (siehe Weg 38). Wenn wir die Verurteilung aufgeben, werden wir Barmherzigkeit finden und wahrheitsgetreuer wahrnehmen, und wir werden Gleichberechtigung, Partnerschaft und Erfolg finden.

Übung

1. *Schaue auf das, was du im Moment fühlst. Wenn du nichts Glückliches empfindest, dann gibt es in dir ein Urteil über einen anderen Menschen.*
   Wer ist dieser Mensch – vorausgesetzt, du wüßtest dies –, und würdest du dich dafür entscheiden, ihm zu vergeben?
   Daß vollkommene Vergebung erfolgt ist, wirst du daran erkennen, daß du Frieden verspürst und die Situation, in der du gefangen warst, sich zu verändern beginnt.

2. *Betrachte einen wichtigen Menschen aus der Vergangenheit, über den du dich geärgert oder den du verurteilt hast. Dein Leben, deine Beziehungen und dein Glücklichsein werden dadurch blockiert, und du wirst jene Menschen, die du liebst, zur Geisel dieser Verärgerung bzw. Verurteilung machen, indem du diese Gefühle an ihnen ausläßt oder dich von ihnen zurückziehst.*
   Möchtest du, daß dies so weitergeht?
   Falls nicht, lasse diese Verurteilung los und bitte um die Wahrheit. Wenn die Wahrheit vollkommen hier ist, dann wird es für niemanden Schmerz oder Verurteilung geben. Entscheide dich immer wieder dafür, deine Verurteilung loszulassen, und bitte um die Wahrheit. Wenn du Frieden verspürst, wirst du wissen, daß du frei bist.
   Du kannst danach fragen, wann du begonnen hast, dich selbst zu verurteilen, so wie du jetzt diesen Menschen verurteilst, durch den du dich verletzt fühlst. Du kannst fragen, wer damals anwesend war und welches Ereignis dich dazu veranlaßt hat, dich selbst zu verurteilen.
   Du kannst dir vergeben oder dein Höheres Bewußtsein darum bitten, dich und den anderen Menschen von der Schuld zu befreien. Alle Schuld kann aufgelöst werden, wenn du dies möchtest; sie wird jedoch nur für euch beide aufgelöst werden oder überhaupt nicht. Alle Schuld kann auf diese Weise aufgelöst werden, es sei denn, du benutzt sie als eine Entschuldigung, um getrennt zu bleiben oder nicht voranzugehen.

Weg 27
Selbstangriff heilen

Jedes Problem, das wir haben, kommt daher, daß wir uns selbst angreifen. Jeder Selbstangriff ist, wie jeder andere Angriff auch, ein Versuch, etwas zu bekommen. Dabei kann es sich um Liebe, um Aufmerksamkeit, um die Erfüllung eines Bedürfnisses, um die Abzahlung von Schuld oder um die Strafe handeln, von der wir glauben, daß Gott sie uns zumessen würde, oder es kann sich darum handeln, zu beweisen, daß wir gut, wertvoll oder rechtschaffen sind, oder sogar darum, keine Angst vor einem eventuell bevorstehenden Angriff haben zu müssen, da wir selbst den Angriff unter Kontrolle haben.

Jeder Angriff, der in der Welt zu uns kommt, ist eine Form von Selbstangriff. Jeder Verlust, jede Verletzung, jeder Rückschlag, jeder Verrat, jedes Versagen und jede Enttäuschung ist ebenfalls ein Selbstangriff. Dieser Selbstangriff, der eine Funktion unseres Ego ist, beruht auf dem Selbsthaß, den wir verborgen und verleugnet haben und der von diesem verborgenen Ort aus unsere Probleme entstehen läßt. Wenn die Probleme schwerwiegend genug sind oder der Selbstangriff eine tödliche Ebene erreicht hat, dann suggeriert uns das Ego entweder, daß wir den Tod verdienen oder daß wir uns ebensogut eine Erholungspause von unserem Problem gönnen können, indem wir sterben. All dies ist ein Fehler, auch wenn es nach Meinung des Ego gute Gründe für das Sterben gibt. Dazu können gehören:

- Verlassenheitsgefühle
- unerfüllte Bedürfnisse
- ein gebrochenes Herz
- Rache
- Schuldgefühle
- Streß
- Enttäuschung
- Kampf
- Ausgebranntsein
- Erschöpfung und Erstarrung
- Festgefahrensein
- Demütigung und Verdruß

- unglaublicher körperlicher oder emotionaler Schmerz
- Wertlosigkeit
- Bedeutungslosigkeit
- Autoritätskonflikte

Keiner der genannten Punkte ist jedoch ein guter Grund zum Sterben, sondern ein guter Anlaß, die Lektion zu lernen, die uns vom Schmerz befreien und zu einer Neugeburt führen würde. Wenn uns nach Sterben zumute ist, sind wir aufgerufen, uns zu heilen und zu lernen, damit eine Neugeburt geschehen kann. Wofür wir uns auch angreifen mögen, was wir manchmal auf brutale Weise tun, es ist nicht die Wahrheit.

Wo immer wir Schuldgefühle haben, werden wir uns selbst angreifen. Wo wir von Schuldgefühlen frei sind, können wir nicht leiden. Einen Großteil der Schuldgefühle, die wir haben, bewahren wir entweder in unserem unterbewußten oder im unbewußten Geist auf, da wir die Schuldgefühle für zu schrecklich halten, um uns damit auseinanderzusetzen, aber wir bestrafen uns dennoch dafür. Es gibt vier Hauptschichten von Schuldgefühlen, und selbst die oberste Schicht wird manchmal verdrängt. Diese oberste Schicht ist das, was wir falsch oder nicht richtig gemacht zu haben glauben. Die zweite Schicht beginnt im Unterbewußtsein und ist eng mit unserem Versagen verbunden, die Familie zu retten. Diese Schicht von Schuldgefühlen blockiert die Gnade, das Sein und unsere Erfahrung der Schuldlosigkeit, und sie setzt krampfhaftes Tun und Geschäftigkeit in Gang sowie Wertlosigkeit, Konkurrenzdenken, Verschmelzung, Aufopferung und andere lebenslange Selbstangriffsmuster. Die dritte Schicht von Schuldgefühlen reicht in den unbewußten Geist hinein, wo wir uns mit den Dingen auseinandersetzen, die von Generation zu Generation weitergegeben wurden, und mit jenen, die unsere Seele als ihr heilungsbedürftiges Muster mitgebracht hat. Die vierte und letzte Schicht beruht auf unserem irrigen Glauben an das Getrenntsein von Gott. Trennung schafft Konflikte, und wenn wir gegen Gott zu sein glauben, wenn wir Gott angreifen, dann glauben wir, daß Gott gegen uns ist, und wir werden neben Schuldgefühlen auch Angst empfinden. Dieser falsche Glaube, daß wir Gott angreifen, ist der Autoritätskonflikt, in dem alle Schuldgefühle wurzeln. Er setzt die Seelen-, Generationen- und Familienmuster der Schuldgefühle in Gang, die wiederum jene Schuldgefühle verursachen, die wir aufgrund unserer Handlungen oder Unterlassungen empfinden. Das Ego baut auf dieser Angst, dieser Schuld und diesem Glauben an die Getrenntheit auf und projiziert dann die Überzeugung auf Gott, daß dieser gegen ihn gerichtete Angriff Bestrafung verdiene. Dann reißt das Ego sogar noch dieses Privileg an sich, das es irrigerweise für Gottes Einstellung zu uns Menschen hält, und macht sich daran, uns selbst zu bestrafen, um Gottes Zorn zu beschwichtigen.

Logischerweise haben wir hiermit die Denkweise eines noch nicht Erwachsenen auf die höchste Macht im Universum übertragen. Gott kann nicht bestrafen, angreifen, Rache üben oder verdammen und gleichzeitig Gott bleiben. Wir haben auf Gott das Antlitz unseres eigenen Ego projiziert, und dann bestrafen und greifen wir uns dementsprechend an. Dieser Angriff auf uns als Kinder Gottes ist ein Angriff auf Gott. Wenn wir die Kinder eines anderen Menschen angreifen, greifen wir damit diesen Menschen an. Wir glauben irrigerweise, daß wir uns von Gott getrennt haben, doch das einzige, was uns gelungen ist, sind Abspaltung und Verdrängung. Unsere Einheit und unser Einssein sind noch immer in uns, sie sind nur von vielen Schichten der Angst, der Schuld, der harten Arbeit und der Wertschätzung dessen, was wenig oder keinen Wert hat, verdeckt. Die Erfahrung unserer selbst als einem Teil von Gottes Liebe ist noch immer in uns, und dies ist die Transzendenzerfahrung der Erleuchteten.

Alle Menschen tragen falsche Schuldgefühle oder selbstzerstörerische Bereiche in sich, die geheilt werden können. Unser Ego greift uns häufig dann an, wenn wir gerade einen Fehler gemacht haben, oder kurz vor bzw. kurz nach unserem größten Durchbruch. Seinen bösartigsten Angriff spart es sich jedoch für den Moment auf, in dem es den Anschein hat, daß wir uns von ihm lossagen wollen und uns als geliebte und liebende Wesen zu erkennen beginnen. Häufig kommt diese Art des Angriffs, kurz nachdem wir Schuld und Schmerz durchbrochen, die Identifikation mit dem Körper losgelassen oder unsere Angst vor der Liebe, unserer Lebensaufgabe und Bestimmung aufgegeben haben.

Übung

1. *Jeder negative Gedanke, den du hast, ist ein Angriff auf dich und verstärkt die Angst. Versprich dir heute, deinen Selbstangriff zum Wohle der ganzen Welt aufzugeben. Eine der schönsten Textstellen in „Ein Kurs in Wundern“ besagt, daß durch deine Bereitwilligkeit, deinen*

Selbstangriff einen einzigen Moment lang aufzugeben, genug Gnade hindurchkommen kann, um die ganze Welt zu heilen.

Wenn du einem Menschen helfen willst, mußt du das Messer niederlegen, mit dem du dir selbst ins Herz gestochen hast. Sobald du das tust, wirst du in der Lage sein, einem anderen Menschen zu helfen, dasselbe zu tun. Wenn du dich jedoch weiterhin angreifst, wird die Welt weiterhin leiden und sich für das Sterben entscheiden. Zum Wohle aller Menschen, die du liebst, darin eingeschlossen deine Kinder und alle Kinder auf der Welt, triff heute die Wahl, das Messer aus der Hand zu legen. Dies ist eine der größten Gaben und Segnungen, die du der Welt geben kannst.

2. *Ein wichtiger Weg, um diese Selbstangriffs-Identifikation mit dem Ego zu überwinden, besteht darin, daß du das Problem in die Hände deines Höheren Bewußtseins legst, jenes kreativen Teils in dir, der alle Antworten bereithält. In Wahrheit besteht unser Geist nur aus zwei Teilen – dem Höheren Bewußtsein mit seiner leisen Stimme und dem Ego mit seinem lauten Stimmengewirr. Jeder Gedanke, der nicht freudvoll oder heilsam ist oder der nicht die hereinkommende Antwort enthält, wird vom Ego erzeugt. Verwende die folgende Affirmation als Unterstützung für dein Loslassen und Vorangehen.*

   Ich lege dieses Problem in die Hände meines Höheren Bewußtseins. Ich lege meine Zukunft in die Hände meines Höheren Bewußtseins. Ich gebe meinen Plan und die falschen Entscheidungen auf, die mich an diesen Ort geführt haben. Ich vergebe mir und werde nicht zulassen, daß meine Schuld oder Angst meinen Antworten im Weg steht, und ich werde all dies meinem Höheren Bewußtsein überlassen. Ich öffne mich jetzt für die Antwort, da ich dieses Problem nicht länger haben möchte. Ich segne mich und alle an der Situation beteiligten Menschen, damit wir alle gemeinsam vorangehen können.

Weg 28
Das Problem der Trennung

Es gibt kein Problem, das nicht auf Trennung beruht. Trennung führt zu Angstgefühlen, Verurteilung, Schuldgefühlen und Einsamkeit, sie führt dazu, daß wir uns verloren oder als Waise fühlen. Das Waisenkind ist eine der elementaren, auf Trennung und Verlorenheitsgefühlen basierenden Familienrollen, die wir alle ausleben und erleben, wenn wir nicht aus einer verbundenen Familie stammen. Wir spielen die Waisenrolle in der Familie, indem wir verschwinden, um keinen Ärger zu machen, um so wenig Raum wie möglich einzunehmen und niemanden mit unseren Bedürfnissen zu belästigen. Manchmal sorgt das Waisenkind in dem Versuch, die Familie zu retten, sogar dafür, daß es weggegeben wird. Unser Erkennen, daß wir diese Rolle gespielt und uns in dieser Weise gefühlt haben, kann Jahre später durch unsere Abspaltung im Erwachsenenleben an die Oberfläche kommen, und wenn dies geschieht, kann es ziemlich emotional sein. Trennung bzw. verlorene Verbundenheit ist eine jener Schlüsseldynamiken, die alle negativen Gefühle entstehen lassen. Wo Trennung herrscht, gibt es Probleme und Schmerz. Wo hingegen Verbundenheit herrscht, gibt es Erfolg und Liebe mit Leichtigkeit. Die meiste Zeit erkennen wir nicht, daß die Trennung, die von Verurteilung kommt und zu Verurteilung führt, den Kern unserer Probleme bildet und zu Kampf, Wettbewerbsdenken, mangelnder Verbindung und Gefühlen der Leblosigkeit führt.

Die Rollen- und Persönlichkeitsfallen entspringen dem Getrenntsein. Sie sind ein Versuch, Aufmerksamkeit und persönlichen Wert zu bekommen, um nicht ausgeschlossen zu werden. Sie sind eine Form von vorgetäuschter Verbundenheit, die zu Aufopferung, Konflikt, Kompensationsverhalten und Abspaltung führt. Das Eingehen von Verbindung hingegen, welches das Gegenteil von Trennung ist, und alles, was uns mit anderen verbindet – Geben, Empfangen, Teilen, Vergebung, Akzeptanz, Integration und verbindliches Engagement –, bringt Heilung hervor. Alles andere führt zu Schmerz und Leid. Wenn wir unser Leben weiter verbessern wollen, ist es wichtig, sich mit anderen im Geiste zu verbinden. Dies bedeutet nicht unbedingt, daß wir mit jemandem einer Meinung sein müssen, wenn er sich wie ein Wahnsinniger verhält, aber es bedeutet, Unterschiede zusammenzubringen, die zu Verurteilung führende Distanz zu beseitigen und die Verurteilung zu beenden, die wiederum zu noch mehr Trennung führt. Das Eingehen von Verbindung beendet die Trennung, und infolgedessen ergeben sich Antworten, die mit einer neuen Ebene der Partnerschaft einhergehen.

Es ist wichtig, die Differenzen zu beseitigen, die jetzt in unserem Leben auftauchen, da sie auf einem in der Vergangenheit erfolgten Verlust von Verbundenheit beruhen, einer Verbundenheit, die durch das Eingehen von Verbindung in der Gegenwart wiederhergestellt werden könnte. Der Rückzug vom Leben, den wir unter jenen Umständen gemacht haben, beeinträchtigt uns nun in Form von Schmerz, ausbleibendem Erfolg, Mangelerleben und Aufopferung. All diese Gefühle sind ein sicheres Zeichen für verlorene Verbundenheit, Rückzug und Getrenntsein. Wir haben uns buchstäblich von uns selbst entfernt, aus dem Leben, von unseren Eltern, Geschwistern, Partnern, Kindern und Freunden sowie von unserer Lebensaufgabe, unserem Lebenssinn und unserem Körper, und wir haben uns entfernt von Liebe, Erfolg, Kreativität, Arbeit, Spiel, Glück und Leichtigkeit. All dies führt zu Schmerz und dazu, daß wir uns durchs Leben quälen, anstatt das Leben zu feiern. Es ist Zeit, die Trennung zu beenden und unsere Verbundenheit, unsere Zuversicht und unseren Sinn für Verbindung wiederzugewinnen.

Übung

Wähle aus der nachfolgenden Liste eine Kategorie aus und nimm dir Zeit, die Trennung und den Rückzug zu heilen. Lasse uns deinen Vater als Beispiel nehmen und davon ausgehen, daß du glaubst oder intuitiv erraten hast, im übertragenen Sinn zwölf Schritte von ihm entfernt zu sein. Es sind genau diese Schritte, die alle Probleme, alle Mißverständnisse, allen Groll und allen Schmerz ausmachen, der zwischen dir und einer glücklichen liebevollen Beziehung steht. Wenn du zwölf Schritte von deinem Vater entfernt bist und dich mit ihm verbindest, wirst du in der Beziehung zu ihm und zum Leben im allgemeinen ein neues Stadium betreten. Dies erlaubt dir, ihn nicht als Entschuldigung dafür zu benutzen, um dich zurückzuhalten, und es stärkt euch beide. Es ist natürlich nicht ungewöhnlich, daß danach im Zusammenhang mit deinem Vater eine neue, bisher vergrabene Ebene der Trennung auftauchen kann, doch auf jeder nachfolgenden Ebene ist gewöhnlich weniger Verbindung erforderlich, und du wirst neue Ebenen der Zuversicht und des Erfolgs erreichen. Es ist normal, daß alte Bruchstellen und Trennungen im Laufe unserer Entfaltung und Heilung auftauchen, doch wenn wir weiter Verbindung eingehen, wird unser Leben zunehmend besser werden.

Frage dich bei den nachfolgenden Kategorien intuitiv, was dich dazu veranlaßt hat, dich von diesem Menschen oder Thema zurückzuziehen und wie viele Schritte du von einer neuen Beziehungsebene entfernt bist.

Kategorie	*Dein Rückzug Grund und Ereignis*	*Distanz in Schritten*
Du selbst		
Leben		
Mutter		
Vater		
Bruder		
Schwester		
Liebespartner		
Kinder		
Freund		
Gesundheit		
Lehrer		
Liebe		
Erfolg		
Geld		
Körper		
Sex		
Glücklichsein		
Wahre Liebe		
Lebensaufgabe		
Lebenssinn		

Wähle nun eine dieser Kategorien, z.B. die Distanz von dir selbst, und frage dich, wann und mit wie vielen Schritten du dich auf diese Weise zurückgezogen hast. Stelle dir vor, daß du dich wieder inmitten des ursprünglichen Ereignisses befindest und die obige Zahl an Schritten von dir entfernt bist. Stelle dir nun vor, wieder in jener Situation zu sein, und frage dich, was dich davon abhält, dich erneut mit dir selbst zu verbinden. Sei bereit, es loszulassen, worum es sich auch handeln mag, und gehe einen Schritt nach vorne. Frage dich dann, was dich vom nächsten Schritt abhält und so weiter. Sei bereit, alles loszulassen, was dich zurückhält, bis du dich wieder ganz mit dir selbst verbunden hast. Es kann sinnvoll sein, diese Übung zu einem späteren Zeitpunkt für dich zu wiederholen, damit dein Leben auch weiterhin Schritt für Schritt vorankommen kann.

Wähle eine andere Kategorie, und wiederhole die Selbstbefragung und das schrittweise Vorangehen, bis du dich mit dem nächsten Thema bzw. Menschen aus der Kategorienspalte verbunden fühlst. Mache dies mindestens ein weiteres Mal. Bei einem chronischen Problem empfiehlt es sich zuweilen, diese Übung einmal täglich mit derselben Person bzw. demselben Thema zu machen, und du wirst feststellen, daß sich die Dinge Schicht für Schicht und Tag für Tag verbessern.

Diese Übung ist sehr wirksam, um Muster, Gefühle, die Zuversicht und die Welt an sich in einen wesentlich positiveren Platz zu verwandeln. Sie kann den Entfaltungsprozeß in deinem Leben erneut in Gang bringen.

Weg 29
Projektion heilen

Vor Jahren stieß ich auf ein altes, aber radikales Konzept, das sich in der Therapie als äußerst hilfreich erweisen sollte. Es handelt sich dabei um das Prinzip der Projektion, das in letzter Konsequenz besagt, daß die Welt an sich und die Menschen in ihr ein Spiegelbild unseres Geistes sind. Als ich damals in meiner therapeutischen Arbeit nach etwas suchte, was „funktioniert", zeigte sich, daß dieses Konzept erstaunliche und zweckmäßige Ergebnisse bringt, wenn man Menschen, die in einer Falle stecken, bei ihrer Veränderung und Befreiung helfen will. Zu erkennen, daß die Welt eine Projektion ist, bedeutet, daß auch die schwierigste Situation oder Person mit der Zeit geheilt werden kann, wenn die Aspekte des Geistes, die sich in der äußeren Welt widerspiegeln, geheilt werden. Dies bedeutet auch, daß die innere Welt mit der äußeren verbunden ist und daß die äußere Welt ein Spiegelbild der inneren Welt darstellt. Die Anwendung dieser Methode hat so manches Mal die schnelle und leichte Auflösung großer Probleme herbeigeführt. Zu anderen Zeiten brachte sie eine stetige, schichtweise Heilung und ein schrittweises Vorankommen. Gemeinsam mit anderen Heilungsprinzipien und -methoden hat sich die Heilung von Projektionen als eines der wirksamsten Transformationsprinzipien erwiesen, um einen Beitrag zur Veränderung der Welt zu leisten. Zuweilen hat dieses Prinzip zu spektakulären Ergebnissen geführt.

Projektion kann besonders leicht und wirkungsstark im Zusammenhang mit einem Menschen aus unserem Umfeld auftreten, der uns sehr wichtig ist und der eine Eigenschaft oder eine Verhaltensweise aufweist, die uns wirklich ein Problem bereitet. Was wir in diesem Menschen sehen, ist etwas, was wir projiziert haben. Wenn wir auf etwas stoßen, was uns an uns selbst mißfällt, fühlen wir uns deswegen schuldig und versuchen es zu verbergen. Wir vergraben das, weswegen wir uns schlecht fühlen, und projizieren die Dinge, für die wir uns selbst verurteilt haben, auf einen anderen Menschen. Oft verschleiern wir diesen ganzen Bereich und handeln sogar auf ganz entgegengesetzte Weise. Beispielsweise können wir sehr eifersüchtig gewesen sein, haben jedoch unsere Eifersucht begraben und handeln statt dessen so, als seien wir unabhängig, distanziert und gleichgültig. Wir handeln dann jedoch unweigerlich auf eine Weise, die Eifersucht in unserem Partner hervorruft, weil die mangelnde Sensibilität für unsere eigenen Gefühle uns unsensibel für andere macht.

Der Geist kann entweder Verurteilung projizieren oder sich weit machen und Liebe aussenden. Projektion liefert uns eine dunkle, angsterfüllte und problematische Welt. Das Weitmachen bringt uns eine Welt der Liebe, die hell und strahlend, gut, glücklich, freundlich, friedvoll und voller Fülle ist. Projektion bemalt die Welt buchstäblich mit dem, was wir verurteilt und gefürchtet haben. Dazu können Geschenke ebenso gehören wie Probleme.

Übung

Um welches Problem bzw. welche Eigenschaft handelt es sich bei dieser Person bzw. Situation, die dir das Leben schwermacht?

Frage dich, welche entscheidende negative Eigenschaft das Problem, die Situation bzw. der Mensch widerspiegelt, und wende dann täglich die folgenden Heilungstechniken an, bis alle negativen Elemente deines Problems verschwunden sind.

Ziehe die Projektion zurück, bei der es sich um das handelt, was du am anderen nicht magst, und überprüfe, ob du dieselbe Eigenschaft besitzt oder ob du sie durch entgegengesetztes kompensatorisches Handeln verbirgst und verleugnest. Wenn du dieselbe Eigenschaft in dir selbst entdeckst, dann mache mit der Übung weiter. Wenn du jedoch diese Eigenschaft in dir nicht erkennen kannst, dann ist es offensichtlich, daß du diese Eigenschaft verurteilt, verdrängt, verleugnet und kompensiert hast. Dies bedeutet, daß du beinahe lieber sterben würdest, als die Eigenschaft zu besitzen, die du verurteilst. Wenn du zur Kompensation neigst, werden die Dinge manchmal klarer, wenn du dir folgende Fragen stellst.

- *Wenn ich wüßte, wann ich diese Eigenschaft verborgen habe, dann muß es im Alter von __________ gewesen sein.*
- *Wenn ich wüßte, wer damals an jener Situation mitbeteiligt war, dann war es ____ .*
- *Wenn ich wüßte, was damals geschehen ist und dazu geführt hat, daß ich diese Eigenschaft in mir vergraben habe, dann handelt es sich um ____ .*

Anstatt dich dafür zu entscheiden, diese Eigenschaft in jener vergangenen Situation zu vergraben, mache mit einer der folgenden Methoden weiter:

1. *Stelle dir vor, daß du das Geschenk gibst, das du zu geben gekommen bist und das der andere an der Situation beteiligte Mensch braucht, um den Schmerz in sich zu heilen. Durch derartiges Geben und Vergeben verändert sich das dich schwächende Muster in deinem Geist, das an der Wurzel deines Problems lag.*
2. *Erkenne, wie du dich selbst aufgrund dieser Eigenschaft gequält und daraufhin einen Trennungswall zwischen dir und deinen Mitmenschen errichtet hast. Du hast die Wahl, die Qual fortzusetzen (Will ich mich weiterhin quälen?) oder beides, die Qual und den Trennungswall, hinter dir zu lassen (Will ich das Problem überwinden, um der Person / der Situation zu helfen, auf die ich projiziert habe und die jetzt meine Hilfe benötigt?). Wenn du dich dafür entscheidest, aus dem Selbstangriff herauszugehen, um dem anderen zu helfen, dann stelle dir vor, wie du die Folterkammer verläßt, den trennenden Graben überwindest, auf den anderen zugehst und ihn mit offenen Armen annimmst, indem du ihm die Unterstützung gibst, die euch beide in deinem Geben befreien kann.*

Weg 30
Die Kraft und die Macht der Gaben

Eine Dynamik von Problemen besteht darin, daß ein Problem existiert, um ein neues Geschenk, Talent oder eine neue Chance zu verbergen. Ein Problem ist ein Weg, einem Geschenk aus dem Weg zu gehen, das in uns geboren werden will, vor dem wir aber irgendwie Angst haben. Nach nahezu zwanzigjähriger Therapeutentätigkeit machte ich eine erstaunliche Entdeckung: Ein Problem oder Trauma spiegelt eigentlich ein Mittel wider, mit dessen Hilfe wir uns davon abhalten, eine Gabe, Begabung oder Chance zu empfangen, weil wir befürchten, die Kontrolle zu verlieren, die uns ein Problem bietet. Um eine Gabe zu empfangen oder auf die nächste Erfolgsebene zu gelangen, ist es erforderlich, daß wir ein gewisses Maß an Kontrolle aufgeben, die wir aufgrund von Angst zum Festhalten benutzen. Wenn uns das Vertrauen in die Gabe, die Begabung oder Chance des nächsten Schrittes fehlt, dann benutzen wir Probleme dazu, diese Dinge zu verweigern. Wenn wir auf unser Leben zurückblicken, spiegeln unsere erlittenen Traumen abgelehnte Gaben wider. Eine Vergangenheit, die immer noch schmerzt, spricht von Geschenken, die immer noch darauf warten, empfangen zu werden. Einer der einfachsten Wege, um ein Problem zu heilen, besteht darin, das Geschenk, das uns angeboten wird, zu erkennen und anzunehmen. Sei bereit, es zu empfangen. Je größer das Problem, desto größer das Geschenk. Wenn die Angst zu groß ist, werden wir sogar vor uns selbst verbergen, um welches Geschenk es sich handelt.

Gaben sind ein Teil unseres Seins. Auf einer bestimmten Ebene geht es im Leben nur um die Entfaltung und das Annehmen von Geschenken. Wenn wir sie erkennen, werden sie zu einem Teil dessen, wer wir in unserem Leben sind. Wir bringen dann diese Geschenke in jede Situation ein, in die wir uns begeben, und sie helfen die Situation mit Leichtigkeit zu transformieren und uns selbst und anderen Freude zu bereiten. Talente sind Gaben, die wir zu unserem eigenen Vergnügen und zur Freude der anderen pflegen, während Chancen ein offenes Tor zu größerem Erfolg sind. Im Laufe unserer persönlichen Entfaltung kann es dann in unserem Leben immer mehr um Geschenke und weniger um Probleme gehen, und unsere gesamte Lebenseinstellung wird sich verändern. Begabung ist ein natürlicher Aspekt von Führungseigenschaften, und sie bringt uns und andere Menschen auf einfache Weise voran. Das Geben und Empfangen von Gaben zeigt, daß alle Beteiligten im Fluß sind. Sowohl der Gebende als auch der Empfangende werden durch diese Interaktion bereichert, und daraus entsteht Fülle. Mit jedem Schritt, den wir vorangehen, taucht ein neues Geschenk auf. Geschenke lassen sich mit Kosmetiktüchern in einer Spenderbox vergleichen – sobald wir ein Tuch aus der Packung entnehmen, kommt schon das nächste zum Vorschein. Jede Gabe, die wir annehmen, macht unser Leben leichter und strahlender, und sie segnet uns und unsere Mitmenschen. Wenn wir kontinuierlich ein bestimmtes Geschenk mit einem Partner teilen, wird er wie von selbst auch ein Geschenk mit uns teilen. Dies alles mag zwar auf einer energetischen Ebene stattfinden, ist darum aber nicht weniger schön und erfreulich. Wenn genügend Austausch stattgefunden hat, werden wir das Geschenk unseres Partners als unser eigenes erleben – und umgekehrt. Wenn dies geschieht, gehen beide Partner weiter, um neue und andere Geschenke zu empfangen, die dann ebenfalls wieder geteilt werden können. Dies bedeutet, daß beide, wir selbst und unser Partner, während der gesamten Dauer unserer Beziehung Geschenke für einander und für die Welt entfalten können, was unser Wachstum leicht und die Beziehung spannend macht. Es gibt buchstäblich Tausende von Gaben und Begabungen, die jeder von uns im Laufe seines Lebens in Empfang nehmen kann. Jede einzelne Gabe bringt uns bei der Verwirklichung der Gnade und des Seins sowie im Verstehen unseres wahren Selbst und unserer Lebensaufgabe weiter voran. Jedes Geschenk ist die Antwort auf ein bestimmtes Problem. Jede Gabe läßt uns eine Grenze überschreiten und bringt uns an einen Ort größerer Freiheit. Wenn wir unsere vielen Geschenke annehmen, kann unser Leben zu einem lebendigen Schatz für uns selbst und unsere Mitmenschen werden.

Übung

Bitte heute dein Höheres Bewußtsein, alle Furcht vor auftauchenden Geschenken aufzulösen, die in jedem Problem vorhanden sind.

1. *Betrachte das Problem, vor dem du gerade stehst, und überprüfe, inwieweit dein Geist es als ein Mittel benutzt, um einer Gabe, Begabung oder Chance aus dem Weg zu gehen. Wenn du dich eine Weile mit dieser Möglichkeit beschäftigt hast, setze deine Intuition ein, um*

aufzudecken, welche Gabe, Begabung oder Chance sich dir bietet, die durch dein Problem blockiert wird. Sobald du herausgefunden hast, worum es sich handelt, nimm es an. Sieh, spüre und höre, wie es dich durchdringt. Es kann sich anfühlen, als käme es von außerhalb zu dir, es kann aber auch aus deinem Inneren kommen. Spüre, wie seine Energie dich durchdringt, bis in jede Zelle hinein. Sieh dich dann, wie du das Geschenk mit einem anderen Menschen teilst. Wie fühlst du dich, und wie fühlt sich der andere, während dies geschieht? Was sagen andere Menschen zu dir, und was sagst du zu dir, während dies geschieht?

2. *Eine weitere Methode, um das Thema zu klären, besteht darin, daß du dir vorstellst, du würdest das Problem in Gottes Hände legen. Durch diese Handlung beschenkst du die Welt mit dem Verschwinden einer weiteren Illusion des Leids. Stelle dir dann vor, wie Gott dafür eine Gabe in deine Hände legt. Lasse dich auf allen Ebenen ganz von diesem Geschenk erfüllen.*

Weg 31
Deine Vergangenheit ist deine Entschuldigung

Wenn wir das Prinzip verstehen, daß wir unsere Vergangenheit möglicherweise als Entschuldigung benutzen, erspart uns dies viel Zeit. Wenn wir die Chance, dies zu lernen, nicht nutzen, liegt es nur daran, daß in uns ein gewisser Plan abläuft, der unsere Gaben, unsere Lebensaufgabe und unsere Bestimmung aufhalten soll.

Eine Möglichkeit, unsere Vergangenheit auf ihre zugrundeliegenden Dynamiken zu untersuchen, besteht im Überprüfen, wie wir unsere Vergangenheit in der Gegenwart benutzen. Einer der kraftvollsten Wege, um Probleme zu verstehen, besteht darin, zu überprüfen, welche Entschuldigung sie uns bieten, entweder um etwas zu tun, was wir uns ansonsten nicht zu tun erlauben würden, oder um etwas nicht tun zu müssen, was wir nicht tun wollen.

Stellen wir uns einmal vor, daß unsere Vergangenheit uns nur eine Entschuldigung in der Gegenwart bietet, um uns in einer Weise, die wir uns andernfalls nie gestatten würden, zu verstecken oder bestimmten Selbstsüchten zu frönen. Wir haben das Gefühl, die Erinnerung an unsere Vergangenheit zu benötigen, die selten präzise und genau ist, um eine gewisse Denkweise, Logik oder Rechtfertigungsstruktur zu untermauern. Die Vergangenheit als Entschuldigung ist ein Mittel, uns nicht mit unserer Angst oder unseren Unzulänglichkeitsgefühlen auseinandersetzen zu müssen, die wir im Umgang mit gewissen Lebensbereichen wie Beziehungen oder Integrität benutzen. Unsere Vergangenheit bietet uns eine Entschuldigung, uns vor dem Versprechen unserer Seele zu drücken, einen gewissen Beitrag zur Welt zu leisten. Wir glauben, daß angesichts dessen, was wir in der Vergangenheit erlebt haben, jeder Mensch uns verzeihen oder unser Verhalten entschuldbar finden wird, wenn wir uns irgendwie nicht so zeigen, wie wir es versprochen haben. Uns selbst erzählen wir natürlich, daß wir alles Menschenmögliche getan haben, daß jedoch vertretbare mildernde Umstände vorhanden waren, durch die wir blockiert wurden. Aufgrund dessen, was in unserer Vergangenheit geschehen ist, haben wir uns unserer Verantwortung und Verantwortlichkeit entzogen. Und natürlich sind wir aufgrund dessen, was uns geschehen ist, von aller Selbstsüchtigkeit auf dem Weg freigesprochen, und schließlich haben wir alle nur einen Einzelfahrschein für die Hinfahrt in der Hand und tun gut daran, die Fahrt zu genießen. Im Grunde haben wir uns selbst „grünes Licht“ gegeben, aufgrund unserer Vergangenheit nach Lust und Laune zu handeln.

In der Psychologie geht es darum, jenes Verständnis zu erwecken, das die Angst beseitigt, die Verbundenheit wiederherstellt und den Verlust losläßt, um einen neuen Anfang zu ermöglichen. Doch heutzutage benutzen wir viel zu oft unsere Vergangenheit und unser Seelenleben als Alibi für unseren gegenwärtigen Mangel an Mut oder Verantwortung. Vor langer Zeit haben wir dem Teufel die Schuld an jenen Taten gegeben, für die wir keine Verantwortung übernehmen wollten. Jetzt ist es unsere Vergangenheit oder unser Unterbewußtsein, das uns diese Dinge tun läßt. Ja, unsere Vergangenheit und unser Unterbewußtsein beeinflussen uns, aber sie veranlassen uns nur dann zu einem Handeln, wenn wir dies wollen, und sie blockieren uns nur dann, wenn wir es zulassen. Wir haben immer noch in jeder Situation die Wahl. Sie macht uns nicht schuldig, und sie stellt unsere Verantwortung und unsere Kraft wieder her.

Alles, was unsere Verantwortung verringert oder unsere Schuldgefühle verstärkt, schwächt uns. Wenn wir die Verantwortung schmälern, verstärken wir Selbstsucht, Aufopferung und vergangenheitsbezogene Schuldgefühle. Dies sorgt dafür, daß wir weiterhin Angst vor der Zukunft haben und glauben, daß das, was vor uns liegt, genauso werden wird wie die Vergangenheit. Wenn wir die Vergangenheit als Entschuldigung benutzen, werden wir niemals Verantwortung und persönliche Reife akzeptieren, und ohne sie gibt es nicht viel Hoffung auf Glück; die Wogen des Schicksals werden uns hin- und herschleudern, oder zumindest werden wir uns selbst in dieser Weise darstellen. Wir werden niemals die Kraft unseres Willens kennenlernen, niemals den Mut haben, die Vergangenheit durch Vision überflüssig zu machen, und niemals die Meisterschaft des Seins im Hier und Jetzt erfahren; und wir werden niemals die Erfüllung kennenlernen, die daraus entsteht, daß wir unsere Lebensaufgabe zur Welt beitragen, und auch nicht das Glück, das sich aus dem Leben der eigenen Bestimmung ergibt.

Übung

1. *Nenne drei schmerzliche Ereignisse der Vergangenheit.*
   - *Was erlauben sie dir zu tun, bzw. was brauchst du aufgrund dieser Ereignisse nicht zu tun?*
   - *Welche gegenwärtige Entschuldigung hast du aufgrund dieses Ereignisses?*
   - *Überprüfe drei selbstsüchtige Lebensbereiche. Frage dich, was geschehen ist, das dir die Entschuldigung bietet, um dieses Problem bzw. diese Selbstsucht zu haben.*

Vergangenes Ereignis	*Entschuldigung*	*Selbstsucht*
1.	*1.*	*1.*
2.	*2.*	*2.*
3.	*2.*	*3.*

Wenn du die Vergangenheit nicht länger als Entschuldigung benutzen möchtest, kannst du die Entschuldigungen und die Vergangenheit loslassen und dein Höheres Bewußtsein bitten, sie durch Wahrheit zu ersetzen. Stelle dir vor, wie du deine Vergangenheit und die Entschuldigungen in Gottes Hände legst; sieh und spüre, was dir dafür zurückgegeben wird.

2. *Nun ist die Zeit gekommen, um mit verbindlichem Einsatz erneut Verantwortung zu übernehmen und die Macht der Wahl einzusetzen.*
   - *Hier eine Übung, die dir dabei helfen kann. Angenommen, du fühlst dich nicht glücklich. Übernimm Verantwortung dafür, wie du dich jetzt fühlst, und beschließe einfach, dich glücklich zu fühlen. Nimm alle positiven oder negativen Veränderungen wahr. Bei chronisch negativen Gefühlen kann es vorkommen, daß die Gefühle erst einmal schlimmer werden, bevor sie sich zum Besseren wenden. Es kann hilfreich sein, wenn du aufschreibst, wie du dich fühlst und welches Ergebnis deine Wahl gebracht hat.*
   - *Wenn du dich noch nicht glücklich fühlst, wiederhole den Prozeß.*
   - *Nimm wieder wahr, wie du dich fühlst, und schreibe es auf, wenn du möchtest.*
   - *Übernimm erneut die Verantwortung, und wähle das Glücklichsein. Nimm wahr, was du fühlst, und schreibe das Ergebnis deiner Wahl nieder.*

Wiederhole dies so oft wie nötig, bis du dich glücklich, kreativ und geliebt fühlst, oder welches Gefühl auch immer du dir wünschst. Wenn du den Prozeß abgeschlossen hast, lies dir deine Notizen dazu durch. Menschen, die durch viele Gefühlsschichten hindurchgehen müssen, werden sich nicht nur viel stärker ihres Transformationsprozesses bewußt, sondern berichten auch über entscheidende Veränderungen, wenn sie durch den Prozeß hindurchgegangen sind.

Weg 32
Was wir sehen, ist unsere Vergangenheit

Wenn wir nicht glücklich sind, spielen wir die Vergangenheit in der Gegenwart nach. Dieser Prozeß wird in der Psychiatrie als Übertragung bezeichnet. Im Grunde wiederholen wir die Vergangenheit so lange, bis wir sie in Ordnung gebracht haben. Wir treffen auf ähnliche emotionale Herausforderungen, bis sie bewältigt werden. Wenn wir die Lektionen nicht lernen, wird die Vergangenheit immer wieder hochkommen und sich in unterschiedlicher Verkleidung als gegenwärtige Situation zeigen. Wir müssen uns mit unseren Mustern und anderen unerledigten Angelegenheiten auseinandersetzen, bis sie aufgelöst sind. Wenn wir die Lektion nicht gelernt, sondern den Schmerz durch eine emotionale Reaktion verstärkt haben, dann wird sie das nächste Mal, wenn sie uns begegnet, zu einer Schicksalsprüfung werden. Wenn wir die Implikationen der Übertragung erkennen, können wir zu sehen beginnen, daß eine der Funktionen des Lebens in unserer Heilung besteht. Wenn wir uns nicht heilen, werden sich Familienprobleme in Beziehungssituationen wiederholen, und Beziehungssituationen werden sich in Opfersituationen wiederholen. Ohne eine heilungsbewußte Einstellung werden wir eher versuchen, unsere Probleme zu meiden, als sie zu transformieren. Mit einer heilungsbewußten Einstellung nehmen wir die Kraft, ein gutes Leben zu haben, wieder in die eigene Hand. Indem wir vergeben, die Vergangenheit loslassen und ihre irrtümliche Trennung durch neue Verbundenheit heilen, gehen wir in unserem Leben mit größerer Zuversicht voran.

Zu oft treiben wir uns selbst an und gehen einfach durchs Leben, ohne einen Gedanken daran zu verschwenden, ob wir uns gut fühlen. Wir halten erst dann inne und nehmen wahr, wenn wir anfangen, uns schlecht zu fühlen, und etwas problematisch zu werden beginnt. Wenn wir erkennen, daß schlechte Erfahrungen und negative Emotionen nicht einfach geschehen, sondern dann auftauchen, wenn wir bereit sind, sie zu heilen, dann kann durch dieses Bewußtsein die Motivation größer werden, sie zu heilen. Natürlich will sich unser Ego mit jeder Lektion bzw. negativen Erfahrung selbst bestätigen und versucht, den Schmerz zu verstärken und seine Trennungsmauern noch höher zu bauen. Wenn wir eine heilungsbewußte Einstellung annehmen und wissen, daß es sich bei allem, was auftaucht, um unsere Vergangenheit handelt, die geheilt werden will, wobei die Menschen in unserer gegenwärtigen Situation dafür eingesetzt werden, alte Rollen aus unerledigten Angelegenheiten nachzuspielen, dann kann uns dies immer wieder motivieren, unsere gegenwärtige Situation zu heilen.

Um Erfolg im Leben und in der Liebe zu haben, ist es wichtig, gegenüber allen Dingen, die nicht glücklich sind, eine heilungsbewußte Einstellung anzunehmen und sich engagiert dafür einzusetzen, die Lektion der Vergangenheit ein für allemal in der Gegenwart zu heilen.

Übung

Die nachfolgende Übung eignet sich sehr gut, um an die Wurzel dessen, was geschieht, vorzudringen. Wenn du die Übung abgeschlossen hast und dich noch nicht völlig in Frieden fühlst, dann gibt es noch eine ältere und tiefere Schicht zu heilen. Mache so lange weiter, bis du vollkommen in Frieden bist. Wähle ein Problem oder eine schmerzliche Situation, und beobachte, was dir in den Sinn kommt, wenn du dir folgende Fragen stellst:

- *Wenn ich wüßte, wann dies begann, dann war es möglicherweise im Alter von __________ .*
- *Wenn ich wüßte, wer an diesem Problem beteiligt war, dann war es wahrscheinlich ich selbst und ________________________________ .*
- *Wenn ich wüßte, was dieses Problem entstehen ließ, dann war es womöglich so etwas wie ___________________________________ .*

Stelle dir vor, daß sich in dieser ursprünglichen Szene, in der das Problem begann, das Licht in dir mit dem Licht in allen anderen Beteiligten verbindet. Beobachte dann, wie sich die Szene entfaltet. Wenn es sich nicht um eine glückliche Szene handelt, stelle dir wieder vor, wie sich das Licht in dir mit dem Licht in allen Beteiligten verbindet. Wiederhole dies so lange, bis die Szene schließlich geheilt und dann glücklich ist.

Wenn sich das Ereignis einer Besserung zu widersetzen scheint, liegt es daran, daß ein noch früheres Ereignis im Weg steht. Stelle dir die obigen Fragen, um an die wahre Wurzel jener Szene vorzudringen, die sich nicht aufzulösen scheint. Es ist unwahrscheinlich, daß du dies mehr als zweimal tun mußt, obwohl auch dieser Fall schon vorgekommen ist. Schon so mancher Mensch ist bis ins Alter von drei Jahren zurückgegangen (jenes

Alter, in dem sich die meisten Traumen ereignen), um von dort aus bis zur Geburt zurückgehen zu müssen, oder gar bis zu einem Zeitpunkt im Mutterleib oder bis zur Empfängnis, damit ein solches Muster vollständig aufgelöst werden konnte. Manchmal haben sich Menschen mit Generationenkonflikten auseinandergesetzt, die innerhalb der Familie weitergegeben wurden, oder sogar mit Seelenkonflikten, die sie in dieses Leben mitgebracht haben. Dies mag für dich wie ein reines Hirngespinst klingen, für mich ist es jedoch zu einer Alltagserfahrung geworden. Mit der Heilung dieser tieferen Bereiche, wobei es unerheblich ist, ob es sich bei den auftauchenden Geschichten um Phantasiegebilde oder um tatsächliche Fakten handelt, werden die Menschen von schmerzhaften Mustern befreit, und sie werden in ihrem Leben und ihren Beziehungen erfolgreicher. Du kannst diese Heilungsübung überall dort effektiv einsetzen, wo es Trennung gibt, und damit ist jedes Geschehen gemeint, das geringer ist als Glück und Erfolg.

Weg 33
Was wir sehen, ist das, was wir waren

Wir sehen die Welt durch die Brille unserer Wahrnehmung, bei der es sich, wenn Negatives aus unserer Vergangenheit kommt, um unerledigte und nicht integrierte Erfahrungen handelt. Wir bringen Gefühle und Wahrnehmungen, die in die Vergangenheit gehören, zur Heilung in unsere gegenwärtige Situation. Alles, was wir sehen, ist die Vergangenheit, *es sei denn*, wir erleben Liebe, Wertschätzung und Glücklichsein. Dies läßt sich auf vielerlei Weise erklären. Auf einer ersten Ebene geht es um den Prozeß der Übertragung in zwischenmenschlichen Beziehungen, wo wir alles Unerledigte aus unseren vergangenen Beziehungen an die Oberfläche bringen, um es zu bewältigen und aufzulösen. Bei der nächsttieferen Ebene, mit der wir arbeiten können, handelt es sich um die intra-psychische Ebene, die gleichzeitig abläuft. Hierbei handelt es sich um jene Ebene, auf der uns die Seele unseren Geist in der Welt widerspiegelt. Das ist eine Ebene, auf der aller Angriff in unserer Welt eine Form von Selbstangriff ist, eine Widerspiegelung des Konflikts und des Selbstangriffs in unserem eigenen Geist. Wenn wir eine dieser beiden Geistesebenen heilen, ob wir nun Unerledigtes aus der Vergangenheit mit uns herumtragen oder ob uns die Welt gespiegelt wird, dann können wir die Situation und alle Ebenen des Geistes vollständig heilen.

Unsere Wahrnehmung beruht auf den unerledigten Angelegenheiten oder auf jener Projektionsebene, auf der die Welt unseren Geist widerspiegelt und die Dinge repräsentiert, die wir von uns selbst glauben. Auf einer gewissen Ebene werden alle Gedanken, mit Ausnahme der kreativen Gedanken, von Persönlichkeiten erzeugt, bei denen es sich um Selbstkonzepte bzw. um Überzeugungen in bezug auf die eigene Person handelt. Jeder Gedanke bzw. jedes Konzept, das wir haben, reflektiert ein Selbstkonzept. Auf einer gewissen Ebene erleben wir auf der Welt nichts anderes als uns selbst, als unsere Gedanken und unsere Wahrnehmungen, die auf unseren Selbstkonzepten beruhen. Wir sehen und erleben die Welt entsprechend den Selbstkonzepten, wie wir früher gewesen sind. Dies bedeutet, daß wir im wörtlichen und im übertragenen Sinn uns selbst vergeben, wenn wir einem Menschen auf der Welt vergeben.

Wir wollen dies einmal näher betrachten. Auf der zwischenmenschlichen Ebene werden die Beziehungen, die wir erleben, von vergangenen Beziehungen bestimmt, in denen wir eine bestimmte Lektion noch nicht gelernt haben. Und jede Situation auf der Welt repräsentiert eine Vielzahl von vergangenen, miteinander vermischten Beziehungen. Unsere gegenwärtigen Beziehungen repräsentieren die Übertragung von vergangenen Beziehungen auf die Gegenwart. Genau diese Beziehungen und Situationen repräsentieren nun wiederum auf einer tieferen Ebene, wie wir uns in der Vergangenheit verhalten und welche Selbstkonzepte wir infolgedessen mit in die Gegenwart gebracht haben. Bei diesen Selbstkonzepten, sowohl auf der unterbewußten als auch auf der unbewußten Ebene des Geistes, geht es darum, wie wir früher gehandelt haben bzw. wie wir uns zu verhalten glaubten. Wenn also die Welt problematisch ist, dann liegt auf einer bestimmten Ebene das Muster unserer vergangenen Beziehungen erneut vor uns, und auf einer tieferen Ebene reflektiert das Problem den Menschen, der wir gewesen sind, unsere Selbstkonzepte, die wir verurteilt, verdrängt und unterdrückt haben. Die vor uns liegende Welt ist ein Spiegel, und mit dem Zurücknehmen und Heilen unserer Projektionen durch das Eingehen von Verbindung, durch Vergebung und Integration scheint sich das, was vor uns in diesem Spiegel liegt, vor unseren Augen zu verändern, wird gutartiger und heiler.

Wenn man dieses Spiegelprinzip einmal verstanden hat, ist es von großem Nutzen, wenn man anderen Menschen dabei helfen will, ihre schmerzlichen Erfahrungen – inklusive Selbstangriff, Verurteilung und Konflikte mit anderen – zu verändern. Es hilft uns, ein gewisses Maß an Verantwortlichkeit in bezug auf das, was uns geschieht, zu übernehmen, wenn wir zu erkennen beginnen, was wir uns selbst antun. Es wirft neues Licht auf alte Redewendungen wie „Es kommt alles zurück“ und „Du erntest, was du säst.“ Im Laufe der Jahre hat das Spiegelprinzip vielen Menschen enorm dabei geholfen, zu vergeben und ihre alten, verborgenen Selbste in ein neues Ganzes zu integrieren, was für sie zu weniger Angst und weniger Konflikt geführt hat. Das Problem mit diesen alten Selbsten und Selbstkonzepten besteht darin, daß sie nicht in uns integriert bzw. aufgenommen sind und somit nicht mit uns vereinigt sind, und dies wird uns von den Menschen in unserem Umfeld gespiegelt, die in unterschiedliche Richtungen davongehen. Da wir solche Selbste verurteilen und abspalten oder verdrängen, kommen sie in Konflikt mit jenem Selbst, mit dem wir uns identifizieren, oder sie werden zu Ankern, die wir hinter uns herziehen. Da diese Selbstkonzepte unterschiedliche

Vorstellungen davon haben, was wir tun und wohin wir gehen sollen, um glücklich zu sein, lassen sie Konflikte in unserem Inneren entstehen und somit auch äußere Konflikte mit anderen Menschen. Menschen, mit denen wir uns in Konflikt befinden, repräsentieren innere Teile unserer selbst mit Verhaltensweisen, Emotionen und Logiksystemen, die wir verurteilen, ablehnen und fürchten. Solche Konflikte treten im Zusammenhang mit bestimmten Gaben, Talenten oder problematischen Selbsten auf, denen wir uns nicht gewachsen fühlten. Dies führt dazu, daß wir die Gaben oder die Schatten-Selbste unterdrücken und verdrängen. Einfach ausgedrückt, sehen wir in der Welt nichts anderes als uns selbst und wie wir gewesen sind, jetzt verurteilt und abgetrennt, sowohl in unserem Inneren als auch in der Außenwelt.

Vor kurzem habe ich mit einem Menschen gearbeitet, in dessen Familie es ein zorniges Familienmitglied mit einer negativen Lebenseinstellung gab. Unter Verwendung der Intuitionsmethode fragte ich ihn, wo diese negative, von dem betreffenden Familienmitglied widergespiegelte Energie seiner Meinung nach entstanden war, und wir stießen auf zwei Ereignisse, eines im Alter von drei Jahren, das andere bei der Geburt. Du magst dir vielleicht nicht einmal vorstellen können, daß wir bei der Geburt, im Mutterleib oder bei der Empfängnis bereits einen Geist haben, der so weit entwickelt ist, daß er Muster in unserem Seelenleben prägen kann, doch ich kann dir versichern, daß ich nun seit nahezu drei Jahrzehnten immer wieder Menschen erlebt habe, die über solche Ereignisse berichten, und daß mit der Aufklärung dieser Ereignisse entscheidende Veränderungen in ihren Beziehungen und in ihrem Leben eingetreten sind. Die besagte Person konnte diese alten Ereignisse durch das Zurückbringen der Beteiligten in die eigene Mitte und durch das Geben ihrer Gaben auflösen und hat später berichtet, daß das betreffende Familienmitglied sich verändert zu haben schien und friedvoller geworden war.

Wenn wir etwas an uns selbst verurteilen, dann greifen wir uns entweder an, oder wir versuchen zu unterdrücken, zu verdrängen und so zu tun, als gäbe es diesen Aspekt nicht. Dann projizieren wir ihn in dem Versuch, Abstand zwischen uns und diese Eigenschaft zu bringen, auf die Welt hinaus. Wenn wir diese Eigenschaft in der Welt um uns herum sehen, verurteilen wir sie in der Regel oder greifen sie an, so wie wir es bereits mit uns selbst getan haben.

Denke einen Augenblick über das Prinzip nach, daß die Welt um uns herum aus abgelehnten Teilen unserer selbst besteht, die wir durch

Schmerz oder Verurteilung abgetrennt haben. Dies ist der Grund dafür, daß zuweilen ganze Schichten von schmerzhaften Emotionen auftauchen können, wenn wir anderen Menschen nahekommen, ausgelöst entweder durch etwas ganz Offensichtliches oder scheinbar aus keinem erkennbaren Grund. Es ist der Schmerz bzw. das negative Gefühl, welches dafür sorgt, daß die Trennung im Außen und die entsprechende geistige Spaltung in unserem Inneren bestehen bleiben. Da wir Angst haben und nicht motiviert sind, uns mit negativen Emotionen auseinanderzusetzen, trennen wir uns von diesen Menschen, auf die wir einen Teil unserer selbst projiziert haben. Wenn wir uns vorstellen, daß wir dem ähnlich sind, was in der Welt um uns herum ist, können wir eine emotionale Reaktion spüren, vielleicht Leugnung, Schuldgefühle und manchmal auch Zorn. Doch sobald wir jenen Menschen außerhalb von uns vergeben oder sie verstehen, kommt es zum Erkennen, daß wir alle verbunden sind.

Es kann hilfreich sein, das Spiegelprinzip eine Zeitlang bewußt anzuwenden, indem wir die Welt als das betrachten, was wir zu vergeben aufgefordert sind. „Alles außerhalb von mir ist das, was ich selbst gewesen bin. Die Welt zeigt mir Teile meiner selbst, die ich abgelehnt habe." Wenn wir das Verhalten eines bestimmten Menschen als unser eigenes erkennen können, wenn wir uns mit dem Verhalten oder der Emotion eines Menschen identifizieren können, und wenn wir dann wählen, dies nicht gegen uns selbst zu verwenden, dann sind wir frei – und damit auch der andere Mensch. Dann haben wir diesen Aspekt erfolgreich akzeptiert und ihn als eine Kleinigkeit losgelassen. Dies hat für uns selbst und andere die gleiche Befreiungskraft wie Vergebung und Integration. Wir werden diese Eigenschaft nicht länger als verborgenen Plan in uns haben, der in eine kollidierende Richtung geht, und wir werden leicht in der Lage sein, jene Menschen zu unterstützen, die in ähnliche Fallen samt der damit einhergehenden Selbstquälerei gegangen sind. Wenn wir im Zusammenhang mit dieser inneren Eigenschaft reagieren, leugnen, drohen oder auf irgendeine Weise defensiv werden, dann ist dies ein Kompensationsverhalten für die alte Verurteilung dieses Selbst-Teiles. Dies bedeutet, daß wir uns in Aufopferung befinden, daß wir eine positive Rolle spielen, aber keinen Lohn empfangen. Wenn wir etwas, mit dem wir ein Problem haben und das in Wirklichkeit ein Teil von uns ist, in der Welt verwandeln, kann sich dies, dadurch daß wir loslassen und auf einer ganz neuen Ebene empfangen, enorm transformierend auf unser Gefühl zu uns selbst, auf unsere Zuversicht, unsere Selbstliebe und unser

Glücklichsein auswirken, ganz zu schweigen von der positiven Wirkung auf die Welt. Aber es scheint offensichtlich so zu sein, daß wir entweder gemeinsam mit einem anderen Menschen ein Problem überwinden oder daß wir beide das Problem und den Konflikt behalten. Was immer wir tun, wird für uns beide geschehen. Wir können jetzt die Chance ergreifen, diesen Menschen zu heilen, der uns widerspiegelt.

Übung

Nimm eine Person oder Situation aus deinem Umfeld, mit der du vielleicht Probleme hast. Nenne die negativen Eigenschaften, die du an dieser Person oder Situation erlebst.

1.	*4.*
2.	*5.*
3.	*6.*

Betrachte die Person bzw. Situation, die du verurteilt hast. Überlege dann, ob du genauso handelst oder ob du lieber sterben würdest, als dich so zu verhalten, wobei letzteres ein sicheres Zeichen dafür ist, daß du ein Kompensationsverhalten angenommen hast. Nimm wahr, daß du dich mit beiden Verhaltensweisen immer noch aufgrund dieses Selbstkonzeptes angreifst und quälst. Wähle dann, ob du dich weiterhin dafür quälen willst, oder ob du dich selbst bzw. deine Selbste aus der Folterkammer herausholen und dem Menschen helfen willst, den du verurteilt und auf den du projiziert hast. Wenn du dich dafür entscheidest, den anderen zu unterstützen, wird dadurch die negative Eigenschaft neu integriert werden, wodurch du jenen Menschen in anderem Licht sehen und dich selbst besser fühlen wirst. Wiederhole diese Übung für jede negative Eigenschaft, die du in der gewählten Person oder Situation siehst.

Stelle dir vor, daß du den Problemmenschen bzw. die Problemsituation in einem großen, bodenlangen Spiegel vor dir betrachtest. Während du den Menschen bzw. diese Eigenschaft beobachtest, beginnt sich der Spiegel zu verändern und dich in jener Zeit zu zeigen, als du so warst wie jener Mensch. Wenn du dazu bereit bist, ermuntere dich bzw. deine Selbste, aus dem Spiegel herauszusteigen und in deine Arme zu kommen. Während du sie umarmst, spüre, wie sie mit dir verschmelzen und der verlorene Teil wieder integriert wird. Wenn dieser Prozeß abgeschlossen ist, beobachte, wie du dich jetzt in bezug auf diesen Problemmenschen bzw. die Problemsituation siehst. Wenn sich der Prozeß noch unvollständig anfühlt, wiederhole die Übung mit dem Spiegel so lange, bis du dich gut fühlst und den Problemmenschen und dich selbst anders wahrnimmst.

Weg 34
Die Welt, die du siehst, ist die Welt, die du sehen willst

Dieses Kapitel beschäftigt sich mit einem der am tiefsten verborgenen Aspekte unseres Geistes und gibt gewissermaßen einen Überblick über die Essenz dieses Buches. Unsere Welt und unser Leben entfalten sich gemäß unserer Entscheidungen. So wie alle Träume die Erfüllung von Wünschen darstellen, so repräsentiert auch unser Alltagsleben – unser Tagtraum – eine Wunscherfüllung. Oder – anders formuliert –: Das, was wir sehen, und das, was uns widerfährt, sowie die Art und Weise, wie wir es erleben, ist gleichbedeutend mit unserer Wahl. Angesichts der düsteren Umstände und Situationen, die auf der Welt zu beobachten sind, kann dies nur bedeuten, daß wir entsprechend dunkle Gedanken in uns hegen. Wo diese dunklen und schmerzhaften Orte – zum Beispiel als Überzeugungen – in uns wohnen, findet automatisch eine Entscheidung statt, welche die Welt, die wir erleben, hervorbringt, ganz ähnlich dem Betriebsprogramm, das einen Computer steuert. Es sind diese zerbrochenen Orte in uns, die wir zu heilen gekommen sind, um damit die Welt zu heilen. Wenn uns aufgrund dieser dunklen Orte in unserem Geist ein Trauma in unserem Leben widerfahren ist und nicht geheilt wurde, dann programmieren diese Erfahrungen, deren Erinnerung im Laufe der Zeit verblaßt oder verdrängt wird, uns und unsere Welt weiterhin auf negative Weise.

Wir nähern uns auf dieser Welt und in der sozialen Entwicklung nun einer Zeit, wo wir wieder mehr bereit sind, uns zu öffnen und uns mit dem unbewußten Geist auseinanderzusetzen. Die gesamte Zivilisation ist auf einer gewissen Ebene ein Versuch, das Unbewußte in Schach zu halten. In der westlichen Welt sind wir auf einem Entwicklungsschritt stehengeblieben, den ich die „Todeszone" nenne. Sie ist ein Ort, wo wir ein Leben führen, in dem wir hart arbeiten, um den Status quo aufrecht zu erhalten, dabei aber das Gefühl haben, uns in einem ausgefahrenen Geleise zu bewegen. Hier laufen vielerlei Dinge ab, und zum Teil ist die Todeszone eine Verteidigungsmaßnahme gegen das Unbewußte, das wir alle im Alter zwischen sieben und vierzehn Jahren mit einer Betonschicht zu bedecken begannen, weil uns dieser eher kraftvolle, primitive und zuweilen schamanische Teil des Geistes so große Furcht eingejagt hat. Jetzt ist die Zeit gekommen, wo Partnerschaft, Führungseigenschaften, Vision und Meisterschaft gebraucht werden. Dies ist eine Zeit, in der Führung für den Umgang mit dem Unbewußten gebraucht wird, welches ein einfacherer Teil des Geistes ist als das Unterbewußtsein mit all seinen Familien-, Beziehungs- und Opferdynamiken. Um den unbewußten Geist zu verstehen und zu durchqueren, müssen wir aus erster Hand von den dort begrabenen Dämonen, Drachen und Schätzen lernen. Die Terroranschläge vom 11. September 2001 in Amerika sind ein Beispiel dafür, wie das Unbewußte ins Alltagsleben hereinbrechen kann. Da wir kurz vor dem Wendepunkt zur Phase der Interdependenz stehen, die das Unbewußte zähmt und bündelt, wird der Schutzmantel der Todeszone allmählich dünn. Die Schattenfigur des „Terroristen", eines von vielen Schattenkonzepten, ist mit diesem Ereignis über uns hereingebrochen und hat uns auf sehr deutliche und reale Weise terrorisiert und eine Tragödie über uns gebracht. In unserer jetzigen Zeit ist es ganz entscheidend, daß wir Teile unseres Geistes zurückgewinnen, um uns zu stärken. Die persönliche Wahl ist das kraftvollste Werkzeug, das wir Menschen zur Verfügung haben.

Es wird allgemein akzeptiert, daß wir nicht nur von der schmerzhaften Vergangenheit programmiert werden, sondern auch dadurch, wie wir das, was uns widerfährt, anschließend im Licht dieser Vergangenheit erleben und interpretieren. Doch das in diesem Kapitel angesprochene Prinzip der Wahl hat noch wesentlich weitreichendere Implikationen. Der herausragendste Philosoph des letzten Jahrhunderts, Martin Heidegger, hat den Menschen als ein Wesen-in-der-Welt beschrieben, das untrennbar mit der Welt verbunden ist. Dieses Konzept impliziert, daß das, was wir wählen, sich nicht nur auf uns auswirkt und einwirkt, sondern auch auf die Welt.

Der unterbewußte und der unbewußte Geist bestehen aus all den Dingen, die das Ego bedrohen. Dies bedeutet, daß es viel Unintegriertes und vor unserem bewußten Geist Verborgenes gibt, was zu Konflikten führt. Diese Erfahrungen, die entweder zu hell und transzendent oder zu dunkel und zerstörerisch sind, als daß das Ego damit umgehen könnte, wurden von ihm allesamt als bedrohlich abgestempelt, weil es gerne den Status quo aufrechterhalten möchte. Ganz gleich, ob diese verdrängten Elemente erkannt werden oder nicht, sie erzeugen weiterhin die Erfahrungen und Geschichten, die wir in unserem Leben durchleben. Überzeugungen und Bilder in unserem Geist sind wie statische, kontinuierlich getroffene Entscheidungen, und sie wirken nicht nur auf uns, sondern beeinflussen auch das, was uns geschieht.

Der Grund dafür, daß diese alten Bilder und Glaubenssätze nicht zu jedem gegebenen Zeitpunkt etwas sehr Positives oder sehr Negatives erzeugen, liegt darin, daß das Ego sich gegen solche Erfahrungen wehrt, um nicht davon überwältigt zu werden. Um dies zu erreichen, investiert es eine Menge Energie in Verteidigungsmaßnahmen, die ansonsten in die Erfahrung der Freude gehen könnte, welche aufgrund ihrer egoschmelzenden Fähigkeit ebenfalls bedrohlich ist. Falls erforderlich, setzt das Ego den dunklen Schattenbereich des Unbewußten ein, um uns anzugreifen und sich gegen die hellen, transzendenten Bereiche zu verteidigen, da in diesem Teil des Geistes, der Licht ist, das Ego überflüssig ist und vollständige Transformation oder sogar Auflösung erfahren würde. Dadurch wird im Grunde ein Balanceakt aufrechterhalten und unsere Entwicklung so weit wie möglich hinausgezögert.

Das Ego benutzt Schuldgefühle, um uns von der Erforschung, der Heilung und dem Annehmen der Kraft unseres Geistes abzuhalten, was das Ego mit der Zeit überflüssig machen würde, je mehr unser Höheres Bewußtsein die Führung übernimmt. Das Ego übersetzt Verantwortlichkeit und persönliche Wahl mit Schuld und Vorwurf. Wenn wir einem anderen Menschen nicht die Schuld geben können, gibt das Ego einfach uns die Schuld, um den gleichen Effekt zu erzielen, nämlich die Kontrolle zu behalten. In dem Versuch, uns von unserem eigenen Geist fernzuhalten, übersetzt das Ego jede Verantwortung mit Schuld, die es dann zu verpfänden versucht, indem es die Schuldgefühle und das Bedürfnis nach Bestrafung auf einen anderen Menschen projiziert. In den Vereinigten Staaten hat dies zu einer wahren Prozeßsüchtigkeit geführt, und mit dieser Einstellung überschlagen wir uns darin, anderen Menschen die Schuld an dem zu geben, was uns widerfahren ist. Wir geben anderen nicht nur die Schuld an dem, was uns widerfährt, sondern auch daran, wie wir uns *fühlen*. Eine gesündere Einstellung, die uns stärken würde, wäre eine Haltung der totalen Mitverantwortung. Als Antwort auf die vom Ego eingesetzten Schuldgefühle, mit denen wir vom Unterbewußtsein ferngehalten werden sollen, hält unser Höheres Bewußtsein einen für uns maßgeschneiderten Lehrplan bereit, mit Hilfe dessen wir leicht und anmutig wachsen und vorankommen können.

Als ich mich mit immer tieferen Bereichen des Geistes beschäftigte, wobei ich zunächst die verborgenen Faktoren in Beziehungen erforschte und dann auf der Suche nach allen an Opfererfahrungen beteiligten

Elementen in den unterbewußten und den unbewußten Geist vordrang, stellte ich fest, daß Beziehungen insofern vollkommen schuldfrei sind, als wir alle zu hundert Prozent verantwortlich sind. Ich habe zum Beispiel festgestellt, daß dort, wo uns in einer Beziehung jemand auszunutzen oder zu schaden scheint, die ganze Situation ein abgekartetes Spiel ist und wir andere dazu benutzen, um uns aufgrund unserer Angst vor dem Leben, vor zwischenmenschlicher Nähe und vor dem nächsten Schritt selbst anzugreifen und zurückzuhalten. Wenn wir Verantwortung für unser Leben und unsere Beziehungen übernehmen, beginnen wir unsere verborgenen Pläne zu verstehen. Unser Verstehen und unsere Verantwortung führen uns in die Stärke und bringen uns im Leben voran. Wenn alle Umstände schließlich ans Licht kommen und vollständig verstanden werden, dann lösen sich naturgemäß alle Schuldgefühle und aller Groll auf. An diesem Punkt entsteht eine gewisse Dankbarkeit dafür, daß die Welt und unser Leben verstanden werden können und wir die Macht und die Kraft haben, Umstände zu verändern, die uns nicht gefallen. Wir neigen dazu, zu denken, daß das Leben einfach nur willkürlich, zufällig und chaotisch sei, doch es gibt Prinzipien, die wir, sobald wir sie verstanden haben, einsetzen können, um uns voranzubringen. Dieses Lernen ist dem Ego natürlich ein Greuel, das sich selbst durch Opfer, Täter, Verurteilung, Schuldgefühle, Schuldzuweisungen und Schmerz stärkt und unser Vorwärtsgehen hinauszögern bzw. unterbinden will.

Was könnte dazu führen, daß wir solche entsetzlichen, traumatischen Erfahrungen und Opfersituationen wählen wollen? In den vergangenen siebenundzwanzig Jahren, seit ich Mittel für den Zugang zum Unterbewußten kenne, habe ich in meinem eigenen Innern und gemeinsam mit Opfern danach gesucht, was unsere Probleme entstehen läßt. An dieser Stelle möchte ich einige Hauptdynamiken des Geistes vorstellen, welche bei der Entstehung von Opfersituationen als Dynamik eine Rolle spielen. Diese Liste enthält einige der häufiger auftretenden, aber verborgenen Ziele, die in den letzten zweieinhalb Jahrzehnten aufgetaucht sind. In der Regel, wie bereits in Weg 10 (Die Kraft der Wahl) erklärt, wählen wir diesen „Lohn“, um ihn sofort wieder zu verdrängen. Jede Problemsituation kann eines oder auch viele dieser Ziele aufweisen. Es handelt sich hierbei um keine vollständige Liste, doch wenn du eine dieser Dynamiken vollständig heilen oder zum Einsturz bringen kannst, fällt das Problem gewöhnlich in sich zusammen. Die nachfolgende Liste enthält ungefähr ein Drittel der Dynamiken, die ich als Kernthemen von Problemen entdeckt habe.

1. Aufmerksamkeit bekommen
2. Versuch, ein Bedürfnis erfüllt zu bekommen
3. Sich die Erlaubnis geben, etwas zu tun, was wir tun wollen, was wir uns aber ansonsten nicht gestatten würden
4. Den eigenen Kopf durchsetzen
5. Etwas nicht tun müssen, was wir nicht tun wollen
6. Unwürdigkeit und Wertlosigkeit
7. Mangel an Selbstvertrauen
8. Sich vor Angst schützen
9. Sich vor dem Verlust einer Sache schützen
10. Sich nicht mit dem nächsten Schritt auseinandersetzen müssen
11. Eine Verschwörung, um sich selbst so lange wie möglich in einer Falle festzuhalten
12. Schutzmaßnahme für unsere Angst vor Nähe, da wir uns unzulänglich fühlen
13. Vergleichs- und Konkurrenzdenken, das auf einem Mangel an Verbundenheit beruht
14. Versuch, etwas zu nehmen oder zu bekommen
15. Geliebt werden
16. Eine Lektion lernen
17. Etwas beweisen
18. Sich einer schamanischen Prüfung unterziehen, in der Hoffnung, den Sprung auf eine neue Ebene der Bewußtheit und Kraft zu machen
19. Eine Entschuldigung haben
20. Jemanden zum Verlierer machen
21. Sich rächen
22. Die eigene Lebensaufgabe und Bestimmung meiden
23. Versuch, Schuld abzuzahlen
24. Sich selbst opfern, in dem Versuch, die Familie oder einen nahestehenden Menschen zu retten
25. Sich jetzt opfern, um später zu gewinnen
26. Sich opfern, um den nächsten Schritt oder die eigene Lebensaufgabe zu meiden
27. Sich opfern, um die eigene Bestimmung zu meiden und Gott anzugreifen
28. Nicht antreten wollen
29. Klein bleiben und sich verstecken
30. Die zweitgrößte Angst Realität werden lassen, damit wir unserer allergrößten Angst aus dem Weg gehen können

31. Einen anderen Menschen kontrollieren
32. Widerspiegelung unser Partnerbeziehung
33. Festhalten
34. Versuch, die Familie zu retten
35. Rebellieren
36. Unabhängig sein
37. Einer Gabe, Begabung oder Chance aus dem Weg gehen
38. Widerspiegelung dessen, wie wir uns selbst behandeln
39. Versuch, jemandem durch das, was uns widerfährt, eine Botschaft zu schicken
40. Schutz vor der Angst vor unserer eigenen Größe
41. Schutz vor der Angst vor unserem Selbst, vor unserem Höheren Selbst, vor unserem Leben und vor Gott
42. Versuch, uns vor der Angst vor großem Schmerz zu schützen
43. Versuch, uns vor dem unbewußten Geist zu schützen
44. Erfolg sabotieren aufgrund von zu viel Aufopferung
45. Einen noch tieferen Konflikt verbergen
46. Die Wahrheit aufgrund von Angst blockieren
47. Das Ego stärken
48. Einen anderen Menschen angreifen
49. Uns selbst angreifen
50. Schutz vor unserer Angst vor Freiheit
51. Eine Familienrolle
52. In bezug auf etwas recht haben
53. Eine Seelenverletzung
54. Versuch, etwas zu heilen
55. Verdrängtes, das nach oben kommt
56. Unsere Angst vor dem Tod verbergen, die unsere Angst vor dem Leben zeigt
57. Die Ödipus-Verschwörung
58. Eine Selbstsucht verbergen und behalten
59. Eine Schattenfigur
60. Zeigen, wie gut oder schlecht wir sind
61. Projektion
62. Der Plan eines verborgenen Teiles unserer selbst mit einer falschen Strategie
63. Ein eitler Wunsch oder Gedanke
64. Etwas Besonderes sein (simulierte Liebe)
65. Unser Glaubenssystem

66. In einer Falle oder Verschwörung gefangen sein, damit wir uns nicht mit der Angst vor dem nächsten Schritt auseinandersetzen müssen
67. Ein gespaltener Geist
68. Selbsttäuschung
69. Sich über etwas beschweren
70. Verurteilung
71. Groll in bezug auf etwas zeigen
72. Etwas zu beweisen versuchen
73. Unbewußtes Lebensdrehbuch bzw. -geschichte
74. Negative Einstellung
75. Angst vor Freiheit
76. Phantasievorstellungen
77. Erwartungen
78. Abspaltung
79. Trennung
80. Autoritätskonflikt
81. Scham
82. Befangenheit
83. Bedeutungslosigkeit
84. Depression
85. Angst vor Verlust
86. Narzißtisches Aufmerksamkeitsbedürfnis
87. Klagen und Beschwerden
88. Mißverständnis
89. Mangelndes Engagement
90. Verlust durch mangelnde Wertschätzung
91. Rückzug
92. Zorn
93. Angst vor Sex
94. Angst vor Erfolg
95. Sich selbst kontrollieren
96. Perfektionismus
97. Kompensation
98. Unwilligkeit
99. Gott angreifen, in dem Versuch, zu beweisen, daß wir mächtiger sind als Gott und seine Aufgabe übernehmen sollten
100. Angst vor unserer Lebensaufgabe und unserer Bestimmung

Was wir sehen oder erleben, dient uns in irgendeiner Weise, selbst wenn sie negativ ist. Es folgt einem gewissen Drehbuch, von dem wir irgendwie glauben, daß es uns glücklich machen wird. Wie unser Leben zeigt, haben wir alle im Zusammenhang mit dem, was uns glücklich macht, zuweilen einen großen Fehler begangen. Wir haben unsere eigenen Egostrategien benutzt und den Weg verloren. Wir wollten es auf unsere Weise tun – um uns nicht ändern zu müssen. Wir hatten Angst, nach innen auf die Stimme der Führung zu hören, und wir hatten Angst, eine liebgewonnene Selbstsucht aufgeben oder etwas tun zu müssen, für das wir uns viel zu unzulänglich fühlen, um es erreichen zu können. Auf einer tieferen Ebene ist jede negative Erfahrung, die wir erleiden, ein Hilferuf und ein Ruf nach Liebe.

Nachfolgend einige der wichtigsten Heilungsprinzipien, die in der anschließenden Übung noch näher erläutert werden:

Heilungsprinzipien:

- Da alles außerhalb von uns das widerspiegelt, was in uns ist, verwandelt sich das, was in zwischenmenschlichen Beziehungen geschieht, durch unsere Selbstvergebung zu einer erfolgreicheren Ebene.
- Wenn wir geben oder unterstützen, anstatt zu verurteilen, wird sich die Situation zum Besseren wandeln.
- Wenn etwas Negatives auf unserer Welt geschieht, können wir um die Wahrheit bitten, die Freiheit und Licht bringen wird.
- Wir können die Negativität durch unsere Wahl und die Kraft der Gnade auflösen.
- Wir können bereit sein, einen weiteren Schritt nach vorne zu machen.
- Wir können Verhaftungen, Traumata, Phantasievorstellungen, Selbstsüchte, negative Emotionen, Verurteilung, Groll und Sturköpfigkeit loslassen.
- Wir können Gnade empfangen und sie wie einen Kanal an jenen Menschen weiterleiten, der unsere Hilfe braucht.
- Immer dann, wenn auf unserer Welt etwas Negatives geschieht, ist es das Ergebnis eines Grolls oder einer Verurteilung, und unsere Vergebung kann es verwandeln.
- Wir können um die Gnade und die Hilfe des Himmels bitten, um die Angst an der Wurzel eines jeden Problems zu transformieren.

Wenn wir diese Wege der Transformation erlernen, werden wir lernen, daß unsere Welt nicht in Beton gegossen ist, sondern daß sie so fließend und quicklebendig ist wie unser Geist.

Übung

1. *Wähle eine Zahl zwischen eins und hundert, um die Hauptdynamik zu finden, die dich jetzt im Moment in deinem Leben zurückhält.*
2. *Wähle eine Zahl zwischen eins und hundert, um die Hauptdynamik für ein Problem zu erforschen, das sich dir in deinem Leben stellt.*
3. *Wähle eine Zahl zwischen eins und hundert, um die Hauptdynamik für ein vergangenes Trauma in deinem Leben zu erforschen.*

Wenn dir die Zahlen und die ihnen zugeordneten Dynamiken allmählich zu gut vertraut werden, dann numeriere einige Karten oder schreibe die Dynamiken darauf und ziehe eine Karte. Dadurch wird der Verstand ausgeschaltet und das Wirken der Synchronizität ermöglicht.

Überprüfe nun dein Leben, und übernimm die volle Verantwortung dafür. Das heißt: keinen Tadel und keine Schuldgefühle für niemanden, auch nicht für dich. Erkenne, daß jedermann unter den vorhandenen Umständen sein Bestes gegeben hat, aber auch, daß jeder von uns es noch besser machen kann.

Wenn dir oder einem Menschen in deiner Welt etwas Negatives widerfährt, dann

1. *erbitte die Hilfe deines Höheres Bewußtseins, um die Situation zu heilen und zu transformieren.*
2. *Sei bereit, im Hinblick auf deine Wahrnehmung und dein Erleben unrecht zu haben. Lasse sie los. Erbitte und nimm wahr, welche höhere Wahrnehmung ihre Stelle einnimmt.*
3. *Triff eine andere Wahl in bezug auf das, was du willst.*
4. *Wenn es etwas Negatives gibt, dann gibt es etwas, was noch nicht verstanden wurde. Tue alles, um zu verstehen, denn dies wird alle Beteiligten befreien.*
5. *Gehe Verbindung ein, so daß jegliche Trennung, die an der Wurzel eines jeden Problems liegt, beendet wird.*
6. *Suche das Gespräch, damit Brückenbau, Verstehen und Vergebung entstehen können.*

7. *Lasse die Verurteilung los, die dazu geführt hat, daß du etwas Negatives siehst und erlebst.*
8. *Vergib dem Menschen, dem du grollst, denn dadurch ist dieses Problem entstanden.*
9. *Erkenne, daß es nicht die Wahrheit ist, wenn eine Erfahrung negativ ist. Bitte um die Wahrheit. Wähle die Wahrheit. Verpflichte dich der Wahrheit. Liebe die Wahrheit.*
10. *Lasse jede Verhaftung und jede Selbstsucht los, die sich immer hinter einem Problem verbirgt.*
11. *Sei bereit, den nächsten Schritt zu gehen.*
12. *Lege deine Zukunft in Gottes Hände.*
13. *Vergib dir selbst und Gott.*
14. *Lasse den Selbstangriff und den Angriff auf andere los.*
15. *Lasse die Aufopferung los, denn damit wirst du niemanden retten können und nichts anderes erreichen als Versteckspielen.*
16. *Gib die Selbstbestrafung und die Schuldgefühle auf, die der Antrieb dafür sind. Die Selbstbestrafung wird die Schuld nicht wiedergutmachen.*
17. *Lasse die Schuldgefühle los, um jene zu befreien, die du liebst.*
18. *Empfange die Gaben, die Liebe, die Gnade und die Wunder des Himmels für dich und für jene Menschen, die Hilfe brauchen.*
19. *Vertraue dem Prozeß. Dein Vertrauen wird paradoxerweise dazu führen, daß sich die Situation positiv entfaltet.*
20. *Lasse den Plan deines Ego zugunsten von Gottes Plan los. Gott hat einen Plan, bei dem sich niemand opfern muß, nicht einmal du.*
21. *Es gibt etwas, was du geben könntest, möglicherweise ein Geschenk auf Seelenebene, das darauf wartet, realisiert, angenommen und gegeben zu werden, um die Situation zu verändern.*
22. *Höre den Hilferuf eines Menschen in deinem Umfeld, den dein Problem zu verbergen versucht.*
23. *Integriere alle Teile deiner selbst, die sich in deiner Welt widerspiegeln.*
24. *Gehe zurück in die Situation, in welcher die Wurzel dieses Problems liegt. Beende nun die Trennung, die der Auslöser für das Problem war.*
25. *Manifestiere durch Visualisieren, Fühlen und Spüren mit der Kraft deines Geistes einen positiven Ausgang.*
26. *Bete für das, was du dir wünschst.*
27. *Wünsche dir das, was du möchtest, von ganzem Herzen, und lasse dabei jedes Bedürfnis oder Festhalten los.*

28. *Lege das Problem zwischen dich und einen nahestehenden Menschen. Verbinde dich mit ihm von Herz zu Herz, von Geist zu Geist, um das Problem aufzulösen.*
29. *Engagiere dich ganz und gar, und bringe dich ganz ein, da ein Problem einen Ort repräsentiert, an dem du nicht gibst.*
30. *Lebe deine Lebensaufgabe.*
31. *Nimm deine Bestimmung an.*
32. *Sei bereit, dich zu verändern und vorwärtszugehen.*
33. *Erkenne, daß jede Negativität, die in deinem Leben vorhanden ist, auf einer mehr oder weniger verborgenen, negativen Einstellung beruht. Mache dir bewußt, was diese düstere Wahrnehmung in deiner Welt über deine negative Einstellung aussagt. Wenn du dies entdeckst, triff die Entscheidung, umzukehren und in eine positive Richtung zu gehen. Wähle das Leben.*
34. *Erkenne, daß jede dunkle Erfahrung das widerspiegelt, was in deiner engsten Beziehung, in all deinen Beziehungen, fehlt. Erkenne, daß dies eine Chance für eine neue Ebene der Verbundenheit darstellt. Triff die Entscheidung, dich mit den anderen in diesem Bereich zu verbinden und sie zu lieben.*
35. *Jede dunkle Wahrnehmung spiegelt einen inneren Ort der Unwürdigkeit und der Wertlosigkeit wider. Lege diese Unwürdigkeit in Gottes Hände, und sieh dich selbst als ein Kind Gottes, so wie Er es tut.*
36. *Jede dunkle Wahrnehmung spiegelt ein inneres Selbstkonzept wider. Integriere dieses Selbstkonzept in dein Höheres Selbst, damit eine neue Ebene der Ganzheit entstehen kann.*
37. *Segne dich und die Person oder Situation, die das Problem in deiner Außenwelt darstellt. Meide jegliche Selbstverfluchung und jegliches Verfluchen eines Menschen, der vielleicht zu dieser Situation beigetragen hat.*
38. *Die Negativität, die du siehst, spiegelt eine Art von Trennung wider. Frage dich, mit wem du dich verbinden kannst, von Geist zu Geist, um diesen Zustand zu mindern.*
39. *Diese Negativität, die du siehst, spiegelt eine versprochene Hilfeleistung oder ein versprochenes Geschenk wider, das du noch nicht gegeben hast. Setze dich erneut dafür ein, dieses Geschenk zu geben bzw. dieses Versprechen zu erfüllen, selbst wenn es deine Möglichkeiten bei weitem zu übersteigen scheint. Das Himmelreich wird dir helfen.*

40. *Dankbarkeit und Wertschätzung setzen immer ein positives Fließen und eine positive Entfaltung in Gang. Sie werden zumindest eine Schicht des Problems auflösen, und du kannst das Ganze wiederholen.*
41. *Bitte um Gnade und um Wunder für dich selbst oder für die Situation. Öffne dich für das Empfangen dieser Gaben.*
42. *Lasse alle Selbstsüchte los.*
43. *Lasse alles Festhalten los.*
44. *Lasse alle Phantasievorstellungen los.*
45. *Lasse alle Erwartungen los.*
46. *Lasse die Vergangenheit los, bis auf ihre glücklichen Momente.*
47. *Akzeptiere. Mit deinem Annehmen läßt du los, wogegen du bisher Widerstand geleistet hast, und ein Fließen kommt in Gang.*
48. *Wenn es eine Zwangslage in deinem Leben gibt, verpflichte dich zum nächsten Schritt, verpflichte dich zur Wahrheit.*
49. *Lasse den Versuch los, Entscheidungen zu treffen. Bitte um Führung und ein sehr klares Zeichen. Es wird so klar sein, wie du es willst.*
50. *Erkenne jedes Problem als das Resultat eines gespaltenen Geistes. Bitte um die Integration aller Problem-Elemente und aller Problem-Menschen, die Teile deines Geistes reflektieren, damit eine neue Ebene entstehen kann.*

Wähle nun eine, zwei oder drei Zahlen zwischen eins und fünfzig, und finde anhand der obigen Liste einen effektiven Weg, um das zu verändern, was du zu sehen wählst.

Weg 35
Zu viel Raum einnehmen

Das Gefühl, daß jemand zu viel emotionalen, physischen oder psychischen Raum in der Familie einnimmt, kann subtil oder auch so erdrückend sein, daß einem das Atmen schwerfällt. Wenn letzteres der Fall war, hatten wir womöglich das Gefühl, nicht genug Raum zu haben, um zu wachsen und unsere Talente zu entwickeln. Wir fühlten uns überschattet wie ein Samenkorn, das unter einem großen Baum sprießen muß. Wenn wir dies erlebt haben, wird es uns schwerfallen, unser Licht leuchten zu lassen, und selbst dann, wenn wir erwachsen sind und weit weg von unserer Familie leben, wird unser Ego uns überzeugen, daß wir mit unserem eigenen Leuchten dem Licht eines anderen Menschen im Weg stehen und ihn vom Leuchten abhalten. Dann ist es leicht, sich selbst zurückzuhalten und der Furcht vor Neid in die Falle zu gehen, in der wir Angst haben, daß ein anderer Mensch uns aufgrund unseres Erfolges angreifen könnte. Es mag uns nicht einmal ganz bewußt gewesen sein, daß wir das Gefühl hatten, ein anderer Mensch habe während unseres Heranwachsens zu viel Raum eingenommen, aber es kann uns dennoch beeinträchtigen. Es kann Situationen heraufbeschwören, in denen wir ein Kraftvakuum verspüren und das Gefühl haben, vortreten zu müssen, weil andere Menschen sich zu unwürdig fühlen, ihren wahren Platz einzunehmen und ihr Licht leuchten zu lassen. Oder wir haben das Gefühl, das Kommando zu übernehmen und alles machen zu müssen, fühlen uns anschließend jedoch schuldig, weil wir zu viel Raum eingenommen haben oder zu wichtig waren. Dieser Konflikt kann dazu führen, daß wir das Gefühl haben, unserem Liebespartner, unserem Ehepartner oder unseren Kindern nicht genug Raum zu lassen. Wir geraten in einen Konflikt, ob wir das eigene Licht leuchten lassen oder einfach verschwinden sollen.

Wenn wir das Gefühl haben, daß ein anderer Mensch das Kommando übernimmt oder in unseren Raum eindringt, fühlen wir uns überfahren und ärgern uns. Die Angst davor, daß jemand zu viel Raum einnehmen könnte, kann einer der Hauptgründe dafür sein, warum wir auf Distanz zu unserer Ursprungsfamilie gehen, und sie kann einen Faktor darstellen, der uns Distanz zu unserem Liebes- oder Ehepartner, zu unseren Eltern oder zu unserer Familie halten läßt, und zwar aufgrund der unterbewußten Angst, daß wir selbst oder die anderen zu viel Raum einnehmen könnten. Der zweite Faktor, der dazu führen kann, daß wir Abstand zu den Menschen halten, die wir lieben, ist die Angst, daß wir uns aufgrund der direkten oder indirekten Bedürfnisse und Forderungen eines Menschen zu sehr aufopfern müssen, während darunter jedoch die Angst liegen kann, daß wir den anderen mit unseren eigenen Bedürfnissen oder dem Raum, den wir einnehmen, zu sehr zum Opfer machen könnten. Dies kann durch die Persönlichkeit eines Menschen, seine Ängste, durch Krankheit oder sogar durch die Bedeutung dessen, was er tut, hervorgerufen werden. Manchmal nimmt ein Mensch fast überhaupt keinen Raum ein und verfällt dann durch ein Problem in genau das andere Extrem. All diese Ängste im Zusammenhang mit Raum-Einnehmen und Bedürfnissen beruhen auf verlorener familiärer Bindung und auf der Angst vor unserer Lebensaufgabe. Wenn in unserer Familie Verbundenheit, Gleichgewicht und Gleichberechtigung herrschen oder wenn wir unsere Lebensaufgabe und unsere Bestimmung annehmen, stellen wir unsere Verbundenheit und unsere Zuversicht größtenteils wieder her.

Diese Gedanken und Gefühle im Zusammenhang mit dem Thema, zu viel Raum einzunehmen, können uns, auch wenn sie verborgen sind, von unserer naturgegebenen Fähigkeit und Zuversicht abhalten, andere zu führen und zu lehren, und sogar von unserer Kraft, uns selbst und unsere Welt zu verändern. Wir können hin- und herschwanken zwischen einem Einschreiten, um das wahrgenommene Energievakuum zu füllen, und den Schuldgefühlen, die wir haben, weil wir im Mittelpunkt der Aufmerksamkeit stehen. Auch dann, wenn es ständig Streit zwischen unseren Eltern gab, haben wir dies gewöhnlich als ein Einnehmen von so viel emotionalem oder psychischem Raum erlebt, daß wir uns dadurch gehindert fühlten, unseren Platz in der Welt einzunehmen.

Verbundenheit schafft Gleichgewicht und Gleichberechtigung in unserem Geist, in unserem Leben und in unseren Beziehungen. Mit ihr geht eine natürliche Zuversicht einher, die uns erlaubt, aufgeschlossen zu sein für das, was im Leben verlangt oder gebraucht wird. Wir können vortreten und den Weg zeigen, wo es nötig ist, und wir sind auch zufrieden damit, unsere Rolle als Teammitglied zu spielen. Ohne die Verbundenheit oder die Bereitschaft, unsere Lebensaufgabe zu leben, werden wir immer kompensieren, überreagieren, hinterher klug und weise sein, zweifeln oder über unsere eigenen Füße stolpern, um wettzumachen, was in einer bestimmten Situation zu fehlen scheint. Wenn wir in diesem Konflikt gefangen sind, können wir das Wettbewerbsdenken unseres Partners reizen, und das kann dazu führen, daß er uns nach dem Flitterwochenstadium in der Beziehung angreift, weil es seinen Neid und seine Unsicherheit an die Oberfläche bringt. Wir mögen uns von ihm angegriffen oder in die Ecke gedrängt fühlen und nicht erkennen, warum er uns gegenüber auf diese Weise handelt. Der Partner kann seinerseits das Gefühl haben, daß sich aufgrund unseres Besondersseins oder unserer Wichtigkeit alles, die Beziehung und die Familie, nur um uns dreht. Auf der anderen Seite kann es auch sein, daß wir diejenigen sind, die angreifen, weil wir uns an der Seite unseres Partners unbedeutend fühlen. Von Bedürftigkeit und mangelnder Gleichberechtigung genährter Groll kann eine Beziehung versauern. In diesem Fall ist es am allerwichtigsten, alles für Gleichberechtigung zu tun.

Wenn ein Paar den Weg durch die Machtkampf- und die Todeszone der Beziehung geschafft und das Stadium der Partnerschaft erreicht hat, dann ist ihm dies dadurch gelungen, daß es sich tausendmal in Liebe verbunden hat. Die Partner haben dieses Ziel dadurch erreicht, daß sie sich für ihre Gleichberechtigung engagiert haben, die immer Liebe mit sich bringt. Dadurch wird die verlorene Verbundenheit wiederhergestellt, und zu dem Zeitpunkt, wo ein Paar das Stadium der Partnerschaft erreicht, haben die Partner zum größten Teil das Wettbewerbsdenken geheilt, ein inneres Gleichgewicht zwischen ihrer männlichen und ihrer weiblichen Seite hergestellt und ein natürlicheres Gleichgewicht in ihrer Beziehung und im Leben erlangt. Wenn ein Paar sich immer wieder in Liebe verbindet, wird es gemeinsam das Führungs-, das Visions- und das Meisterschaftsstadium erreichen, und obwohl die einzelnen Stadien bei den jeweiligen Partnern mehr oder weniger stark ausgeprägt sein können, gehen in der Regel beide Partner gemeinsam durch diese Stadien hindurch. Im Stadium der Meisterschaft entsteht eine neue und größere Ebene des Gleichgewichts, da Gott in die Beziehung hineinkommt und dort gelebt wird. Die meisten Rollen und falschen Pflichten werden aufgegeben, da mehr und mehr in Gottes Hände gelegt wird. Das Leben wird wesentlich einfacher und ausgeglichener. Das meiste *Tun* wird losgelassen, es sei denn, wir sind dazu inspiriert oder geführt, um das *Sein* zu realisieren, in dem natürliches Miteinbezogensein, Verbundenheit, Fülle und Liebe herrschen. So gelangen wir über unsere Unsicherheit hinaus an den Punkt, wo wir uns in den naturgegebenen Mittelpunkt unseres Lebens stellen. Dadurch, daß wir dies tun, stellen wir andere Menschen in den Mittelpunkt ihres Lebens. Daß dies ein wesentlich wahrhaftigeres Stadium ist, erkennen wir am Frieden, an der Freude, der Effektivität, der Liebe, dem Mitgefühl und der Gnade, die wir auf ganz natürliche Weise erleben.

Übung

Überlege, wieviel Gleichgewicht in deinem Leben zwischen Arbeit und Spiel, zwischen Arbeit und Familie herrscht. Überprüfe, wieviel Raum du in deinem Beruf, in deinen Beziehungen und in deiner Welt einnimmst. Wenn du zu viel Raum beanspruchst, dann willst du vielleicht für einen oder beide Elternteile etwas wiedergutmachen, die ihren Platz in der Familie nicht eingenommen oder in manchen Fällen auch zu viel Raum eingenommen haben. Ganz gleich, ob du in gewissen Situationen zu groß oder zu klein erscheinst, du wirst dich aus dem einen oder anderen Grund als Opfer und verärgert fühlen.

Jetzt ist der Zeitpunkt gekommen, dies mit Hilfe der Heilungsmethode der Zentrierung – der Rückkehr in die eigene Mitte – zu korrigieren. Wo wir unsere Mitte verlassen haben, werden wir in der Regel in allen Lebensbereichen unser Gleichgewicht verloren haben und uns in Aufopferung befinden. Wo wir unsere Mitte verloren, uns selbst abgewertet oder überbewertet haben und negative Emotionen oder Groll aus bindungslosen Familien mit uns herumtragen, kann unser Leben durch Negativmuster geprägt sein, die uns Hindernisse und Fallen in den Weg legen. Doch noch immer gilt, daß wir nur dort blockiert werden können, wo wir blockiert werden wollen oder wo wir dies als eine Entschuldigung benutzen wollen.

1. *Bitte dein Höheres Bewußtsein, dich nun in deinem Beruf, in deinen Beziehungen und im Leben zurück in deine Mitte zu bringen. Wenn du einen Zustand des Friedens erreicht hast, wirst du wissen, daß du in deine Mitte zurückgekehrt bist und dich der Erfahrung des Seins näherst. Wenn du kein Gefühl tiefen Friedens erreicht hast, bitte darum, zurück in eine zweite Mitte gebracht zu werden. Nimm wiederum die Ergebnisse wahr. Wenn du hier keinen Zustand tiefen Friedens erreichst, dann bitte darum, zurück in eine dritte Mitte getragen zu werden. Bitte darum, zurück in so viele Zentren der Mitte gebracht zu werden, wie du brauchst, um einen Zustand tiefen Friedens zu errei-*

chen. Setze diese Übung so lange fort, bis du dich wieder tief verbunden und glücklich fühlst.

2. *Befrage nun deine Intuition, wann du zum ersten Mal als Kind deine Mitte verloren hast. Bitte dein Höheres Bewußtsein, dich und alle damals Beteiligten zurück in eure Mitte zu tragen. Wiederhole diesen Vorgang, bis du gefühlsmäßig und in deiner Vorstellung tiefen Frieden erreicht hast. Manche Menschen lassen sich gerne in so viele Zentren der Mitte bringen, wie sie benötigen, um die gesamte Szene in Licht zu verwandeln.*

3. *Lege bei jedem Ungleichgewicht, bei jedem Problem in deiner Beziehung und in deiner Familie alles in Gottes Hände. Lasse die Dinge für dich ins Gleichgewicht bringen. Bitte um die notwendige Hilfe bzw. die nötigen Wunder, damit dies geschehen kann. Lasse die Arbeit für dich von der Gnade bewerkstelligen. Lerne auf deine innere Führung zu hören. Lasse Aufgaben los, die nicht deine Sache sind.*

Weg 36
Die Welt ist unser Traum

Der Buddhismus lehrt, daß die Welt unser Traum ist und daß wir so lange schlafen, bis wir Erleuchtung erlangt haben, die ein Erkennen oder Erwachen ist. Im Buch Genesis steht, daß Adam kurz vor der Erschaffung Evas in einen tiefen Schlaf fiel, doch nirgendwo steht geschrieben, daß er jemals wieder aufgewacht sei.

Als junger Therapeut habe ich ein großes Spektrum an Heilmethoden für Träume studiert, entdeckt und eingesetzt. Träume reflektieren verborgene Wünsche, manchmal auch viele widersprüchliche und bunt durcheinander gewürfelte Wünsche. Unser Tagtraum, der Traum des Lebens, und das, was wir erleben, unterscheidet sich davon in keinerlei Weise, denn er spiegelt unsere Träume und unsere widersprüchlichen Träume wider. Ich habe festgestellt, daß die Erfahrung bzw. der Traum des Alltagslebens für die Heilung genutzt werden kann, indem man dieselben Methoden einsetzt, die ich bei der Arbeit mit Träumen entdeckt habe.

Betrachten wir nun einmal einen beliebigen Tag unseres Lebens und die Fülle an Dingen, die uns widerfahren, und stellen wir uns dann vor, daß alles, was wir tun, und jede Erfahrung, die wir machen, aufgrund unserer Wünsche zu uns kommt. Selbst bei negativen Konsequenzen können wir uns fragen, welchen Wunsch wir möglicherweise hatten, damit ein solches Ereignis in unserem Leben entstehen konnte. Wir können auf fruchtbare Weise zu erforschen beginnen, warum wir uns so etwas angetan haben und inwiefern uns dies möglicherweise gedient hat. Wenn wir die Übung von Weg 24 gründlich gemacht haben, verfügen wir aus erster Hand über die Erfahrung, welch ein Wirrwarr an Wünschen in uns steckt und wie einige dieser Wünsche nicht nur gegen unseren bewußten Geist gerichtet sind, sondern auch sehr düster sein können. Freud hat Träume einmal als den Königsweg zum Unbewußten bezeichnet. Und Träume, ob es sich nun um Tag- oder Nachtträume handelt, können uns unsere unbewußten Motivationen entdecken helfen. Wenn wir mit den Augen der Bewußtheit schauen, können wir erkennen, daß das Alltagsleben ebenfalls ein Königsweg zum Unbewußten ist. Wenn wir unsere Welt weiter als einen Traum betrachten, erkennen wir, daß der einzig zweckdienliche Weg zur Verwandlung unserer Träume darin liegt, uns selbst als den Träumenden zu verändern. Wenn wir unser Leben und unsere Erfahrungen als die Träume betrachten, die von unseren Wünschen hervorgebracht wurden, zeigt sich uns dadurch ein Weg, auf dem wir uns unserer selbst und unserer unbewußten Wünsche bewußt werden können. Wenn wir im Kino einen Film verändern wollten, würden wir nicht nach vorne gehen und versuchen, das Bild auf der Leinwand zu ändern, sondern wir würden nach hinten zum Projektor gehen. In diesem Fall sind wir selbst der Projektor, und wir können bis zum Kern eines jeden Konflikts in unserem Leben vordringen, indem wir zu den Wünschen zurückgehen, aus denen unsere Träume gemacht sind, zu unserem ganz privaten Hollywood – dem Ego. Es ist voll eitler Wünsche, die es in Form von Fragen ausdrückt wie „Was würde wohl geschehen, wenn …?" Diese Art von Neugierde kann zuweilen verhängnisvolle Folgen haben.

An einem gewissen Punkt unseres Träumens erkennen wir vielleicht, daß wir träumen, und wollen dann aufwachen. Jeder von uns hat dies bestimmt schon einmal während eines Alptraums erlebt. Und wenn wir je unsere Gedanken eine Zeitlang verfolgen, erkennen wir, daß wir selbst und alle anderen auch, selbst die erfolgreichsten Menschen, uns nicht vollständig wertschätzen, uns angreifen und uns manchmal sogar wegwerfen. Dies ist offensichtlich ein Fehler, ein Fehler jedoch, der unsere bewußte Wahrnehmung erfordert, wenn unsere Gedanken und unsere Bereitwilligkeit dahin gehen, daß wir all dies loslassen und in eine positive Richtung gehen wollen.

Wir können mit der Frage beginnen, was der zugrundeliegende Wunsch, der unter jeder Erfahrung liegt, unserer Meinung nach für uns erreichen sollte. Manchmal ist es hilfreich, diese Frage mehrmals zu stellen, um alle Gründe, die in einer bestimmten Situation vorhanden sein können, herauszufinden. Hier ein typisches Beispiel für die zugrundeliegenden Wünsche eines Menschen, der einen Unfall erleidet. Man sollte sich aber unbedingt vor Augen halten, daß es sich hierbei nur um einige wenige von vielen tausend Antworten handelt, die auftauchen können.

Was habe ich heute durch meinen Unfall herbeizuführen versucht?

Leiden.

Was versuche ich durch mein Leiden zu bekommen, das durch diesen Unfall ausgelöst wurde?

Aufopferung.

Was versuche ich durch meine Aufopferung zu bekommen?

Ich versuche, meine Mutter zu retten.

Natürlich werden wir möglicherweise feststellen, daß dieser Unfall genau das Gegenteil von dem bewirkt, was wir uns wünschen. Anstatt unsere Mutter zu retten, könnte das Ereignis bei ihr einen Herzinfarkt auslösen. Unsere Egostrategien funktionieren manchmal, doch es gelingt ihnen niemals, uns glücklich zu machen, und sie bringen uns in unmögliche Situationen. Glücklichsein entsteht aus Liebe, Verbindung und erfolgreicher Partnerschaft, was das Gegenteil des Ego als des Prinzips der Trennung, des Konkurrenzdenkens und des Besondersseins ist.

Zu viele Menschen träumen einen Alptraum, und dies erschafft eine Alptraum-Welt. Viele unserer Wünsche basieren auf Plänen, die wir bereitwillig gehen ließen, wenn wir sie bewußt überprüfen würden. Es ist nicht ungewöhnlich, einhundert Gedanken in einer Minute zu denken. Wie viele dieser Gedanken sind uns bewußt? Wir können im Bruchteil einer Sekunde Entscheidungen fällen, und aufgrund dieser vielen Gedanken sind wir uns dessen, was wir tun, nur halb bewußt, um es dann unverzüglich zu verdrängen.

Die Monster und üblen Typen in unseren nächtlichen Träumen sind Schattenfiguren, Teile unseres Geistes, die wir verurteilt, abgespalten und als schlecht verdrängt haben. Sie alle scheinen uns in unseren Träumen nachzujagen, doch letztlich wollen sie sich einfach nur wieder mit uns verbinden. Ein Traum ist voller Selbstkonzepte. Der Tagtraum unseres Alltagslebens porträtiert Menschen, die Schattenfiguren für uns sind und unsere Schatten-Selbstkonzepte darstellen. Schattenfiguren in den Nachrichten sind Schattenfiguren aus dem kollektiven Unbewußten, obwohl das, was in einem Teil der Welt eine Schattenfigur darstellt, in einem anderen Teil der Welt ein Held sein kann. Die Welt ist sowohl unser individueller als auch unser kollektiver Traum, doch wenn ein Mensch den Traum auf einer entscheidend tiefen Ebene des Unbewußten verändert, kann er dadurch den Traum für alle verändern. Wenn wir bereit sind, Heilung auf dieser Ebene in Erwägung zu ziehen, haben wir die Chance, dies zu tun, indem wir die Welt mit heilenden Augen betrachten.

Manchmal greifen wir unbewußt uns selbst an, bevor wir etwas auf die Menschen in unserem Umfeld projizieren, die wir anschließend verurteilen und angreifen. Die Tatsache, daß der Selbstangriff unbewußt ist, scheint ihn für unser Ego zu einem sicheren Schutzinstrument zu machen, zu einem sicheren Mittel, um Menschen außerhalb von uns zu verurteilen oder anzugreifen. Vergebung und Selbstvergebung sind derart wichtige Heilungsprinzipien, weil wir durch Selbstvergebung auch der

Welt vergeben, und wenn wir der Welt vergeben, werden wir ebenfalls befreit und erkennen uns in gleicher Weise als schuldlos.

Wir wollen nun die Traumarten näher betrachten, die wir bisher in unserem Alltagsleben geträumt haben. Handelt es sich um Herzensbruch oder um Kriegsträume? Leben wir in Träumen von Schuld, Rache oder Aufopferung? Gibt es Angst-, Mangel- oder tragische Träume? Träumen wir von Krontrolle, Aufopferung oder Seifenopern? Oder träumen wir glückliche, heilbringende, liebevolle und romantische Träume? Sind deine Lebensträume langweilig oder voller Abenteuer? Hast du Träume vom Typ Erfolg-mit-Leichtigkeit, oder träumst du von hartem Arbeiten und kämpfst in deinen Träumen gegen alle Widrigkeiten und Schwierigkeiten? Sind deine Träume schön, heroisch und sorgenfrei? Wenn du glückliche Träume anstelle von dunklen Träumen wählst, ist es wesentlich einfacher, zu erwachen und alles Träumen zu beenden. Wir werden noch oft erwachen, um uns von negativen Träumen zu befreien, und unser endgültiges Erwachen und die Erleuchtung werden ein Erwachen für die Liebe, das Licht, den göttlichen Geist und das Einssein sein.

Übung

- *Denke über dein Leben nach und überlege, welche Arten von Träumen du hast.*
- *Stelle eine Liste dieser Traumarten auf. Frage dich, wie viele Träume du von jeder Traumsorte hast, und tue dies vor allem bei den negativen Träumen.*
- *Wenn du bereit dazu bist, stelle dir vor, wie du jeden dieser Tagträume in Gottes Hände legst.*
- *Sieh und spüre, was dir zu deinem eigenen Wohl und zum Wohle der Welt im Austausch für solche negativen Träume zurückgegeben wird.*

Weg 37
Vom Besonderssein zur Liebe

Wenn die Verbundenheit verlorengeht, beginnt der Konkurrenzkampf. Das Ego ist immer darauf aus, über andere zu siegen. Es wird sich sogar von dunklem Glanz und Verlusten ernähren, um die meisten Verluste oder das meiste Leid zu bekommen und so in der daraus entstehenden Anerkennung schwelgen zu können. Unser Ego braucht das Besonderssein ebenso sehr wie wir die Liebe. In dem Maß, wie wir Liebe haben, gibt es kein Bedürfnis nach Besonderssein. Das Ego möchte seine Spuren hinterlassen und für eine Leistung anerkannt werden, selbst wenn es sich dabei um fragwürdige Errungenschaften handelt. Dadurch kommt es natürlich mit jenem Teil des Ego in Konflikt, der sich verstecken möchte. Wenn das Ego sich nicht in Großartigkeit aufplustert, dann möchte es so klein wie möglich sein. Die Anerkennung als etwas Besonderes, die das Ego für sich möchte, lenkt uns von der Besonderheit unserer Lebensaufgabe ab, von jener Aufgabe, deren Erfüllung zum Wohle der Welt wir auf Seelenebene versprochen haben. Glücklichsein und Erfüllung kommen zu uns als Resultat unserer Liebe, unseres Gebens und Vergebens und infolge der Vollendung unserer Lebensaufgabe.

Bis wir den Unterschied zwischen Besonderssein und Liebe erkennen, kann unser Leben ein endlos langer Wettbewerb sein, bei dem es darum geht, Aufmerksamkeit zu bekommen und unser unersättliches Ego zu nähren. Wir erkennen nicht, daß dies einer der fundamentalen Gründe ist, warum unsere Beziehungen nicht funktionieren. Wir verfangen uns, angetrieben vom Besonders-sein-Wollen, im Teufelskreis von Überlegenheit und Unterlegenheit, den das Ego einsetzt, um Heilung, Sich-Verbinden und Glücklichsein zu stoppen, die durch Verbundenheit geschaffen werden. Das Besonderssein wird zu einem Ziel, das zu Trennung und mangelnder Gleichberechtigung führt. Das Besonderssein, das sich als Liebe tarnt, baut auf Narzißmus und der Kompensation von Unzulänglichkeitsgefühlen auf, und dies führt zu all den Kämpfen, dem Konkurrenzdenken und der Erstarrung in Beziehungen. Besonderssein ist das Mittel, welches das Ego einsetzt, um unsere Beziehungen zu unterminieren und zu sabotieren, da es als Prinzip der Trennung vollkommen unfähig zu menschlicher Nähe ist. Die meisten Menschen verwechseln Liebe, das Prinzip der Gemeinschaftlichkeit und der Miteinbeziehung, mit Besonderssein, dem Prinzip des Bekommens und der Trennung, trotz der Tatsache, daß Liebe aufbaut und Besonderssein andere zur Geisel unserer Bedürfnisse macht. Sobald wir den Unterschied zwischen Besonderssein und wahrem In-Beziehung-Sein zu erkennen beginnen, können wir wirklich anfangen, in unseren Beziehungen einen Sprung nach vorne zu machen.

Das Besonders-sein-Wollen spielt bei Problemen eine Schlüsselrolle, und zwar nicht nur aufgrund seines Wunsches, etwas zu nehmen, sondern auch weil das, was kommt, niemals genug ist. Das „Nehmen" oder „Bekommen" des Besondersseins führt dazu, daß wir uns selbst und andere abwerten, da wir das, was wir nehmen, nicht wertschätzen. Besonderssein läßt Verletztheit und Einsamkeit entstehen, da sich die Menschen von uns zurückziehen, wenn wir von ihnen zu nehmen versuchen, selbst wenn dies unter dem Deckmantel des Gebens geschieht. Besonderssein ist eine Kompensation für Gefühle der Bedürftigkeit und des Nicht-genug-Seins, die unsere Empfangsfähigkeit blockieren. Dies bedeutet, daß das Besonderssein durch verlorene Verbundenheit und Trennung entsteht. Diese Art von Egoverhalten bereitet nicht nur der Wertschätzung und Dankbarkeit anderer Menschen ein Ende, sondern blockiert generell die Liebe, den Erfolg und die Fülle, da das Ego nur in sich selbst investiert. In unserem Bemühen, die Welt soweit zu „bekommen", daß sie sich um uns dreht, machen wir andere zu bloßen Objekten, die unserem Ego Tribut zollen. Doch wenn wir andere zum Objekt degradieren, tun wir uns selbst das gleiche an, so daß wir abgespalten werden und unfähig, zu empfangen und Freude zu empfinden. Das Besonderssein will als König die Welt regieren. Das Besonderssein will Gott von seinem Thron stoßen und selbst das Kommando übernehmen. Das Besonderssein kann die ganze Welt erobern und dabei seine Seele und das, was wichtig ist, aus den Augen verlieren. Das Besonderssein kann die ganze Welt erobern und immer noch nicht genug haben. Das Besonderssein kann ein fades, egoistisches und seelenloses Dasein fristen, ohne dies zu erkennen.

Übung

Mache eine Liste der größten Probleme und Herzensbrüche, die du erlitten hast. Überprüfe jeden einzelnen Punkt im Hinblick darauf, ob dein Bedürfnis nach Besonderssein das Problem erzeugt hat. Die daraus entstehende Bewußtheit ist ein entscheidender Aspekt, um zu verhindern, daß du erneut schlecht fundierte Investitionen machst. Vielleicht möchtest du dich bei anderen Menschen für die vergangenen Fehler entschuldigen und dir selbst dafür vergeben. Es wird dir sicherlich leichter fallen, Verantwortung für deine Lebenserfahrung zu übernehmen und dir zu vergeben, wenn du erkennst, daß du in jenen Fällen, wo du dich von anderen zum Opfer gemacht fühltest, die Situation dazu benutzt hast, dich abzutrennen und zu etwas Besonderem zu machen.

Stelle nun eine Liste deiner momentanen Probleme auf, und überprüfe sie im Hinblick auf ein mehr oder weniger verborgenes Bedürfnis nach Besonderssein. Erkenne, daß dein Plan, ein gegenwärtiges Problem zu haben, um etwas Besonderes zu sein, in Wirklichkeit Leiden schafft, und zwar nicht nur für dich selbst, sondern auch für die anderen Menschen, die dafür benutzt werden. Dadurch entsteht keine Liebe; es baut Groll auf.

Stelle dir nun vor, daß du dir eines deiner gegenwärtigen Probleme vornimmst und dabei deinen Versuch und deinen Wunsch, etwas Besonderes zu sein, erkennst. Stelle dir vor, daß du das Besonderssein losläßt und statt dessen die Liebe wählst. Gehe in die Stille und lausche nach innen, wie du Liebe schaffen und geben kannst, anstatt etwas Besonderes sein zu wollen. Das Spüren und Geben von Liebe macht dich offen dafür, Liebe und natürliche Wertschätzung von den Menschen in deinem Umfeld zu empfangen.

Problem	*Die Art und Weise, in der ich versucht habe, etwas Besonderes zu sein*	*Welche Art von Besonderssein wollte ich?*

Beschäftige dich mit jedem einzelnen Bedürfnis nach Besonderheit, und lasse dich inspirieren, wie du statt dessen in der jeweiligen Erfahrung Liebe geben kannst.

Befrage deine Intuition, wie alt du warst, als dieses spezielle Bedürfnis nach Besonderssein entstand. Hat es jemals funktioniert, etwas Besonderes zu sein? Hat es jemals dein Bedürfnis befriedigt oder dich glücklich gemacht?

Stelle dir nun in dieser ursprünglichen Situation vor, wie du Liebe gibst, um die Lage zu verbessern.

Weg 38
Beweise und Selbstkonzepte heilen

Bei jedem unserer Probleme geht es uns darum, etwas zu beweisen. Die meiste Zeit versuchen wir, positive Dinge in bezug auf uns selbst und weniger positive Dinge in bezug auf andere zu beweisen und so unsere Überlegenheit zu behalten. Wir hätten es jedoch gar nicht nötig, diese Dinge zu beweisen, wenn wir wirklich daran glaubten. Mit dieser Art des Beweisens geht es uns darum, anderen Menschen zeigen, welch gute, hart arbeitende, wertvolle und liebenswerte Menschen wir sind. Wir verwenden große Mengen Energie darauf und haben viele Probleme damit, diese positiven Selbstkonzepte zu untermauern. Dies könnte zum Beispiel folgendermaßen aussehen: „Ich muß ein guter Mensch sein, seht nur, wie ich leide, wie hart ich arbeite, was ich alles ertrage …" Doch trotz all der Energie, die wir darauf verwenden, läßt das Beweisen kein Empfangen zu, da das negative Selbstkonzept verbirgt, was wir wirklich von uns selbst glauben. Aller positive Widerhall und aller Lohn gehen in die Stärkung des kompensatorischen Selbstkonzepts; das Wenige, was wir vielleicht noch auf diese Weise empfangen, ist schnell durch die Aufopferung verbraucht, die das Beweisen erfordert. In selteneren Fällen versuchen wir negative Dinge in bezug auf uns selbst zu beweisen. Dies hat den Zweck, unser wahres Gutsein, unsere Schuldlosigkeit, unsere Kraft und unseren strahlenden Glanz zu verbergen, die auf der *Seins*- oder Meisterschaftsebene unseres Geistes existieren.

All diese positiven kompensatorischen Selbstkonzepte lassen uns infolge unseres gespaltenen Geistes feststecken. Wir handeln gut, fühlen uns aber erschöpft, unbeteiligt, deprimiert, leblos oder ausgebrannt. Ihr Hauptzweck besteht darin, die entsprechend gegenteiligen, dunklen und negativen Schatten-Selbstkonzepte zu verbergen, die in unserem Inneren begraben sind. Dies erklärt auch, warum guten Menschen Unheil widerfährt, denn auf einer gewissen Ebene glauben wir daran, schlechte Menschen zu sein und Bestrafung zu verdienen, obwohl wir so gut handeln. Indem wir das Unbewußte unterdrückt halten, versuchen wir, die Bestrafung für unsere Schuld hinauszuzögern. Wir bestrafen uns selbst, und so braucht sich der liebe Gott darüber gar keine Gedanken zu machen. All diese negativen Selbstkonzepte sind größtenteils hinter Leugnung und

Selbsttäuschung vor unserem Blick verborgen. Die Reaktion auf solche negativen Eigenschaften und ihre Kompensation sind sehr stark. Wir verurteilen und verdrängen sie und projizieren sie dann auf einen Menschen in unserer Welt, den wir anschließend in dem Versuch, uns von ihm abzuheben, verurteilen, weil wir uns für bessere Menschen halten.

Doch Schattenfiguren und negative Selbstkonzepte werden nicht nur durch „gute“ Rollen kompensiert, sondern sind gleichzeitig selbst eine Kompensation. Auf einer fundamentalen Ebene besteht der Zweck dieser negativen Selbstkonzepte darin, zu beweisen, daß wir in Wirklichkeit schlechte, üble und garstige Menschen sind, um dadurch unser wahres Gutsein, unsere Kraft und unsere Verbindung zur Gnade zu verbergen – die Verbindung zu unserem Höheren Bewußtsein und der Heiligkeit, die anzunehmen wir anscheinend noch viel mehr Angst haben. Für das Ego ist diese Ebene definitiv erschreckend, da sie uns zeigt, daß wir unser Ego nicht brauchen. Daher investiert das Ego alles in eine Verlangsamung unserer Entwicklung, damit wir unsere „guten“ Kompensationsrollen nicht überwinden und weder überprüfen noch erkennen, daß unsere Überzeugungen, schlechte, üble und garstige Menschen zu sein, unecht sind und uns nur von unserer Entfaltung abhalten sollen.

Überzeugungen bestimmen, wie wir die Welt wahrnehmen, und jede Überzeugung beruht auf einem Selbstkonzept. Wenn wir zum Beispiel glauben, daß die Welt ein Ort des Schmerzes, gleichgültig und hart ist, werden wir auf einer gewissen Ebene glauben, daß wir selbst Schmerz verursachen, gleichgültig und hart sind, obwohl wir vielleicht auf entgegengesetzte Weise handeln. Hierbei würde es sich um eine Kompensation handeln, die uns vor Verurteilung schützen oder verstecken soll, obwohl wir uns bereits selbst verurteilt haben.

Selbstkonzepte erzeugen das, was wir durch unsere Wahrnehmung sehen, wenn wir in den Spiegel der Welt blicken. Unsere Selbstkonzepte sind die Brille, durch die wir die Welt betrachten. Wenn wir der Welt vergeben, vergeben wir uns selbst und machen beide, die Welt und uns selbst, wieder zu etwas Gutem.

All unsere Selbstkonzepte und Überzeugungen verhindern, daß wir richtig sehen. Im Laufe unserer Entfaltung, und insbesondere dann, wenn wir die Unabhängigkeit zugunsten der wechselseitigen Abhängigkeit (Interdependenz) hinter uns lassen, beginnen wir ganz von selbst, erfolglose Überzeugungen und Selbstkonzepte loszulassen. Mit dem Erreichen der Interdependenz beginnen wir, Schatten-Selbstkonzepte und düstere Überzeugungen – und schließlich alle Überzeugungen und Selbstkonzepte – loszulassen, so daß rechte Wahrnehmung, wahre Unterscheidungskraft und Gnade uns leiten. Wenn wir schließlich das Stadium der radikalen Abhängigkeit bzw. das Erkennen unserer selbst als Kinder Gottes erreichen, öffnen wir uns für spirituelles Wissen und die *Seins*-ebenen des Geistes und gehen ganz und gar über die Wahrnehmung hinaus.

Jede Situation, in der wir uns befinden, jedes Problem, das wir haben, ist ein Zeichen von negativen Überzeugungen und Selbstkonzepten. Das Ego setzt Probleme als Verteidigungsmaßnahme ein, da wir ohne sie unser wahres Gutsein erkennen würden, welches jenseits aller Egogebote steht. Hier fühlt sich das Ego so bedroht, daß es bereit ist, uns durch Probleme und Fallen gefangenzuhalten, um sich davor zu schützen, als überflüssig beurteilt zu werden; denn dies würde in dem Moment geschehen, wo wir uns als radikal abhängig von Gott als liebendem Vater bzw. liebender Mutter erkennen würden und als frei von der Notwendigkeit, alles – bzw. überhaupt irgend etwas – selbst tun zu müssen.

Die vom Ego eingesetzten Verteidigungsmaßnahmen, mit denen negative Überzeugungen und Selbstkonzepte verborgen werden sollen, sind Leugnung und Verdrängung. Dadurch bleibt uns unbewußt, inwieweit Überzeugungen den Unterbau für die Wahrnehmung und somit für die Erfahrung darstellen. Alle Überzeugungen und Selbstkonzepte basieren auf Verurteilung, wodurch natürlich Distanz, Trennung und somit das Ego aufgebaut werden. Mit der Zeit, im Stadium der Interdependenz, erkennen wir, daß selbst unsere positiven Überzeugungen und Selbstkonzepte etwas Größeres blockieren – eine spirituelle Realität, die nicht von uns diktiert oder errichtet wird und die wir wieder erreichen können, wenn wir unsere Selbstkonzepte loslassen.

Das Loslassen einer Überzeugung bzw. eines Selbstkonzepts, sobald wir seine Existenz erkannt haben, ist ein müheloser Weg, die Überzeugung bzw. das Selbstkonzept hinter sich zu lassen und zum nächsten Schritt zu gelangen. Das einfache Treffen der Wahl, nicht länger darin zu investieren, vermag ein Selbstkonzept zu heilen. In der Regel bauen wir auf dieser Welt zunächst einen starken Charakter und ein starkes Ego auf, um dann im Laufe unserer weiteren Entwicklung in Richtung Meisterschaft allmählich unsere Persönlichkeiten, die unsere Selbstkonzepte sind, loszulassen und zu integrieren. Dies bedeutet, daß unser Ego und all sein hektisches Treiben immer weniger wird und daß immer mehr Frieden herrscht, damit die Gnade und das Himmelreich hindurchkommen können.

Beim Loslassen von Selbstkonzepten, wie Überzeugungen sie darstellen, sollten wir unbedingt erkennen, daß es viele Schichten von Überzeugungen und Persönlichkeiten geben kann. Jede Wahl, die wir treffen, bzw. jedes Loslassen kann eine Schicht entfernen und dann eine neue öffnen. Wenn die Nutzlosigkeit gewisser Selbstkonzepte sehr intensiv erkannt wird, kann ein ganzes Muster, das bisher vielleicht unser Leben gesteuert hat, aufgelöst werden. Alternativ dazu können wir einfach die Wahl treffen, jedes Selbstkonzept, das wir zu beweisen versuchen, loszulassen und durch eine neue Wahl zu ersetzen, welche die Wahrheit unseres Gutseins widerspiegelt. In diesem Tun werden wir uns langsam, aber sicher so zu sehen beginnen, wie Gott uns sieht. Wir werden nicht nur verdrängte Bereiche von sehr düsteren Selbstkonzepten aufdecken, sondern auch transzendente Teile des Geistes, die das Ego aufs Geratewohl als bedrohlich eingestuft hat. Wir werden dann unsere wahre Schönheit und Güte, unsere wahre Kraft und unseren wahren Willen finden, so wie sie von Gott gegeben wurden. Wir können beginnen, unsere Bereiche des Irrsinns und des Selbsthasses aufzugeben. Mit dem Auflösen unserer Angst und unserer egostützenden Überzeugungen entfalten wir uns zur Ganzheit und zur Gnade unseres Seins.

Wir können jetzt aufhören, in diese Selbstkonzepte zu investieren. Wir können die Wahl treffen, sie loszulassen, und um die Wahrheit bitten. Dies würde uns die Wundergesinnung geben, welche die Lösung des Himmels ermöglicht. Gott als unser Vater hält immer einen Weg für uns bereit, sofern wir keine Angst davor haben und dies zulassen.

Übung

1. Stelle folgende Überlegungen an:

- *Die positiven Dinge, die ich durch dieses Problem in bezug auf mich selbst zu beweisen versuche, sind ...*
- *Die negativen Dinge, die ich in bezug auf mich selbst zu beweisen versuche, sind ...*
- *Die negativen Dinge, die ich durch dieses Problem in bezug auf die Situation oder das Leben im allgemeinen zu beweisen versuche, sind ...*
- *Der Mensch, in bezug auf den ich durch dieses Problem etwas Negatives zu beweisen versuche, heißt ...*

- *Was ich in bezug auf ihn zu beweisen versuche, ist ...*

Schreibe alle positiven Beweise auf, die als Rollen und Kompensationen dafür sorgen, daß unser Geist gespalten bleibt und wir in der Aufopferung bleiben. Liste dann alle negativen Eigenschaften auf, die durch das Problem bewiesen werden. Erkenne, daß es sich bei diesen dunklen Selbstkonzepten und bei den Urteilen, die du über andere gefällt hast, um deine eigenen Selbstkonzepte handelt, die du mit Zeit, Energie und Geld unterstützt, aus denen du jedoch nichts empfangen kannst.

Problem	*Positive kompensatorische Selbstkonzepte*	*Negative kompensatorische Selbstkonzepte*

Triff die Wahl, all diese Selbstkonzepte als Überzeugungen loszulassen, die dich einschränken und für dein Glücklichsein und Wohlbefinden unnötig sind.

2. *Ich glaube, daß das Leben* ______________________
und ______________________ *ist.*
Ich glaube, daß ich ______________________ *und*
______________________ *bin.*
Ich glaube, daß die Welt ______________________
und ______________ *ist.*

____

Ich glaube, daß mein Partner ______________________
und ______________________ *ist.*
Ich glaube, daß mein Ex-Partner ______________________
und ______________________ *ist.*

Ich glaube, daß mein schlimmster Feind ________________________
und ______________________________ ist.
Ich glaube, daß Geld ____
und ______________________________ ist.
Ich glaube, daß Sex ____
und ______________________________ ist.
Ich glaube, daß Erfolg ____________________________________
und ______________________________ ist.
Ich glaube, daß wahre Liebe ______________________________
und ______________________________ ist.
Ich glaube, daß mein Leben ________________________________
und ______________________________ ist.
Meine schlimmste Erfahrung war ____________________________
und _____________________ .

Erkenne, daß es sich bei all diesen Antworten in Wirklichkeit um Selbstkonzepte handelt. Lege sie alle, eine Kategorie nach der anderen, in die Hände deines Höheren Bewußtseins. Bitte dein Höheres Bewußtsein darum, sie durch etwas von größerem Wert zu ersetzen.

Weg 39
Der nächste Schritt auf dem Weg zu unserer Lebensaufgabe

Immer dann, wenn wir ein Problem haben, insbesondere ein chronisches Problem, benutzen wir es, um unsere Lebensaufgabe zu umgehen. Jedes Problem beinhaltet in sich die Angst vor dem nächsten Schritt und unsere Angst vor dem Vorangehen, und es spiegelt unsere mangelnde Bereitschaft, uns zu verändern und unsere Lebensaufgabe zu leben. Der nächste Schritt jedoch beinhaltet eine neue Ebene der Zuversicht, des Erfolgs, des Lebenssinns und der zwischenmenschlichen Nähe. Bereitwilligkeit bringt naturgemäß den nächsten Schritt in unserem Leben zu uns. Der Wille zum Vorangehen befreit unser Leben und macht das Leben leichter. Obwohl der nächste Schritt naturgemäß unser Leben besser macht, wären wir schon dort, wenn wir keine Angst davor hätten. Wir glauben, etwas zu verlieren oder eine mehr oder weniger verborgene Selbstsucht oder Verhaftung aufgeben zu müssen, damit sich unser Leben entfalten kann. Irgendwie haben wir das Gefühl, unzulänglich zu sein oder den nächsten Schritt nicht zu verdienen. Doch dies ist nicht die Wahrheit, sondern nur ein Trick des Ego, mit dem es uns vor dem Vorangehen Angst macht. Der nächste Schritt ist eine wahre Ebene des Vorankommens, ein neuer Entwicklungsschritt, durch den wir dem Weg folgen, der uns bereits vorgezeichnet ist. Es handelt sich hierbei um einen Schritt in Richtung unserer Lebensaufgabe, in Richtung dessen, was wir aufgefordert sind zu geben, und in Richtung unserer Bestimmung, wer wir zu sein in dieses Leben gekommen sind. Dieser Pfad ist der leichteste und sorgloseste Weg, auf dem wir uns entfalten und wir selbst werden können, um unser Sein, Liebe, Kreativität und Glück zu erreichen. Nur wenige von uns gehen diesen Weg, weil wir der Meinung sind, eine bessere Vorstellung davon zu haben, wie wir unser Leben gestalten wollen. Wir glauben, unsere höchste Freiheit läge darin, unser Leben selbst zu gestalten und zu leben. Diese innere Haltung erzeugt große Mühsal und viel Aufopferung, und es kann passieren, daß wir uns in unseren Problemen verlieren, weil wir völlig abgelenkt sind von dem, worum es im Leben geht und welchen Beitrag wir zu leisten versprochen haben. Unser Versuch, alles selbst zu tun, ist voller Rebellion und Rachsucht gegenüber dem Himmelreich und unserem wahren Selbst, und er ist ein Weg, unsere Aufgabe gar nicht oder höchstens unter großen Schwierigkeiten zu schaffen. In einer tieferen Schicht unseres Geistes wird offensichtlich, daß diese Einstellung durch den Autoritätskonflikt erzeugt wird, der voll distanzierter Unabhängigkeit, Rebellion und Rachsucht gegenüber unseren Eltern und Gott ist. Aufopferung sowie Rollen und Regeln führen in Wirklichkeit zu Rebellion und distanzierter Unabhängigkeit, auch wenn sie das Gegenteil davon zu sein scheinen, und entwickeln sich lediglich zu einer weiteren Möglichkeit, Zeugnis für die Trennung abzulegen und sich der Gnade zu widersetzen.

Wenn wir nicht vollkommen von unseren Problemen in Beschlag genommen und aufgehalten werden, dann finden wir einen anderen Weg, uns von der Angst vor unserer Lebensaufgabe abzulenken. Probleme, Ablenkungen, Umwege und Aufschub sind markante Waffen des Ego, die es als Mittel einsetzt, um seine Existenz fortzusetzen und zu stärken. Das einfache Gehen des nächsten Schrittes ist eine mühelose Methode, um eine Schicht des Ego und der angstbedingten Trennung wegzuschmelzen.

Wir unternehmen eigentlich gar keinen Schritt nach vorne. Wir wählen den nächsten Schritt, und dann kommt er zu uns und ermöglicht mehr Partnerschaft und Gnade. Die meisten von uns befinden sich im Halbschlaf, handeln wie gute-nette-tote Menschen und sind der Meinung, wir würden niemals rebellieren oder Rache üben, doch wir verbergen diese Elemente vor uns selbst und kompensieren sie. Mit dem Aufgeben von Regeln, Kompensationen und den Dingen, die wir vor uns selbst verbergen, ist nicht gemeint, daß wir höfliches Benehmen oder gute Manieren aufgeben sollen. Gemeint ist hingegen, authentisch, bewußt, echt und moralisch wahrhaftiger zu sein, da wir nicht mehr die Hunderte von lebenstötenden Rollen spielen, bei denen es sich lediglich um Kompensationen handelt, die zu Ausgebranntsein führen. Unsere Rollen sind kompensatorische Selbstkonzepte, die Versagensgefühle aus schmerzhaften, ungeheilten Erlebnissen der Vergangenheit verbergen sollen. In Rollen zeigen wir das Verhalten eines netten Menschen, während wir versuchen, Schuld und Versagen wiedergutzumachen, doch sie sind nur eine weitere Falle, die unsere Entwicklung verzögern soll. In Rollen bringen wir uns an den Rand der Erschöpfung, indem wir auf ineffektive Weise Dinge tun, die niemand von uns verlangt hat, und darum vollenden wir nicht die Aufgabe, die wir zu erfüllen gekommen sind. Wir benutzen diese Ablenkungen, um uns nicht mit der Angst auseinandersetzen und das tun zu müssen, was wir wahrhaft aufgerufen sind zu tun, und dies wäre das einzige, was uns erfüllen und glücklich machen würde. Mit dem Annehmen unserer Lebensaufgabe werden die meisten unserer Probleme und Verschwörungen aufgeklärt, die wir als Entschuldigung eingerichtet haben. Was davon übrigbleibt, sind diejenigen Probleme und Verschwörungen, die speziell für unsere Lebensaufgabe benötigt werden. Das Erfüllen unserer Lebensaufgabe ist in unserem Leben ein großer Sprung nach vorne und bringt viel Leichtigkeit und Erfüllung.

Unser wahrer Lebensweg ist für uns bereits vorgezeichnet. Er ist in uns, doch wir haben Angst, ihn ganz zu kennen. Manchmal kommen wir aus Angst wirklich von unserem wahren Weg ab, was sich daran zeigt, wie schmerzlich unser Leben ist. Doch selbst ein solcher Umweg kann sich in einen natürlichen Bestandteil unseres Weges verwandeln. Jeder Schritt des Weges wird uns gezeigt, wenn wir nur auf die innere Führung hören. Wir brauchen keine Angst vor unserer Lebensaufgabe zu haben. Wir brauchen dem Ego nicht in die Falle zu gehen und zu glauben, daß wir alles alleine tun müssen. Ganz gleich, wie groß unsere Lebensaufgabe ist, die Menschen in unserem Umfeld werden uns helfen und ebenso die Gnade, die unsere Lebensaufgabe durch uns hindurch bewirken wird. Vielmals kann bereits die bloße Menge an Arbeit, die für die Vollendung unserer Lebensaufgabe erforderlich ist, beängstigend wirken. Auf einer gewissen Ebene handelt es sich bei der vielen Arbeit, von der wir glauben, daß wir sie tun müssen, um eine Fehlinterpretation aufgrund unserer gegenwärtigen Rollen und aufgrund der Aufopferung, in der wir uns befinden. Wir glauben irrtümlicherweise, daß wir noch mehr in unserem Leben aufgeben und uns noch mehr aufopfern müssen. Seltsamerweise beginnen wir zu glauben, daß unsere Lebensaufgabe ein Akt der Aufopferung wäre, bei dem wir entweder uns selbst nicht treu sein würden oder unser Privatleben aufgeben müßten, um ein höheres Gut zum Wohle der Menschheit zu vollbringen. Dadurch wird eine machtvolle Verschwörung gegen unsere Lebensaufgabe in Gang gesetzt, von der uns nur die Wahrheit befreit. Doch unsere Lebensaufgabe ist unser wahrer Weg und kann nur dadurch erreicht werden, daß wir uns selbst treu sind. Unsere Angst, daß wir für die Erfüllung unserer Lebensaufgabe zu klein sein könnten, wurde zuweilen von unseren Eltern, Familien, Lehrern, Freunden und uns selbst noch verstärkt. Die Menschen in der Außenwelt repräsentieren jedoch unsere unterbewußten, nach außen projizierten Zweifel. Dadurch wird ein Konflikt in Gang gesetzt, aufgrund dessen wir uns nicht nur vor der anfallenden Arbeit, deren Bewältigung von uns gefordert wird, verstecken wollen, sondern auch befürchten, daß wir dadurch unsere Chance auf individuelles Glück verlieren könnten. Dadurch, daß wir uns nicht mit diesem Fehler auseinandersetzen, verstecken wir uns vor unserer Lebensaufgabe und suchen Zerstreuung in der Welt, indem wir Geldverdienen zum Selbstzweck machen oder Vergnügungen nachjagen. Doch wir sind aufgerufen, darüber hinauszugehen und einen Beitrag zu etwas Größerem zu leisten, das anderen Menschen und uns selbst Glück bringen wird. Aus jeder Verschwörung – auch aus dieser – gibt es einen Ausweg, wenn der Wille dazu vorhanden ist. Unser Wunsch, unsere Lebensaufgabe zu erfüllen, kann jede Falle, jeden Fehltritt und jede Verschwörung zum Schmelzen bringen. Unser Wille, den Weg zu finden, bringt den nächsten Schritt zu uns. Unsere Bereitwilligkeit durchtrennt unsere Angst und unsere Fehlinterpretationen und bringt uns die Wahrheit unseres Lebenspfades ins Bewußtsein. Nach der anfänglichen Verwirrung, die eventuell durch die Kursveränderung entstehen kann, wird die Anziehungskraft und der Reiz dessen, was wir der Welt aus Liebe zu geben gekommen sind, mit jedem Schritt stärker

Übung

1. *Eine Möglichkeit, um zu überprüfen, inwieweit du deine Lebensaufgabe lebst, besteht darin, dir folgende Fragen zu stellen:*
   - *Wie erfüllt bin ich in meinem Leben auf der Skala zwischen 0 und 100 Prozent ...?*
   - *Wie sehr habe ich das Gefühl, meine Lebensaufgabe zu leben?*
   - *Welche Verzögerungen oder Ablenkungen gibt es in meinem Leben? Es besteht ein direkter Zusammenhang zwischen dem Grad, in dem du dich erfüllt fühlst, und dem Maß, in dem du deine Lebensaufgabe lebst. Nimm wahr, was du vielleicht dazu benutzt, um dich von deiner Lebensaufgabe abzuhalten. Welche Rollen oder Pflichten setzt du dafür ein, um nicht durch deine Schwere, die harte Arbeit, die Unfähigkeit zu empfangen oder das Ausgebranntsein hindurch- und vorangehen zu müssen? Welche Probleme benutzt du, um dir selbst den Weg zu versperren, um dich selbst zurückzuhalten? Gibt es Emotionen wie Angst, Schuldgefühle, Herzensbruch, Traurigkeit oder Depression, die du dafür einsetzt, um dich*

selbst aufzuhalten? Sie können dich nur dann zurückhalten, wenn du es willst. Du kannst auch eine andere Wahl treffen.
Werde dir bewußt, welche Aufgaben dich heute rufen. Wenn langfristige Projekte auf dir lasten, dann denke einen Augenblick über sie nach. Ungeachtet aller Dinge, die dich zurückzuhalten scheinen, triff so viele Male die Wahl, von diesen Dingen frei zu sein, wie erforderlich ist, um Fallen oder Blockaden zu begegnen.

2. *Stelle dir vor, all deine Aufgaben, deine Arbeit, deine Projekte, deine Angst und deine Schwere in Gottes Hände zu legen. Tue dies heute so lange, bis du ein Gefühl der Sorgenfreiheit erreicht hast. Lege weiterhin alles in Gottes Hände, bis du Frieden und ein Gefühl des Zentriertseins in dir spürst. Dadurch kann die Gnade durch dich hindurchfließen, um die anstehenden Aufgaben zu erfüllen.*

3. *Triff die Wahl, den nächsten Schritt zu gehen. Dies geschieht zum einen dadurch, daß man das Nächstliegende tut, zum anderen durch die Bereitschaft, den nächsten Schritt geschehen zu lassen. Dies hat den Effekt, daß entweder der nächste Wachstumsschritt zu dir gebracht oder du auf eine neue Ebene des Vorankommens gebracht wirst. Wisse, daß es dein wahrer Wunsch ist, dich selbst und deine Liebe zu geben und dich im Geben zu erkennen, das dich zu deiner Lebensaufgabe führt. Das Maß, mit dem du von ganzem Herzen deine Lebensaufgabe herbeiwünschst, entspricht dem Maß, in dem du sie haben wirst.*

Weg 40
Die Familienverschwörung und ihre Ursachen

Das Ausmaß an fehlender Verbundenheit in unseren Familien hat tiefsitzende Gefühle des Versagens, der Schuld und der Wertlosigkeit entstehen lassen, die zuweilen so stark waren, daß wir uns selbst weggeworfen und seitdem nicht mehr erholt haben. Selbst ein weniger traumatischer Verlust von Verbundenheit läßt Muster des Wettbewerbs, der Distanzierung, der Unabhängigkeit, der Aufopferung, der Verschmelzung und der Abhängigkeit ebenso entstehen wie Gefühle der Schuld, des Versagens und der Wertlosigkeit. Auf der Wertlosigkeit beruhen tief verborgene Schichten der Unwürdigkeit und der Todesversuchung sowie die Rollen, die all dies verdecken sollen. Viele Probleme entstehen aus dieser tiefen Schicht der Familienschuld, des Versagens und der Wertlosigkeit heraus, wobei Ineffektivität, Geschäftigkeit, Unfähigkeit zu empfangen und Schattenfiguren (die ein Selbstangriff und eine Projektion unserer negativen Eigen-Überzeugungen auf unsere Mitmenschen darstellen) noch zu den harmloseren Problemen gehören.

Wertlosigkeit beruht wiederum auf chronischen Familienkonflikten, die zu einem Muster in unserem Leben geworden sind und die sowohl Beziehungskonflikte als auch Opferthematiken entstehen lassen. Unsere Wertlosigkeit und unsere großen Familienkonflikte kommen alle aus dem Unbewußten. Es handelt sich hierbei um Seelen- und Ahnenkonflikte, die wir in dieses Leben mitgebracht haben, um daraus zu lernen, sie zu lösen und aufzulösen. Wertlosigkeit beruht auf unseren tiefsten Versagens-Erlebnissen, und wenn dieses Gefühl auftaucht, sind wir versucht zu sterben, und das ist der Grund, warum wir den größten Teil dessen, was wir tun, unser „Tun und Machen“, als eine Form der Kompensation einsetzen, die dieses Gefühl verbergen soll. Dies ist jedoch ineffektiv, weil wir für unser Tun nichts empfangen, da wir es als eine Verteidigungsmaßnahme einsetzen. Dies verursacht eine Menge Zeit- und Energieverschwendung im Leben.

Wir haben dieses Versagen in der Kindheit erlebt, als wir glaubten, unsere Familie im Stich gelassen zu haben: Wir hatten das Gefühl, unfähig zu sein, die Familie oder ein Familienmitglied von seinem Schmerz oder Problem zu erretten. Infolgedessen haben wir den Schmerz dieser

Menschen geerbt, den wir in der Regel mit Vorwürfen und Klagen verdecken. Immer dann, wenn wir vergangenheitsbezogene Vorwürfe machen, liegt es daran, daß wir den Schmerz eines anderen Menschen geerbt haben, der ihn in einer gewissen Weise handeln ließ, was dann wiederum den gleichen Schmerz in ihm selbst bzw. in seinen Mitmenschen hervorgerufen hat. Unser ererbter Schmerz wurde dann mit Urteilen und Vorwürfen zugedeckt, die wiederum überlagert wurden von Verteidigungsstrategien wie Abspaltung, Verdrängung und Kompensationsverhalten in Form von Rollen, Geschäftigkeit und übereifrigem Tun.

Das Vorhandensein von Verbundenheit in unserer Kindheitsfamilie erkennt man daran, daß Liebe, Kooperation, Erfolg, Leichtigkeit, Gesundheit, Freude am Zusammensein und nur wenige oder kleine Probleme vorhanden sind. Wenn dies der Fall ist, haben wir nur wenig Schuld, Scham oder Konkurrenzkampf empfunden und arbeiten möglicherweise in unserem Leben zum größten Teil an spirituellen Themen. Nachdem ich Tausende von Familien auf der ganzen Welt kennengelernt und gehört habe, weiß ich von nur einer Familie, in der Verbundenheit geherrscht haben könnte. Doch da dies von jemandem stammt, der mich am Telefon interviewt hat, konnte ich keine nähere Bestätigung dafür erhalten. Damit möchte ich nur sagen, wie selten es vorkommt, daß eine Familie vollkommen verbunden ist, und daß Störungen die Norm sind. Ich kann Anzeichen dafür erkennen, daß derzeit eine ganze neue Ebene von verbundenen Familien an die Oberfläche kommt, doch auch diese Familien müssen sich noch mit einer eventuellen Dysfunktion in ihren Ursprungsfamilien auseinandersetzen, die an diese Menschen und ihre Ehepartner weitergegeben wurde. Was nicht geheilt wird, wird weitervererbt.

Unser Familienmuster stellt einen der größten Einflüsse, wenn nicht sogar den größten Einfluß, in unserem Leben dar und ist größtenteils vollkommen unterbewußt. Doch unser Familienmuster legt den Grundstein für unser Beziehungsmuster. Unsere Familien- und Beziehungsmuster bestimmen unsere Erfolgs-, Versagens- und Opfermuster. Die Mißverständnisse im Zusammenhang mit unseren Eltern und unserer Familie können so tief in der Kindheit verwurzelt sein, daß sie in ganzen Lebensbereichen unser Selbstvertrauen, unsere Glaubenssysteme, unsere Emotionen und Erfahrungen beeinflussen können. Der unterbewußte Geist ist anscheinend so kompliziert, daß es nur wenige Menschen gibt, die durch eine Form von Heilung, Lösung oder Geben in der Lage sind, das Familienmuster zu überwinden oder hinter sich zu lassen. Erst nach achtzehnjähriger Tätigkeit hatte ich das Gefühl, das Unterbewußtsein endlich zu verstehen. Nach insgesamt dreißigjährigem Studium des Geistes und der menschlichen Erfahrung hat sich dieses Verstehen natürlich noch verfeinert, und ich habe meine Forschungen fortgesetzt, um das Unbewußte und jetzt auch das Überbewußtsein zu studieren. Doch erst nachdem ich die Familiendynamiken verstanden hatte, bekam ich das Gefühl, das Unterbewußtsein vollkommen zu verstehen. Die Falle, die das Ego um unsere Familiendynamiken herum aufbaut, ist so tief, daß die Familienverschwörung – eine Falle, die so stark gebaut ist, daß wir niemals daraus entkommen sollen – uns emotional zum Krüppel macht, unsere Lebensaufgabe verbirgt und uns klein und in Unkenntnis unserer Größe hält.

Doch wie bei jeder Verschwörung gibt es einfache und tiefgreifende Mittel, um eine Schicht der Verschwörung aufzulösen oder sie ganz zum Einsturz zu bringen. Die Familienverschwörung und die Ödipusverschwörung (mit der wir uns in Weg 42 befassen werden) sind so ursprünglich und so eng miteinander in unserem Geist verwoben, daß wir im Laufe unserer Entfaltung gewöhnlich diese beiden Verschwörungen Schicht für Schicht zusammen heilen.

In dem Maß, wie wir Groll hegen, verletzt wurden, zum Opfer gemacht wurden oder ein Familienmitglied Probleme hatte, fühlten und fühlen wir uns immer noch schuldig, weil wir unserem Gefühl nach versagt haben, der Familie zu helfen oder sie zu retten. Grundsätzlich haben wir von unserer Familie genau den Schmerz geerbt, den wir zu heilen gekommen sind. Die in unserer Kindheit vorhandene Verbundenheit ist ein Maß dafür, inwieweit es uns gelungen ist, den Plan unserer Seele für unsere Familien zu erfüllen.

Unsere Seelen haben einen gewissen Plan, der in den zwischenmenschlichen Beziehungen innerhalb unserer Familie zum Ausdruck kommt. Unsere Familien sind keine zufällige oder willkürliche Zusammenstellung, sondern zielführend in dem Sinne, daß die Lektionen, die wir für unsere Lebensaufgabe brauchen, größtenteils in unserer Familie vorhanden sind. Sobald wir erkennen, daß in uns genau die Gaben darauf warten, unserer Familie gegeben zu werden, die sie von ihrem Schmerz erretten können, haben wir einen großen Schritt zur Heilung der Familienverschwörung getan. Es sind genau diese Gaben, die wir der Welt durch unsere Lebensaufgabe geben sollen und die wir zu geben gekommen sind.

Auf einer unbewußten Ebene ist die Familie ein Spiegel jener Teile unseres Geistes, die wir verurteilt und nach draußen projiziert haben, und wir sind in dieses Leben gekommen, um sie erneut zu integrieren und so den Schmerz zu heilen und die Gaben auszutauschen, die jeder von uns mitgebracht hat. Die Familie repräsentiert die tiefsten unbewußten Teile, die wir für unsere Lebensaufgabe benötigen.

Das Maß, in dem es uns gelingt, Verbundenheit mit unserer Familie herzustellen und die Probleme zu lösen, zeigt an, in welchem Ausmaß wir die in uns angelegte Lebensaufgabe entwickelt und realisiert haben. Wenn wir zum Beispiel in der Beziehung mit Vater oder Mutter erfolgreich sein können, gibt es niemanden, dem wir in genau diesem Bereich nicht helfen können. Wo wir in der Familie keinen Erfolg haben, entstehen Schuldgefühle, Versagen, Leid und Wertlosigkeit. Wenn wir uns wertlos fühlen, möchten wir am liebsten sterben.

Das Ego versucht uns hiervor durch Kompensation, geschäftiges Tun und zwanghafte Wiederholung zu schützen, worunter man den Drang versteht, Dinge zu wiederholen, auch wenn dies keinen Erfolg bringt. All unser Tun, sofern es nicht der Inspiration entspringt, beruht hierauf. All diese Dinge, einschließlich unserer Rollen und Kompensationen, setzen wir ein, um die ursprünglichen Gefühle der Schuld, des Versagens und der Wertlosigkeit zu verdecken.

Diese Egostrategie hat bewirkt, daß sie uns aus unserer Mitte gebracht hat, in der wir die Verbundenheit mit Hilfe der Gnade leicht hätten wiederherstellen können. Als wir unser Zentrum der Gnade, des Friedens und der Schuldlosigkeit verlassen haben, verfielen wir in Aufopferung, harte Arbeit, Geschäftigkeit, Schwierigkeiten, Verschmelzung, Probleme und in das Bemühen, eine „gute" Rolle zu spielen, was ein Versuch ist, die Verletzung und Schuld auf Seelenebene wiedergutzumachen, die sich in Form von Familienkonflikten und Zerwürfnissen zeigt. Kompensation kann natürlich niemals die Schuld und die Familienkonflikte sühnen, in denen sich unsere Seelenmuster wiederholen, noch kann sie unser gesamtes Seelenleben neu ordnen und all das heilen, was in uns der Heilung bedarf. Die Familienschuld und die damit einhergehende Wertlosigkeit sind in der Regel so tief unter weiteren Beziehungs- und Opfermustern vergraben, daß es ein Wunder ist, wenn sich überhaupt jemand befreien und erneut diese Ebene des Seins, der Unschuld, der Gnade und der Ganzheit erreichen kann. Mit dem Aufklären der Familienverschwörung beginnen wir unser Sein und unsere Ganzheit zu erfahren; wir beginnen uns wieder an Gott zu erinnern. Dadurch entsteht eine Bewußtseinsverschiebung vom „Tun“ zum „Sein“, und es wird eine fundamentale Änderung in Richtung wahrer Wahrnehmung begründet. Im Zustand des Seins vollenden und tun wir alles zunächst mit Hilfe der inneren Führung bzw. der Inspiration und dann mit Hilfe der Gnade.

Es gibt vier Hauptschichten von Schuldgefühlen im Geist, und jede einzelne hat eine starke Wirkung auf unser Leben. Während Schuldgefühle in jeder Form zu Konflikt, Feststecken, Angst, Selbstangriff, Leid, Zerstörung und sogar zum Tod führen, hat das Auflösen einer Hauptschicht dieser Schuldgefühle einen starken Heilungseffekt und bringt uns auf eine neue Erfolgsebene. Der Einsatz von Kompensationsverhalten als einem Versuch, die Zerstörungskraft der Schuld abzuwenden, ist ineffektiv, da es den Konflikt nur verdeckt, wir aber dadurch nicht entscheidend vorankommen. All dies sind Versuche, uns von den Schuldgefühlen zu trennen, die wir empfinden. Unsere Verteidigungsmaßnahmen funktionieren natürlich nicht wirklich, und das Ausmaß unseres Tuns, unserer Verurteilung und unserer Aufopferung (Geben ohne Empfangen bzw. Geben ohne Inspiration oder ohne innere Führung als einer Form der Verzögerung) erzählt vom Ausmaß unserer Schuldgefühle, die wir alle haben und die wir bestmöglich zu leugnen versuchen. Die vier Ebenen der Schuld sind: 1. die Alltagsebene, die das beinhaltet, was wir falsch gemacht zu haben glauben, und das, was wir nicht richtig gemacht zu haben glauben; 2. die Ebene, wo wir glauben, in unserer Ursprungsfamilie versagt zu haben; 3. Schuldgefühle, die aus Ahnen- und Seelenmustern stammen, und 4. die Ebene, auf der wir uns von Gott getrennt erleben. Alle Schuldgefühle wurzeln in dieser vierten Ebene.

Wenn es uns gelänge, uns aus der Falle der Wertlosigkeit, der Schuldgefühle und des Versagens zu befreien, wäre dies eine bemerkenswerte Leistung, denn es würde bedeuten, daß wir die erste Schicht von Schuldgefühlen – jene Dinge, die wir unserer Meinung nach falsch bzw. nicht richtig gemacht haben – zum größten Teil geheilt haben. Darüber hinaus gibt es die ursprüngliche Schuld der Trennung, die unseren Familienmustern zugrunde liegt und die Karten für die Heilung der Familienschuld zu unseren Ungunsten mischt. Denn solange weitere Schuldgefühle aus den Seelen- oder Ahnenmustern oder aus der Trennung von Gott kommen, werden diese Ereignisse selbst dann, wenn man ein Familientrauma heilt, so lange mit noch mehr ursprünglicher Schuld aufgefüllt, bis die Wurzelsituation aufgelöst ist. Eines der verborgenen Kernziele des Versagens, das wir in unserer Familie erlebt haben, besteht darin, daß wir mit unseren zunehmenden Schuldgefühlen auch um so unabhängiger und distanzierter werden. Dies sind zwei Dinge, aus denen das Ego – das Prinzip der Trennung – besteht, da in dem Ausmaß, wie Trennung vorhanden ist, auch Angst und Schuldgefühle vorhanden sind.

Wir kommen in die Familie, um ihr zu helfen, sie zu heilen und zu retten. Die Dynamiken unserer Familien und ihrer Mitglieder scheinen so groß zu sein, daß wir in dem Versuch, unseren Familienmitgliedern die Hand zu reichen und sie zu retten, in ein uraltes Muster fallen und in die Falle tappen, unser Sein zu verlassen, das unser Zentrum des Friedens und der Gnade ist. Dieses Muster, das bereits auf Seelenebene existiert und in unseren Familien erneut ausgelebt wird, führt auf unserer Seite zu Aufopferung und zu größeren Graden an Verschmelzung; es beinhaltet ein Vermischen der persönlichen Grenzen und Aufopferung, so daß wir das Gefühl haben, diese Menschen und die Familie auf unserem Rücken zu tragen. Dabei handelt es sich um die irrtümliche und allgemein verbreitete Tendenz, durch Rollen und Aufopferung helfen zu wollen, die sowohl ineffektiv als auch nicht gefragt ist, in dem Sinne, daß wir durch unsere Rollen und unsere Aufopferung in Wirklichkeit den betreffenden Menschen bzw. die Situation dazu benutzen, um uns zurückzuhalten, anstatt voranzugehen. Aufgrund der verwischten Persönlichkeitsgrenzen leiden wir jedesmal entsprechend mit, wenn ein Mitglied der Familie Schmerz erleidet. Dadurch wird es ungewöhnlich schwer, einen Schmerz zu heilen, den wir erleiden, der ja als solcher nicht wirklich der unsrige ist. Diese Verschmelzung oder echte Verbundenheit ist die beste Täuschung, mit der das Ego auf Verbundenheit antwortet. Sie beinhaltet Aufopferung, die lediglich die Schuldgefühle verdeckt, die wir empfinden, weil wir dieses Familienmitglied nicht gerettet haben. Wir spüren Trennung und Versagen, die in Wirklichkeit auf unseren ursprünglichen, über Generationen weitergegebenen Schuldgefühlen, auf negativen Seelenmustern und auf der Trennung vom Einssein beruhen. All diese Dinge stellen sich zwischen uns und die Mitglieder unserer Familie. Diese Dynamik des Versagens in der Familie ist so stark, daß die Falle der Unfähigkeit, andere zu retten, zu einer Verschwörung gegen uns selbst und gegen unsere Lebensaufgabe wird. So viele Menschen haben es nicht geschafft, der Familie zu helfen, geschweige denn sie zu retten, daß in den USA von Seiten der Therapeutengemeinschaft gewöhnlich der Rat gegeben wird, man solle nicht einmal versuchen, die Familie zu retten. Dieser Ratschlag berücksichtigt natürlich nicht, daß wir uns alle aufgefordert sehen, unsere Familie zu retten, und daß in unseren Familien die

Lektionen angelegt sind, die wir lernen sollen, sowie die Gaben, die gegeben werden wollen, damit die Verbundenheit in unserer Familien wiederhergestellt wird und wir unsere Lebensaufgabe leben können.

Unsere Lebensaufgabe ist eng mit unserer Familiendynamik verbunden. Das Problem am Versagen liegt darin, daß wir versuchen, alles alleine zu machen. Wir verfallen in Aufopferung, Groll und Ausgebranntsein. Wenn wir die Hilfe der Gnade erbitten würden, könnten wir uns der Herausforderung stellen, in unserer Mitte und unserem Sein bleiben, die Verbundenheit behalten bzw. wiederherstellen und das Geschenk auf Seelenebene geben, das notwendig ist, um die Familie zu retten. Ich bin immer noch auf der Suche nach einem Menschen, der als Kind nicht in diese Falle gegangen ist. Ein Mensch, der dies nicht getan hätte, würde sich auf einer meisterlichen Bewußtseinsebene befinden. So wie die Dinge liegen, haben wir unser Sein verlassen bzw. sind herausgefallen und dafür ins Tun gegangen, womit wir uns selbst zu einem Leben in Aufopferung und Kompensation verurteilt haben, ohne daß wir etwas empfangen können. Dies führt von unseren Opferrollen zu Ausgebranntsein und Unabhängigkeitsrollen, die uns beschäftigt halten. In anderen Worten, wir alle „sitzen unsere Zeit ab".

Wenn wir dem Rat der Therapeutengemeinde folgen und nicht versuchen würden, die Familie zu retten, würde dies, selbst wenn es uns vor dem Kreislauf von Verschmelzung, Aufopferung und Schuldgefühlen bewahren könnte, lediglich zu einem Zustand der inneren Abspaltung und Unabhängigkeit führen, der eine Kompensation von Schuldgefühlen darstellt. Natürlich enden die meisten Menschen so oder so in einem Zustand der Abspaltung, nachdem sie versucht haben, die Familie durch Aufopferung zu retten, und dann innerlich ausgebrannt sind. Dies ist dann die Familienverschwörung, eine so gut gebaute Falle, aus der ein Entrinnen unmöglich erscheint, bei der wir im Versuch, die Familie zu retten, unsere Mitte verlassen und in Verschmelzung, Aufopferung und Rollen hineingeraten, die zu Ausgebranntsein und distanzierter Unabhängigkeit führen. Dies kann aufgelöst werden durch die Wiederherstellung von Verbundenheit. Handlungen der Liebe, das Eingehen von Verbindung, Vergeben, Helfen, Geben, Wertschätzung, Miteinander-Teilen und Rückkehr in die innere Mitte können viel bewirken. Auch die Zentrierungsmethode, welche die Familie Schicht für Schicht an ihren Ort der Liebe, des Friedens, der Gnade, des Gleichgewichts und der Verbundenheit zurückbringt, hat einen transformierenden Effekt und stellt die Verbundenheit wieder her, die durch ein Trauma (Probleme innerhalb der Familie, die über Generationen weitergegeben wurden) oder auf Seelenebene verlorenging. Durch das Geben der Geschenke auf Seelenebene, die wir in dieses Leben hereingebracht haben, um unserer Familie und ihren Mitgliedern zu helfen, wird die Verbundenheit ebenfalls wiederhergestellt, und chronische Probleme verschwinden. Zum jetzigen Zeitpunkt unseres Lebens sind diese Geschenke größtenteils unter Schmerz und Vorwürfen verborgen. Am Ende erben wir in der Regel die Wunden unserer Eltern und leben sie entweder aus oder leiden hinter unseren Kompensationen darunter. Doch sobald wir die beteiligten Prinzipien erkennen, ist es nicht schwierig, die Gaben zu finden, unsere Eltern bzw. unsere Familie durch unsere Geschenke aus der Falle zu befreien und sie dann an die vorangehenden Generationen weiterzugeben, um so auch unsere Vorfahren von diesen karmischen Mustern zu befreien. Dies kann Schicht für Schicht erfolgen, während wir uns selbst, unsere Partner und unsere Familien befreien.

Die Problemmuster der Familie bestimmen unsere Beziehungs-Problemmuster, und unsere Beziehungs-Problemmuster bestimmen wiederum unsere Aufopferungsmuster. All diese Muster werden von Seelenmustern bestimmt, von jenen Dingen, die wir zu lernen und zu heilen gekommen sind, und natürlich von jenem ursprünglichen Schuldmuster der Trennung von Gott. Somit haben die Familienverschwörung und ihre Auflösung viel damit zu tun, wie erfolgreich wir in unseren Beziehungen und im Beruf sind, wie erfolgreich wir unsere Lebensaufgabe leben und unsere Bestimmung annehmen. In Anbetracht dessen, was es alles zu heilen gilt, ist es ein Wunder, daß überhaupt ein Mensch den Weg zu wahrer Liebe, Führungskraft, Vision und Meisterschaft findet. Um die Familienschuld und die damit einhergehende Wertlosigkeit vollkommen aufzulösen, müssen wir einen gewissen Grad an Verbundenheit in unserer gegenwärtigen und in unserer Ursprungsfamilie erlangen. Wenn uns dies gelingt, haben wir auf natürlichem Weg die Meisterschaftsebene des Bewußtseins erreicht. Natürlich gibt es noch viele andere Fallen und Verschwörungen, bevor wir überhaupt zur Familienverschwörung vordringen. Mit dem Erreichen der Meisterschaft werden wir erneut unser Sein realisieren und das Tun bis auf die Fälle meiden, wo wir entsprechend geführt werden. Nach der erfolgreichen Heilung der Familienverschwörung bzw. der zweiten Schuldschicht setzen wir uns mit Seelen- und Generations-Themen auseinander und beginnen dann, das Einssein herbeizusehnen und uns der Auflösung der Schuld auf der letzten und spirituellen Ebene zu widmen. Die Ganzheit bzw. das Sein, das wir durch die

Heilung der Familienverschwörung erfahren, führt dann zur spirituellen Erfahrung der Ganzheit und der Erinnerung an Gott. Das Erreichen dieser Stufe der Ganzheit erfordert, daß wir uns wahrhaftig der Heilung, der Entfaltung und später dem Wunsch nach Realisierung und Erleuchtung widmen. Die Heilung der anscheinend unbezwingbaren Schicht von Familienschuldgefühlen mit ihren Kompensationen läßt uns wissen, daß dieses und viele andere chronische Probleme aufgelöst werden können und daß es trotz aller Fallen und Verschwörungen einen Weg hindurch gibt.

Übung

Zentrierung, d. h. Rückkehr zur inneren Mitte, und das Geben der Geschenke unserer Seele, die wir zur Heilung unserer Familie mit in dieses Leben gebracht haben, sind zwei der wichtigsten Methoden, um die verlorene Verbundenheit, die Aufopferung, die Verschmelzung und die Abspaltungsmuster zu heilen, die in Familiensituationen ihren Anfang nahmen bzw. dort nachgespielt wurden. Die folgenden Übungen bedienen sich der Heilungsmethoden der Zentrierung und des Gaben-Gebens, um das Problem zu lösen.

1. *Wähle ein Familientrauma oder den Augenblick, in dem ein Konflikt entstand. Bitte dein Höheres Bewußtsein, alle an deiner dortigen Problemsituation Beteiligten zurück in ihre Mitte zu tragen, an jenen inneren Ort des Friedens und der Unschuld, an dem die Gnade empfangen werden kann. Nachdem du darum gebeten hast, entspanne dich einfach. Nimm wahr, wie du dich fühlst. Manchmal ist es notwendig, darum zu bitten, zurück in weitere Zentren der inneren Mitte getragen zu werden, bis du einen Ort tiefen Friedens und des Lichts erreichst, vor allem im Zusammenhang mit einem Trauma. Auf deine Bitte hin wird dein Höheres Bewußtsein dich und alle an der Situation Beteiligten zurück in so viele innere Zentren tragen, wie für die erfolgreiche Ausführung dieser Übung notwendig sind. Nimm nach jeder Bitte wahr, wie sich der Frieden verstärkt hat. Dann bitte erneut darum, in das nächste Zentrum zurückgetragen zu werden. Manchen Menschen gefällt es, so lange weiterzubitten, bis sich die ursprüngliche Szene in reines Licht verwandelt hat und sie die Erfahrung der Freude spüren.*

2. *Bitte dann darum, dorthin zurückgetragen zu werden, wo die Wurzeln dieses Problems liegen,und wiederhole die Zentrierungsübung.*

3. *Stelle dir dann vor, daß du in die Zeit eines schmerzlichen Ereignisses innerhalb deiner Familie zurückversetzt wirst, und schaue in die Menschen hinein, die bei dir sind. Was brauchen sie? Stelle dir vor, daß du die Türen deines Geistes, deines Herzens und deiner Seele öffnest und ihnen dieses höchst wertvolle Geschenk gibst, das sie am meisten brauchen. Dies befreit dich und diese Menschen von den alten Familienmustern, es schreibt gegenwärtige Drehbücher um, es löst das Problem und eröffnet eine neue Ebene der Begabtheit und Freiheit für alle Beteiligten.*

Weg 41
Die zugrundeliegende Angst

Wie wir in Weg 2 gesehen haben, wird jedes Problem, das wir haben, von Angst erzeugt. Wann immer es negative Situationen irgendwelcher Art gibt, liegt darunter eine Angst – eine Angst, die das Problem erzeugt, und eine Angst, die auf unserer Verurteilung des Problems und auf unserem Widerstand ihm gegenüber beruht. Dieser Widerstand bzw. diese Verurteilung verstärkt unsere ursprüngliche Angst. Je mehr Angst wir haben, desto mehr werden wir gelähmt und unfähig, in unserem Leben voranzugehen. Wenn wir uns der zugrundeliegenden Angst bewußt werden, wenn wir sie heilen oder eine andere Entscheidung treffen, dann können wir Fortschritte machen, insbesondere deshalb, weil wir uns nun mit den Wurzeln des Konflikts auseinandersetzen. Mit der Heilung der ursprünglichen Angst können wir uns gemeinsam mit der Situation in einer Weise zu entfalten beginnen, daß wir uns für die Inspiration und die Gnade öffnen.

In jeder Problemsituation kommen wir, sobald wir die Angst vor negativen Dingen loslassen, anschließend in Kontakt mit der Angst vor all den positiven Dingen, die geschehen könnten. Dabei handelt es sich um eine tiefer verborgene und mehr chronische Angst. Dies mag absurd oder vielleicht sogar verrückt klingen, da wir so hart für positive Dinge arbeiten, doch ich habe immer wieder erlebt, daß wir Angst vor dem Eintreten des außergewöhnlich Positiven haben, welche die ursprünglichere Angst ist. Dies liegt daran, daß es uns an der Zuversicht mangelt, mit dem wirklich „guten Kram" zurechtzukommen oder ihn ertragen zu können. Die Liste der positiven Dinge, vor denen wir Angst haben, beinhaltet Gott, Liebe, Glücklichsein, Alles-haben-Können, zwischenmenschliche Nähe, Sex, Geld, Erfolg und Beziehungen, was darauf beruht, daß wir Angst haben, etwas zu verlieren, überwältigt zu werden oder die Kontrolle oder das eigene Selbst zu verlieren.

Übung

Stelle dir vor, wie sehr dir das Problem oder die negative Situation, die du erlebst, mißfällt. Stelle dir vor, daß die problemverursachende Verurteilung in einen linearen Raum verwandelt wird und daß dieser zur tatsächlichen, räumlichen Distanz zwischen dir und der Lösung des Problems wird. Füge dem die ganze Angst hinzu, die aus dem Problem hervorgeht, sowie die zugrundeliegende Angst, die das Problem erzeugt hat, und verwandle diese Ängste in einen linearen Raum zwischen dir und der Lösung des Problems.

Stelle dir vor, daß du so viele räumliche Schritte von der Situation entfernt bist, wie du benötigst, um zum Problem zu gelangen und es sich auflösen zu lassen. Wenn du dich an einem Ort befindest, der so groß ist, daß du dich tatsächlich so viele Schritte entfernt aufstellen kannst, wie du für die Heilung dieses Problems benötigst, und du den Körper in diese Übung miteinbeziehen kannst, dann ist es um so besser.

Problemlösung .... Selbst

Sobald du dich so viele Schritte entfernt hast, wie du für die Heilung des Problems benötigst, frage dich: „Die Angst, die aus dem Problem selbst entsteht, ist … ?" Was immer dir in den Sinn kommt, entscheide dich, es loszulassen. Dann gehe einen Schritt nach vorne. Frage dich dann: „Wovor ich wirklich Angst habe und was sich unter meiner Verurteilung verbirgt, ist …?" Was immer dir in den Sinn kommt, ist das, was dich zurückhält. Wenn du bereit bist, dich nicht länger davon zurückhalten zu lassen, dann sage dir: „Ich entscheide mich, dies loszulassen und voranzugehen." Mache einen Schritt nach vorne. Stelle dir diese Frage so lange immer wieder und gehe einen weiteren Schritt voran, bis diese Frage erledigt und vollständig beantwortet zu sein scheint.

Stelle dir diese Frage so lange, bis sie keine Energie mehr hat bzw. keine Reaktion mehr hervorruft. Dann frage dich: „Die Angst, die dieses Problem verursacht hat, ist …?" Wenn dir etwas in den Sinn kommt, entscheide dich erneut: „Ich entscheide mich, dies loszulassen und voranzugehen." Wenn auch diese Frage sich erschöpft zu haben scheint, stelle dir die nächste Frage. Wenn deine anfängliche Intuition dir vielleicht tausend Schritte eingegeben hat, könntest du einfach die einzelnen Schritte in übergeordneten Kategorien zusammenfassen, so daß du die Zahl der Schritte dann vielleicht auf zehn oder zwanzig reduzieren kannst; wähle auf jeden Fall aber eine Anzahl von Schritten, die „machbar" sind.

Beginne dir dann die nächste Frage zu stellen:

„Der Grund, warum ich dieses Problem habe, liegt darin, daß ich Angst davor habe, daß etwas Positives wie … geschehen könnte?"

Bei allem, was dir auch in den Sinn kommen mag, sage dir wiederum: „Ich entscheide mich, dies loszulassen und voranzugehen."

Gehe einen weiteren Schritt nach vorne.

Wiederhole mit jedem Schritt die Frage, bis du nur noch die positive Anziehungskraft zwischen dir und deinem Ziel spürst und schließlich die gesamte Trennungsstrecke zwischen dir und dem positiven Ausgang deines Problems zurückgelegt hast. Stelle dir vor, wie du die Lösung annimmst und feierst.

Weg 42
Die Ödipusverschwörung heilen

Der Ödipuskomplex läßt sich als das definieren, was uns durch den Verlust von Nähe von unseren Partnern fernhält. Dies kann in Erscheinung treten in Form von Konflikten, Zurückweisung, heftigem Abscheu, Abneigung, Langeweile, Gefühlsleere oder totem Sexualleben, Rückzug und sexuellen Störungen einschließlich Impotenz und Frigidität. Angst, Rückzug vom Leben oder von Beziehungen, übertrieben angepaßte Rollen, mangelnde Authentizität, Aufopferung, Gefühle des Versagens und mangelnder Schutz sind alles Zeichen für diesen Ödipuskomplex. Inzest, sexueller Mißbrauch, sexuelle Phantasien oder Träume von sexuellem Mißbrauch in der Familie sind ebenfalls Symptome des Ödipuskomplexes. Scheidung, Seitensprünge (der Eltern, der eigenen Person oder des Partners), sexuelle Frühreife, Schwangerschaft außerhalb der Ehe, sexuell betonte Flirtbereitschaft, die eine verdrängte Sexualität verbirgt, Promiskuität oder sexuelle Störungen können allesamt Hinweise auf den Ödipuskomplex sein. Auch Krankheit und Tod können auf Aspekte von ödipalem Rückzug und Selbstbestrafung untersucht werden. Der Ödipuskomplex kann sich im Berufs- und Geschäftsleben in Form von Versagen, übermäßigem Konkurrenzkampf oder mangelndem Erfolg zeigen.

Die Ödipusverschwörung wird vom Ego eingesetzt, um viele gute Dinge des Lebens zu blockieren oder zum Stillstand zu bringen. Doch die Tatsache, daß uns diese Verschwörung größtenteils nicht einmal bewußt ist, erhält sie als eine wirksame Egofalle aufrecht. Vor allem aber sorgt sie dadurch, daß sie unsere Beziehungen, die unsere größte Chance auf Glück darstellen, so konfus, verworren und verkrüppelt macht, für ein Starkbleiben unseres Ego und lenkt uns gleichzeitig von unserer Lebensaufgabe ab.

Die Mythen unseres Geistes erzählen von ursprünglichen Egomustern unseres Unbewußten, die uns auf allen Ebenen beeinflussen. Die berühmteste dieser Mythen ist die – durch die Freudsche Theorie vom Ödipuskomplex bekannt gewordene – Geschichte des Ödipus, der seinen Vater tötete und seine Mutter heiratete.

Der Ödipusmythos beginnt mit der Weissagung, daß der neugeborene Sohn des Königs den Vater töten wird, und darum befiehlt der König, das

Baby zu töten. Man bringt das Neugeborene zu einem Berghang, der normalerweise für körperlich behinderte Babies bestimmt ist, und überläßt es dort dem Tod. Es wird von einem alten, kinderlosen Ehepaar gefunden und aufgezogen. Ödipus wächst zu einem jungen Mann heran und beschließt, sich auf den Weg in die Stadt zu machen, um dort sein Glück zu suchen. Unterwegs verlangt ein entgegenkommender Mann von ihm, daß er Platz auf der Straße machen solle. Als er sich weigert, kämpfen die beiden, und der andere findet dabei den Tod. Ödipus setzt seinen Weg in die Stadt fort und ist dort schon bald recht beliebt. Sechs Monate nach dem Verschwinden des Königs beschließt die Königin, Ödipus zu heiraten. Als alle möglichen Seuchen und Krankheiten das Land heimsuchen, befragt Ödipus in seiner Eigenschaft als König das Orakel, das ihm mitteilt, daß er seinen Vater getötet und seine Mutter geheiratet habe. Entsetzt von dieser Nachricht blendet sich Ödipus und wandert für den Rest seiner Tage durch Griechenland.

In der klassischen Psychologie steht diese Geschichte für den Wunsch eines Mannes, seinen Vater zu töten und mit seiner Mutter zu schlafen, was alle Arten von Schuldgefühlen entstehen läßt. Dies führt zu Angst vor dem Zorn des Vaters und vor Kastration, zu Verdrängung sowie zu Identifikation und Verschmelzung mit dem Vater als dem Aggressor. Es läßt auch Angst vor Macht, Erfolg, zwischenmenschlicher Nähe und Sex entstehen. Bei meiner Arbeit mit dem Unterbewußtsein habe ich sowohl bei Männern als auch bei Frauen genau dieses irrtümliche Muster gefunden, und nur selten fand ich Hinweise auf den Elektrakomplex, der das Freudsche Äquivalent zum Ödipuskomplex bei Frauen darstellt.

Ich begann zu erkennen, daß sich der Ödipuskomplex in Symptomen wie Dreiecksbeziehungen, abgestorbenen Beziehungen und Beziehungslosigkeit zeigt. Manchmal war auch Streit in einer Beziehung einfach nur ein Weg, um den Partner auf Distanz zu halten, was ein weiteres ödipales Symptom darstellt. Ich begann zu erkennen, daß ein Großteil unserer Schuldgefühle, Eifersucht und Zorn unter Geschwistern, Tragödien, das Heilige/Hure-Syndrom, Mangel und Not, Konkurrenzdenken sowie unsere Angst vor Sex, Intimität, Erfolg und Macht allesamt einen wesentlichen Bestandteil dieses Komplexes bilden.

Als sich während meiner Tätigkeit als Eheberater Symptome des Ödipuskomplexes bei Alleinstehenden und in Beziehungen zeigten, begann ich zu erkennen, wie durchdringend und alles beherrschend dieser Komplex ist und wie die meisten unserer Beziehungsfallen daraus entstehen. Ich stellte fest, daß er Blockaden in Beziehungen und in der

Familie erzeugt sowie in den Bereichen Erfolg, Fülle, Leichtigkeit und zwischenmenschliche Nähe. Ich sah Hinweise auf den Ödipuskomplex, wenn Menschen in einem Mangel feststeckten, der im Zusammenhang stand mit Beziehungen, Gefühlen, Sexualität, Intimität, Romantik, Partnerschaft oder Liebe innerhalb der Beziehung. Anzeichen im Berufsleben waren Versagen, Konkurrenzkampf als eine Form von Verzögerung, Aufopferung als ein Versuch, Schuld abzuzahlen, Angst vor Erfolg und andere Formen der Begrenzung. Er war eine hervorstechende Dynamik bei Affären, Dreiecksgeschichten, mangelndem Engagement und Herzensbruch – sowohl in der Kindheit als auch im Erwachsenenleben – sowie Treuebruch, Eifersucht, Schuld und Scham. Ich begann zu erkennen, daß der Ödipuskomplex bei etwa 85 Prozent aller gescheiterten Beziehungen einen Schlüsselfaktor darstellt.

Im Jahr 1984 hörte ich einen engagierten jungen Psychiater sagen: „Kommen Sie im Alter zwischen drei und sieben Jahren fünf Tage in der Woche, fünfzig Wochen im Jahr in meine Praxis, und Sie werden vielleicht Ihren Ödipuskomplex heilen können, vielleicht aber auch nicht." Das hat mich richtig verrückt gemacht, denn mir war klar, daß unserem Verständnis tatsächlich etwas entgangen sein mußte, wenn eine Heilung nach der aufrichtigen Aussage dieses Arztes so lange dauerte. Nach weiteren vier Jahren konzentrierten Studiums begann ich nicht nur zu erkennen, wie beherrschend der Ödipuskomplex in Beziehungen ist, sondern ich begann ihn auch im Unterbewußtsein und im Unbewußten zu sehen. Ich konnte erkennen, daß es sich dabei nicht einfach nur um ein Muster oder eine Falle handelt, sondern um eine Verschwörung – eine große Falle, die so geschickt aufgebaut ist, daß ein Entkommen unmöglich erscheint. Ich erkannte zum ersten Mal, daß es Fallen gibt, die das Ego aufgestellt hat, um nicht überwunden zu werden, und denen ich die Bezeichnung „Verschwörung" gab. Insbesondere im Falle des Ödipus war der gesamte Komplex bzw. die Verschwörung unterbewußt, so daß die meisten Menschen nicht einmal von seiner Existenz wußten. Mit Hilfe der Intuitionsmethode, die ich Jahre zuvor entwickelt hatte, um Menschen zu helfen, mit jenen Dingen in Kontakt zu kommen, die sie verdrängt hatten, konnte ich die Erfahrung der Menschen mit der Ödipusverschwörung alleine studieren, ohne an die Grenzen des Freudschen Theoriemodells gebunden zu sein. Ich fand eine ganze Zahl von Prinzipien, Methoden und Techniken, die den Menschen halfen, durch die diversen ödipalen Symptome hindurchzugehen, die sie erlebten. Ich fand Schlüsselelemente für die Heilung, die auf eine Transformation von

Verschwörungen abzielen, und zwar dadurch, daß die Verbundenheit innerhalb der Familie wiederhergestellt wird, das Selbst in die eigene Mitte und ins Gleichgewicht gebracht wird, Herzensbruch und inzestuöse Beziehungen geheilt werden und ein Gleichgewicht in der Familie hergestellt wird. Ich stellte fest, daß wir mit der Heilung der Familienstörung einen gewissen angelegten Plan vollenden, der uns hilft, unsere Lebensaufgabe in der Welt zu erfüllen. Dies öffnet uns für die Möglichkeit, uns wieder unserer Bestimmung zu widmen, und erlaubt es uns, unser wahres Selbst anzunehmen und das in uns so tief verwurzelte Aufopferungsmuster aufzugeben.

Grundsätzlich beruht die Ödipusverschwörung auf fehlender Verbundenheit in unseren Familien. Infolgedessen erleben wir dann Distanz, Kälte, Entbehrung, Kampf, Herzensbruch, auf Verschmelzung beruhende Erstarrung, Affären, distanzierte Unabhängigkeit, Aufopferung und übermäßig belastende Loyalität, Beziehungen, in denen sich niemand wirklich auf den anderen einläßt, sexuellen Mißbrauch und so weiter. Dieser Mangel an Verbundenheit wird von Generation zu Generation weitergegeben, und wenn wir nicht einen Teil davon heilen, wird er genauso an unsere Kinder weitergegeben, wie wir ihn ererbt haben. Wenn die Verbundenheit verlorengeht, verliert eine Familie ihre Mitte, und infolgedessen entstehen Gefühle des Mangels, der Unzulänglichkeit und des Wettstreits um Liebe. Die Sexualität verliert ihren natürlichen Platz als Ausdruck der Liebe und wird entweder übertrieben oder unterdrückt. Wenn Verbundenheit herrscht, behält die Sexualität mit Leichtigkeit den ihr zukommenden Stellenwert und wird ganz natürlich in die Liebe als eine ihrer Ausdrucksformen eingebunden. Doch aufgrund der mangelnden Verbundenheit gerät die aufkeimende sexuelle Lust aus dem richtigen Verhältnis, was dazu führt, daß die meisten Familienmitglieder sie unterdrücken oder durch Ausleben in sexuellem Mißbrauch oder Inzest übersteigern. Aufgrund von Verdrängung tragen die meisten von uns dieses sexuelle Sich-hingezogen-Fühlen zu anderen Familienmitgliedern tief begraben in ihrem Inneren mit sich herum. Wir übertragen dann auf unsere Partner diese verborgenen Gefühle, diese unerledigte Geschichte von Schuld und sexuellem Sich-hingezogen-Fühlen zu Familienmitgliedern. Mit unserer Abwendung von dieser unaufgelösten sexuellen Anziehungskraft, die andere Familienmitglieder auf uns ausüben, wenden wir uns auch von unserem Partner ab, auf den wir diese Gefühle übertragen haben, was emotionale und sexuelle Leere in der Beziehung zu unserem Partner hervorruft.

Im Ausleben der Ödipusverschwörung finden wir uns in Dreiecksbeziehungen oder Affären wieder, die ein Ausagieren der ursprünglichen Familienmuster des Wettbewerbs, des Treuebruchs und der Schuld sind. Manchmal setzen wir Herzensbruch oder unser eigenes Betrogenwerden dafür ein, um unsere ödipale Schuld abzuzahlen oder Hinweise darauf zu verbergen. Infolge dieser unaufgelösten ödipalen Schuld neigen wir dazu, vor Erfolg in Beziehungen oder im Beruf zurückzuscheuen. Erstarrung und Leere, Dürre und Zwangslagen, unter denen Dreiecksbeziehungen das dramatischste Beispiel darstellen, sind ebenfalls Zeichen dafür, daß ein ödipales Muster am Werk ist. Zwangslagen, die das Resultat verlorener Verbundenheit sind, beruhen auf dem Glauben, daß wir nicht gleichermaßen die Liebe der Mutter und des Vaters bekommen können. Dies mag sich besonders deutlich in dem Versuch zeigen, sich zwischen zwei Partnern zu entscheiden, es kann sich aber auch in einem Zwiespalt zwischen Arbeit und Familienbeziehungen oder einem Ungleichgewicht in diesem Bereich zeigen.

Auch dann, wenn wir in unserer gegenwärtigen Beziehung das Stadium erreichen, wo wir die verdrängten sexuellen Gefühle von unserer Familie auf den Partner projizieren, kann dies leicht zu einem Ende der sexuellen Anziehungskraft führen. Manchmal, wenn die ödipalen Gefühle stark sind, ekeln wir uns sogar vor unserem Partner oder empfinden ihn als abstoßend. Die Ödipusverschwörung verbirgt sich im Innern, doch sie nährt die weit verbreitete Alltagserfahrung, daß man nach einem langen Tag im Büro oder mit den Kindern viel zu müde ist, um überhaupt an Liebe, Romantik oder Sex mit dem Partner denken zu wollen.

Im Geschäftsleben kann die Ödipusverschwörung und der dadurch erzeugte Konkurrenzkampf dazu führen, daß wir entweder zu einer „Erfolgskanone" werden oder auf der anderen Seite zu viel Angst vor Erfolg haben. Als ödipale Gewinner, was bedeutet, daß wir dem Elternteil des anderen Geschlechts näher gestanden haben, als der Elternteil unseres eigenen Geschlechts dies tat, bekommen wir in der Regel alles, was wir vom Leben wollen, können es aber irgendwie nicht empfangen oder keine Freude daran haben. Als ödipale Verlierer erlauben wir uns selbst keinen Erfolg im Leben, weil wir uns zu sehr schuldig fühlen würden. Irgendwie sind wir der irrigen Überzeugung, daß Erfolg gleichbedeutend damit ist, den Elternteil unseres eigenen Geschlechts zu töten. Erfolg im Leben, im Beruf und in Beziehungen ist für uns in verbundenen Familien kein Thema, da wir die Liebe und den Erfolg um so leichter annehmen können, je mehr Verbundenheit herrscht.

Somit ist das ödipale Muster eng mit unserer gesamten Familiendynamik und dem Mangel an Verbundenheit, der über Generationen weitergegeben wurde, verwoben. Je mehr Ödipusverschwörungen es in unseren Familien gab, desto mehr werden wir die damit einhergehenden Probleme wie Aufopferung, Wettbewerbsdenken, Verschmelzung, Angst vor dem nächsten Schritt und Angst vor verbindlichem Engagement haben. Es ist wichtig, sich ödipaler Themen bewußt zu sein und sie durch alles zu heilen, was Verbundenheit in der Gegenwart herstellt wie Liebe, Vergebung, Vertrauen, Engagement, das Eingehen von Verbindung und Verstehen sowie Akzeptanz bzw. Loslassen von Schuldgefühlen, Verhaftungen und Schmerz.

Die Ödipusverschwörung, die eine Schlüssel-Familiendynamik darstellt, hat auch ein entsprechendes Muster auf spiritueller Ebene. Wie die Familiendynamiken besitzt auch die Ödipusverschwörung ein Muster, das auf der vierten bzw. tiefsten Schicht von Schuldgefühlen beruht. Hier finden wir die irrigen Überzeugungen, daß wir Gott verraten, getötet und seine Gaben gestohlen haben. Trennung, welche die Grundlage des Ego ist, ist somit auch die Ursache der Kern-Schuld. Diese projizieren wir auf Gott und machen ihn zu einem Gott der Verdammung, als ob ein Gott, der Liebe ist, jemals etwas tun könnte, was nicht reine Liebe ist. Dies setzt von der spirituellen bis zur Familienebene ein Trennungsmuster in Gang, das sowohl die Ödipusverschwörung als auch die Familienverschwörungen entstehen läßt. Es erklärt auch, warum diese Ödipusverschwörungen so schwierig zu heilen sind: Ihre Wurzeln liegen wesentlich tiefer als die Familie. Wann immer auf irgendeiner Ebene Trennung erfolgt, erzählt uns das Ego, daß wir die Geschenke der anderen gestohlen und sie ermordet haben. Dies hält uns auf jeder Ebene in Furcht gefangen, auf der spirituellen Ebene jedoch wird dadurch ein ödipales Muster mit Gott begründet.

Die ursprüngliche Trennung und die daraus entstehende ursprüngliche, aber irrtümliche Schuld sind das, was im Christentum als Erbsünde bezeichnet wird. Auch dort gibt es, in ödipalen Symptomen ausgedrückt, wieder die Angst vor Bestrafung durch eine Vaterfigur, die wiederum auf allen Ebenen unsere Angst verstärkt. Jeder Verlust des Einsseins, jede Trennung erzeugt Schuldgefühle und Angst, die uns ein falsches Fundament für Glaubenssysteme liefert, die auf Angst und Schuld basieren. Dies beginnt auf der ursprünglichen spirituellen Ebene und wird weitergereicht an die Seelen- und Ahnenebene, dann weiter an unsere Familien, an unsere Beziehungen und schließlich an uns selbst als Individuum, wobei vier unterschiedliche, machtvolle Schichten der Trennung, der Angst und der Schuld aufgebaut werden. Die meisten Menschen schaffen es niemals, die erste Schicht der Schuld zu überwinden, um das zu heilen, was wir falsch oder nicht richtig gemacht zu haben glauben. Relativ wenigen Menschen gelingt es, sich mit der zweiten Schicht der Ödipusverschwörung, der Familienschuld auseinanderzusetzen, obwohl jeder von uns sie erlebt. Es ist außerordentlich selten, daß ein Mensch bis zu den ursächlichen Schuldgefühlen, die auf unserem Glauben an unser Getrenntsein von Gott bzw. vom Einssein beruhen, vordringt und sie heilt. Einer der Gründe, warum die Ödipusverschwörung so schwer aufzulösen ist, liegt darin, daß sie in unseren irrtümlichen Überzeugungen wurzelt, die wir im Zusammenhang mit unserer Beziehung zu Gott haben.

Auf einer unterbewußten Ebene ist bei einem Beziehungs-Herzensbruch das Gefühl vorhanden, daß wir den Partner, der uns verlassen hat, nicht verdienen, weil wir die irrigen Schuldgefühle aus der Kindheit mit uns herumtragen, den Elternteil des anderen Geschlechts gestohlen zu haben. Wir zahlen es uns selbst heim, wenn wir das Gefühl haben, unsere Eltern verraten zu haben, indem wir Verrat in Beziehung und Beruf hervorbringen. Diese Familienschicht der Schuldgefühle wird aus einer Quelle der Schuld gespeist, die von einer spirituellen Ebene des Unterbewußtseins kommt, auf der wir – seit wir das Einssein des Himmelreichs verlassen haben bzw. träumen, dies getan zu haben – schwere, aber irrige Schuldgefühle erleben, und zwar aufgrund der Überzeugung, das Gottesgeschenk der Schöpfung gestohlen und diese Welt durch unseren Versuch, Gott zu spielen, in eine Welt des Schmerzes verwandelt zu haben. Dies hat uns das Gefühl vermittelt, Gott getötet und uns infolgedessen einen großen Feind geschaffen zu haben. Der Glaube, daß Gott über uns erzürnt sei, erlaubt uns, in der Illusion der Trennung zu bleiben und keine Verantwortung für das zu übernehmen, was uns widerfährt. Infolgedessen haben wir die Tür vor der Gnade und dem Gespräch mit Gott verschlossen und unsere eigene Welt gestaltet, zu der harte Arbeit, Leid und Tod gehören.

Als ich mich weiter mit der Ödipusverschwörung beschäftigte, fand ich heraus, daß jede Verschwörung das Ziel hat, den Fortbestand des Ego durch Verzögerung, Ablenkung und Verdrehung der Tatsachen zu gewährleisten oder durch den Einsatz aller möglichen anderen Mittel unsere Entfaltung aufzuhalten. Das Ziel des Ego bei der Ödipusverschwörung liegt darin, dafür zu sorgen, daß wir steckenbleiben und von der Liebe, der zwischenmenschlichen Nähe, der Sexualität, dem Erfolg, der Schuldlosigkeit, der Freiheit und anderen verbindend wirkenden Aspekten getrennt bleiben. Wie jede Verschwörung dient die Ödipusverschwörung dazu, unsere Lebensaufgabe und unsere Größe zu blockieren und zu verbergen. Sie sorgt dafür, daß wir angstvoll bleiben, uns verstecken, uns unwürdig fühlen, kaum etwas zu empfangen wagen und vor unserem eigenen Selbst zurückweichen. Die Ödipusverschwörung wird durch Konkurrenzkampf und verlorene Verbundenheit erzeugt, und diese wurden über unzählige Generationen von den Eltern an die Kinder weitergegeben. All diese Dinge sorgen dafür, daß wir steckenbleiben, daß wir glauben, es gäbe nicht genug, und daß wir um das kämpfen, was da ist. Sie lassen uns hart arbeiten, um das zu bekommen, dessen wir uns unwürdig fühlen, wenn wir es haben. Das Ego setzt eine Aufopferungsstrategie ein, um das Ganze zu verbergen, und vermittelt uns durch den Einsatz von Verschmelzung ein falsches Gefühl der Verbundenheit, und all diese Dinge laufen ab, während es unsere Schuldgefühle zu verdecken und abzuzahlen versucht.

Die Ödipusverschwörung beeinflußt zwar auf vielen Ebenen und Schichten einen großen Teil unseres Geistes, sie läßt sich jedoch dadurch auflösen, daß das Licht der Bewußtheit und der Wahrheit hineingebracht wird. Die Ödipusverschwörung kann Liebe, Erfolg, Fülle, Sexualität und Glücklichsein effektiv blockieren, und angesichts ihrer alles durchdringenden Natur befinden wir uns alle in irgendeinem Stadium, wo wir sie entweder überwinden oder in ihrer Falle festsitzen. Es ist das Ziel dieses Kapitels, dieses Thema durch Erläuterung der beteiligten Schlüsselthemen so kurz und knapp wie möglich bewußt zu machen, damit wir beim Auftauchen von Symptomen beginnen können, uns effektiv damit auseinanderzusetzen. Wir mögen der Meinung sein, daß wir uns mit der Umstellung auseinandersetzen, die ein Baby für unser Leben bedeutet, mit der Erschöpfung und den kurzen Nächten, während wir tagsüber voll arbeiten müssen, und als ob all diese Faktoren noch nicht hart genug wären, kann auch die Ödipusverschwörung bei der Geburt eines Kindes ein Thema sein, indem sie Konkurrenzkampf in die Beziehung bringt. Manchmal werden auch all die anderen Symptome von der Ödipusverschwörung verursacht. Wir können verborgene Schuldgefühle verspüren aus der Zeit, als wir selbst ein Baby oder Kleinkind waren und unsere Bedürfnisse Aufmerksamkeit erforderten, so daß wir in einer Weise darum zu konkurrieren begannen, die für eine ständige Distanz zwischen unseren Eltern sorgte. Die einzige Antwort auf all die möglichen unterschiedlichen Symptome der Ödipusverschwörung sind kontinuierliche Bewußtheit, das Eingehen von Verbindung und volles Einlassen auf unseren Partner, um neue Ebenen der Verbundenheit zu errichten. Auf diese Weise verringern sich unsere Bedürfnisse, unsere Verbundenheit wächst, und die Familie erreicht neue Ebenen des Gleichgewichts und der Zusammengehörigkeit. Infolgedessen werden neue Ebenen der Liebe und des Erfolgs erreicht, die wir anstatt dieser uralten Illusion der Ödipusverschwörung – eine der besten Verschwörungen, die das Ego je angezettelt hat – an unsere Kinder weitergeben.

In jeder wahren, langfristigen Beziehung befinden sich beide Partner auf demselben Niveau der Ödipusverschwörung, und so kann es sein, daß ein Partner als Symptom der Ödipusverschwörung eine Affäre hat, während der andere durch dieses Ereignis vielleicht seine Kindheitsschuldgefühle abzuzahlen versucht, einen Elternteil betrogen und ihm den anderen gestohlen zu haben. In Problemsituationen haben beide Partner gleichermaßen Angst vor der Nähe und der Sexualität, die aus einer immer tiefer werdenden Partnerschaft hervorgehen können. Ohne Verbundenheit wird die Ödipusverschwörung weiterhin ständig Trennung erzeugen sowie Angst, Schuldgefühle, Aufopferung, Unwürdigkeit, Übersteigerung oder Unterdrückung der Sexualität, Phantasien, Versuchungen, Konkurrenzdenken, Bestrafung und Selbstbestrafung, Machtkämpfe, Erstarrung und Leere oder mangelndes Sich-Einlassen, das zu Affären führt.

Hier nun einige Richtlinien, anhand derer sich überprüfen läßt, inwieweit es Hinweise auf die Ödipusverschwörung in unserem Leben gibt. Alle ödipalen Symptome tragen mit ihrem Auftauchen dazu bei, in einem Teufelskreis die anderen Symptome zu erzeugen. Symptome bauen die Verschwörung auf und sind zugleich ihr Resultat. Herzensbruch kann schon von Kindheit an ein Ausdruck der Ödipusverschwörung sein – mit all ihrer Angst vor Nähe und der ihr eigenen Art, Wettbewerb, Angst, Scham und auf sexuellen Gefühlen beruhende Schuld zu verbergen –, oder er kann ein Versuch sein, alte ödipale Schuldgefühle abzuzahlen. Angriffe, die wir machen oder erleben, können möglicherweise ein Ausdruck von ödipalem Zorn sein. Ein Mann kann zum Beispiel wütend auf seinen Vater sein, oder er kann dem Zorn seines Vaters ausgesetzt sein, der auf dem Konkurrenzkampf um Mutter und Schwester beruht. Wut auf die Mutter und/oder ihr Zorn auf uns ist das Bedürfnis, sie von sich wegzuschieben bzw. von ihr weggeschoben zu werden, weil man sich aufgrund sexueller Gefühle oder Verschmelzung, oder auch aufgrund von beidem, zu sehr schuldig fühlt. Andererseits können Schuldgefühle auch daher kommen, daß wir unseren Eltern gegenüber emotional bedürftig sind oder daß wir uns in einem Wettstreit um Liebe befinden und Rückzug oder Verlust als eine Form von Zorn oder aus einem Distanzierungsbedürfnis heraus einsetzen. Rückzug vom Vater, von der Familie, vom Leben, von der Mutter oder der Schwester kann auf Angst vor Zorn und Vergeltung beruhen. Verschmelzung mit Vater oder Mutter als den Aggressoren geschieht in dem Maß, in dem wir unser wahres Selbst aufgeben. Konkurrenzkampf kann in der Familie vor allem unter Geschwistern desselben Geschlechts und mit dem gleichgeschlechtlichen Elternteil entstehen. Wir setzen Versagen und Verrat durch andere dafür ein, die ödipale Schuld bzw. unsere Überzeugung abzuzahlen, andere betrogen zu haben, was sich auf Schule und Beruf genauso wie auf Beziehungen beziehen kann. Teile unserer selbst – auch Schattenfiguren genannt –, die wir abweisen, können sich in Träumen und im Wachzustand zeigen, vor allem die Schattenfiguren des „Versagers", des „Waisenkindes", des „Diebes", des „Mörders" und des „Betrügers". Weitere Anzeichen für eine Ödipusverschwörung können Angst vor verbindlichem Sich-Einlassen, Dreiecksbeziehungen (vor allem bei Verheirateten), fehlende Beziehungen und sogar auch sexuelle Phantasien sein.

Es ist auch hilfreich, wenn du überlegst, ob du ein ödipaler Gewinner oder Verlierer bist. Wenn du dem Elternteil des anderen Geschlechts näher warst, als der Elternteil deines eigenen Geschlechts es war, dann bist du ein ödipaler Gewinner. Dies zeigt sich darin, daß du in der Regel alles bekommst, was du willst, daß du dir jedoch den endgültigen Erfolg nicht erlauben kannst oder daß du dir keine Freude an dem erlaubst, was du bekommst oder erreichst. Der ödipale Verlierer, der ebenfalls aus einer verbindungslosen Familie kommt, steht dem Elternteil des anderen Geschlechts nicht ganz so nahe. Er hat in der Regel Angst, zu gewinnen oder überhaupt erfolgreich sein zu wollen, da dies gleichbedeutend damit wäre, den Elternteil des anderen Geschlechts für sich zu gewinnen. Ödipale Verlierer haben typischerweise keinen Erfolg im Leben. Heutzutage gibt es allmählich Anzeichen für Familien, die mehr und mehr verbunden und im Gleichgewicht sind, in denen sich alle nahestehen und den Erfolg aller Familienmitglieder gleichermaßen fördern und daran Freude haben.

Übung

1. Bewußtheit über die Ödipusverschwörung gewinnen:

- *Erzähle dein Leben als die Geschichte einer Ödipusverschwörung. Nimm dabei einen Kassettenrekorder, ein Notizbuch oder einen Freund zu Hilfe. Dies wird dir helfen, dir darüber bewußt zu werden, wie du diese Verschwörung dazu benutzt hast, dich abzuhalten von der Liebe, vom Erfolg, von verbindlichem Engagement, von deiner Lebensaufgabe, von deinem Selbst, von deiner Größe und von deiner Angst vor dem Vorwärtsgehen.*
- *Überprüfe nun, welchen Einfluß die Ödipusverschwörung auf die Generationen vor dir hat. Wie schien sie sich bei deinen Großeltern und bei deinen Eltern zu zeigen?*

2. Schritte zur Auflösung der Ödipusverschwörung

- *Bewußtheit. Sprich mit deinem Partner oder einem Freund über die Ödipusverschwörung und ihren Einfluß auf dein Leben.*
- *Verbindliches Engagement. Tue alles für die Heilung dieser Verschwörung, sowohl in der Familie, in der du aufgewachsen bist, als auch in deiner gegenwärtigen Familie oder Beziehung. Sich voll und ganz geben ist das, was die Ödipusverschwörung zu verhindern sucht. An jedem Ort, wo du dich voll und ganz gibst oder deine Fülle realisierst, beseitigst du die Ödipusverschwörung. Lasse dich ganz auf deinen Partner ein.*
- *Geschenke. Stelle dir vor, daß du ein Geschenk mit in dieses Leben gebracht hast, um die Ödipusverschwörung für deine Kindheitsfamilie zu heilen. Stelle dir vor, daß du dieses Geschenk bzw. diese Geschenke deiner Familie gibst, bis die ganze Familie davon erfüllt und frei ist. Stelle dir dann vor, daß dieses Geschenk deine Eltern erfüllt, daß es dann weitergegeben wird an deine Großeltern und weiter an die Generationen davor, bis sie davon erfüllt und frei sind. Stelle dir vor, wie du dieses Geschenk bzw. diese Geschenke mit deinem Partner und deiner jetzigen Familie teilst. Erfülle diese Menschen mit dem Geschenk, bis sie frei sind. Nimm wahr, wie dadurch eine neue Ebene des Erfolgs und der Verbundenheit hergestellt wird.*
- *Wünsche dir, frei zu sein. Weigere dich, von der Ödipusverschwörung aufgehalten zu werden. Tue alles, um diesem Thema mit Bewußtheit zu begegnen, wenn Schichten davon auftauchen.*

Entscheide dich, alle Wege zu finden, die durch diese Schichten hindurchführen. Du wirst zu unterschiedlichen Wegen inspiriert werden, wenn du den Mut hast, auf die innere Führung zu hören.

- *Rückkehr zur Mitte. Gehe zurück zu entscheidend schmerzlichen Zeiten in deiner Ursprungsfamilie, und bitte dein Höheres Bewußtsein, dich und die Mitglieder deiner Familie zurück in die eigene Mitte zu bringen. Sieh und spüre diese frieden- und gnadebringende Wirkung auf die Familie oder die Beziehung. Mache dies mindestens achtmal und beobachte und spüre bei jeder Rückkehr in ein nachfolgendes Zentrum der inneren Mitte, welche Wirkung dies auf deine Familie hat. Dies stellt für jene Zeiten die Verbundenheit innerhalb der Familie wieder her, was wiederum viele positive Effekte auf die Gegenwart haben wird. Mache diese Übung, wenn es schmerzliche, sexuelle Ereignisse in deinem Leben gab. Nimm auch hier jedesmal wieder die Wirkung auf das Verhalten aller Beteiligten wahr, nachdem du darum gebeten hast, in ein Zentrum der inneren Mitte zurückgetragen zu werden. Mache dies für dich selbst und für deine gegenwärtige Beziehung oder Familie.*
- *Kommunikation. Sprich mit deinem Partner über die Elemente, von denen du erkennst, daß sie dich beeinflussen. Jeder einzelne Mensch, jedes Paar und jede Familie muß sich damit auseinandersetzen, und wenn ihr über deine bewußte Wahrnehmung dieses Themas sprecht, könnt ihr Brücken zueinander bauen, die stärker sind als diese fortlaufende Verschwörung.*
- *Verbundenheit schaffen. Stelle dir vor, wie sich in deiner jetzigen Beziehung das Licht in dir mit dem Licht in deinem Partner verbindet. Spüre die Nähe und spüre, wie es dich ins Gleichgewicht bringt. Mache diese Übung für alle Mitglieder deiner gegenwärtigen Familie. Mache sie schließlich auch mit deiner Ursprungsfamilie. Diese Übung kann je nach Bedarf oder zur Verstärkung ihrer Wirkung wiederholt werden.*
- *Verbindung eingehen. Verbinde dich von Herz zu Herz und von Geist zu Geist mit deinem Partner. Gehe zurück zu einem bedeutsamen Zeitpunkt, an dem die Ödipusverschwörung in deiner Familie am Werk war. Verbinde dich mit allen Beteiligten, um die Verbundenheit wiederherzustellen. Beobachte, welche Wirkung dies auf die Familie hat. Wiederhole dies so lange, bis tiefe Verbundenheit herrscht.*

- *Vergebung. An jedem Ort, an dem du immer noch Verlust oder Verletzung erlebst, hast du nicht vergeben. Kehre zurück zu deiner Ursprungsfamilie und in deine gegenwärtigen Beziehungen. Vergib diesen Menschen und dir selbst. Durch den Frieden, den du erlangst, wirst du erkennen, daß du erfolgreich vergeben hast. Vergebung vermittelt dir und allen Menschen die Leichtigkeit und Freiheit, die Liebe und den Erfolg, den die Ödipusverschwörung verhindern soll.*
- *Gottes Hände. Lege deine Ödipusverschwörung in Gottes Hände. Sieh, was dir dafür gegeben wird. Tue dies für deine Ursprungsfamilie und für deine gegenwärtige Familie. Tue dies für all deine Partner, die vergangenen und die gegenwärtigen.*
- *Lasse dich auf deine Lebensaufgabe ein, und nimm deine Bestimmung von ganzem Herzen an. Die Ödipusverschwörung soll deine Lebensaufgabe, deine Bestimmung und deine Größe als Kind Gottes blockieren.*

Weg 43
Die Gnade annehmen

Jedes Problem, das wir haben, ist auf einer gewissen Ebene das Ergebnis dessen, daß wir alles selbst machen wollen, anstatt die Gnade wirken zu lassen. Die Gnade läßt die Dinge durch uns hindurch bewirken, anstatt daß sie von uns getan werden. Das Problem könnte ganz einfach bewältigt werden, wenn wir die Führung und die Hilfe empfangen würden, die um uns, über uns und in uns ist, doch wir folgen unserem eigenen Plan. Die Schwierigkeiten, die harte Arbeit und die Mühsal, die allen Problemen innewohnen, sind gleichermaßen ein Versuch, Aufmerksamkeit zu bekommen und zu beweisen, daß wir gute Menschen sind. Es fehlt dabei an Leichtigkeit, Mühelosigkeit, Inspiration und Gnade, doch das Ego ist an Gnade oder Leichtigkeit nicht sonderlich interessiert, weil sie die Notwendigkeit des Ego Lügen strafen. Das Ego ist immer schnell dabei, uns zu zeigen, wie sehr seine Hilfe beim Zurechtkommen mit Problemen, Ängsten und der Welt gebraucht wird. Dem Ego geht es immer vielmehr darum, zu bekommen und sich der Kamera von seiner besten Seite zu zeigen, als tatsächlich diese Konflikte zu lösen. Unser Ego erkennt, daß wir, wenn wir unsere Lebensaufgabe erfüllen, nämlich das Versprechen einlösen, der Welt zu helfen, auf dem Weg zur Erkenntnis, daß das Ego nicht gebraucht wird und nicht unser Freund ist, ein gutes Stück zurückgelegt haben. Es überzeugt uns daher, daß wir zwar eine große Lebensaufgabe haben, daß sie aber viel zu groß für uns ist und wir uns darum besser verstecken sollten. Wir haben tatsächlich eine große Lebensaufgabe, doch der einzige Weg, auf dem sie erfüllt werden kann, besteht darin, sie durch uns hindurch geschehen zu lassen, anstatt alles selbst zu machen. Das Ego versucht, uns alles selbst tun zu lassen, wodurch das Ganze zu groß wird und zu viel Arbeit erfordert. Wenn wir beginnen, ein Leben in Gnade zu leben, können wir so viel mehr in so viel weniger Zeit vollbringen. Die Gnade ist Gottes Liebe zu uns. Die Gnade steht uns in jeder Situation zur Verfügung. Ob es unlösbar oder nur schwierig erscheint, ein Problem ist eine Illusion, die leicht bewältigt werden kann. Wenn wir offen für die Gnade sind und sie in alles einbeziehen, was wir tun, wird unser Leben leicht.

Viel zu oft sind Probleme das Ergebnis *unserer* Erfolgsplanung, bei der es sich in Wirklichkeit um eine kompensatorische *Geschäftigkeit* handelt, hinter der sich Wertlosigkeit verbirgt. Dies führt uns nicht zum Erfolg, sondern versucht nur zu beweisen, daß wir gar nicht so schlecht sind. Wenn ein Problem auftritt, machen wir uns damit verrückt und versuchen, einen Ausweg aus der Falle zu finden. Doch durch genau dieses Sich-verrückt-Machen wird die Intuition blockiert, die uns die Antwort geben könnte. All unser *Tun* erfordert immer größere Anstrengungen und führt schließlich zu Schwierigkeiten, weil alles uninspirierte Tun von einem instabilen Ort kommt, dem es an Frieden, Gnade und Schuldlosigkeit fehlt. Dies bedeutet, daß wir uns im Zustand der Aufopferung befinden, der nicht nur das Empfangen blockiert, sondern auch alles viel mühsamer macht. Unser *Tun* und sogar auch unsere Schwierigkeiten sind ein Versuch zu beweisen, daß wir gut, wertvoll und nützlich sind, und sie sollen unsere Wertlosigkeitsgefühle verbergen. Doch trotz all unseren Tuns ist das Gefühl der Wertlosigkeit immer noch eine Kernüberzeugung, die nur verdeckt wird, und darum behandeln wir uns entsprechend oder arbeiten sehr hart, um unseren Wert zu beweisen. Inmitten all dieser Wertlosigkeit und Geschäftigkeit vergessen wir Gott, und wir vergessen die Gnade, und leben deshalb so, als müßten wir alles alleine tun. Wir haben Angst, die Wertlosigkeitsgefühle in uns zuzulassen, denn wenn wir dies täten, würden wir am liebsten sterben. Doch im Spüren dieser Gefühle könnten wir statt dessen die Gnade wählen. Die Gnade, ein Geschenk Gottes, stellt unseren unleugbaren Wert als Kind Gottes her. Darin liegt ein Weg, die Familienmuster und -dynamiken leicht zu heilen, in denen die unbewußten Ebenen unserer Wertlosigkeit erneut ausgelebt und verstärkt werden. Die Gnade befreit uns von der Notwendigkeit, viele Jahre in der Auseinandersetzung mit unseren Problemen zu verbringen.

Übung

1. *Das Gegenmittel zu deinem Plan (hierzu gehört auch, mit allem alleine zurechtkommen zu wollen und sehr hart für Erfolg oder ein gutes Selbstwertgefühl zu arbeiten, außerdem das Verbergen von negativen Gefühlen, was diesen dann keine Heilung erlaubt, sowie Selbstangriff, Aufopferung und die Forderung, daß andere sich opfern) besteht dar-*

in, daß du einfach dein Höheres Bewußtsein darum bittest, dir den Weg zu zeigen. Setze dich hin, gehe in die Stille oder in die Meditation und bitte darum, daß dir der Weg gezeigt werde. Du kannst auch um ein Zeichen bitten, das dir den Weg zeigt, oder um eine Bestätigung dafür, daß du auf dem richtigen Weg bist.

2. *Wenn du mit einer schwierigen Situation konfrontiert bist, bitte dein Höheres Bewußtsein darum, dich in deine Mitte zurückzubringen bzw. in so viele Zentren der inneren Mitte, wie nötig sind, damit du Frieden spüren kannst. Wenn du dich dann ausreichend zentriert fühlst, bitte um Gnade für das, womit du gerade konfrontiert bist. Bitte darum, daß alles durch dich hindurch geschehen möge, anstatt es selbst tun zu müssen. Du kannst in der Tat diese Methode dafür einsetzen, dein ganzes Leben leichter zu machen. Ein wesentlicher Schlüssel zu einem Leben auf der Meisterschaftsebene des Bewußtseins liegt darin, aus der Gnade heraus zu leben statt in einem unzentrierten Zustand des eigenen krampfhaften Tuns. Wenn ein Meister aufgerufen ist, etwas zu tun, so trifft er seine Wahl mit der klaren Geistesausrichtung, daß das Ereignis mit Leichtigkeit und Erfolg geschehen soll, oder er macht sich darüber nicht einmal Gedanken, weil er weiß, daß Gott für alles sorgt. Ein Meister läßt das, was zu tun ist, durch sich hindurch vollbringen. Auf diese Weise können Situationen, die normalerweise extrem schmerzhaft, streßreich oder anstrengend wären, mit Hilfe der Gnade in Situationen voller Leichtigkeit und Verjüngung verwandelt werden.*
   Lasse dich heute auf die Gnade ein und empfange sie. Sie wird dir erlauben, effektiv zu sein, und das nicht nur für dich selbst, sondern auch für alle anderen Menschen. Nimm dir von jetzt an immer ein wenig Zeit, um in der Stille offen für die Lösung zu sein. Übe heute, alles durch dich hindurch vollbringen zu lassen, anstatt es selbst zu tun. Lasse die Gnade mit Leichtigkeit jede Situation auf bestmögliche Weise für dich entfalten, und lasse dir von ihr zeigen, wie du auf völlig neue Weise leben kannst. Bitte den Himmel darum, jede Situation effektiv zu bewältigen.

Weg 44
Schritte zur Nähe

Wenn es in einer Beziehung ein Problem gibt – und alle Situationen sind das Ergebnis von Beziehungen –, dann gibt es einen Plan, der auf etwas anderes abzielt als zwischenmenschliche Verbindung und der von unserem Ego diktiert wird. Hierbei kann es sich um Besonders-sein-Wollen, um Gewinnen oder Angriff handeln, doch worum es sich auch handeln mag, es ist eine Falle, die uns zurückhält. Wahre Nähe und Vertrautheit sind nicht für einen bestimmten Menschen reserviert, da diese Nähe in der Beziehung zu einem Menschen die Angst beseitigt. Wenn die Nähe zu einem Menschen wächst, so wächst sie auch zu allen anderen Menschen, selbst zu jenen, die bisher Feinde, Täter oder Schattenfiguren für uns waren. Wenn wir einen Schritt zur Verbundenheit mit einem Menschen unternehmen, indem wir uns von Geist zu Geist verbinden, gehen wir auch einen Schritt in unserem Leben voran. Dies erhebt unser Bewußtsein und befähigt uns gleichzeitig, mit allen Menschen um uns herum auf einer höheren Ebene in Beziehung zu sein. Umgekehrt verhält es sich so, daß wir das, was wir einem Menschen vorhalten, auch uns selbst und allen anderen Menschen vorhalten, da Urteile und Vorwürfe Mauern errichten, die uns von allen Menschen trennen – selbst von jenen, die uns am teuersten sind. Wenn unsere Nähe und Verbundenheit wachsen, so wachsen auch unser inneres Gleichgewicht und unser Verständnis. Und angesichts der Tatsache, daß wir noch nicht erleuchtet sind, bietet jedes auftauchende Problem eine neue Chance für das Eingehen von Verbindung sowie für ein größeres Maß an innerem Gleichgewicht und Ganzheitsgefühl.

Mit zunehmender Nähe nimmt auch die Bewußtheit zu, da Bewußtheit und zwischenmenschliche Nähe Hand in Hand gehen. Je mehr wir einen Menschen lieben, desto urteilsfreier sehen wir ihn und desto schöner wird er in unseren Augen. Zuweilen hat es den Anschein, daß wir durch zwischenmenschliche Nähe die Fähigkeit haben, direkt in einen Menschen hineinschauen zu können oder zu wissen, was er braucht, fühlt oder denkt. Wo zwischenmenschliche Nähe ist, scheinen andere uns das Wort direkt aus dem Mund zu nehmen und umgekehrt. Dies können wir jedoch mit jedem Menschen erleben, wenn wir die Verurteilung aufgeben, mit mitfühlenden Augen schauen und liebevoll in den anderen hineinblicken. Je mehr Eigenliebe und Verbundenheit wir selbst erlangt haben, desto mehr Verbindung werden wir in spiritueller Hinsicht haben, und desto leichter wird es, diese Ebene der Verbindung und Beziehung mit allen Menschen zu erfahren. Obwohl wir alle vielleicht schon davon gehört haben, daß Liebe blind macht und die Ehe hingegen die Augen öffnet, werden Leichtigkeit, Verbundenheit und Bewußtheit durch zwischenmenschliche Nähe vermehrt. Partnerschaft will uns in Liebe wachsen helfen, während wir gemeinsam auf dem Weg nach Hause unsere Lektionen lernen. Jeder Konflikt, jedes Zerwürfnis, jeder Rückzug, jede Trennung und jeder Streit mit anderen Menschen wird in der Beziehung zu unserem Partner hochkommen, und wenn wir diese Dinge nacheinander heilen und enger zusammenwachsen, werden weitere innere Bruchstellen in Form von Beziehungsproblemen an die Oberfläche kommen. Indem wir die Grenzen durch neue Verbundenheit überschreiten, werden unsere Beziehungen noch stärker gefestigt, und dies ist das Fundament dafür, daß wir andere inspirieren und heilen können. Hieraus beziehen wir auch die Kraft für die Liebe und das Geben, die uns jener Star, jenes Genie oder jener Visionär sein lassen, der wir zu sein gekommen sind, um der Welt zu helfen und den Weg nach vorne zu erleuchten.

Wenn zwei Menschen, seien es Freunde oder Ehepartner, den Machtkampf und die Leere in der Beziehung überwunden haben, gelangen sie auf Ebenen der Partnerschaft, welche die Kreativität um so mehr verstärken, je weiter das Paar gemeinsam auf dem Weg vorangeht. Es ist nicht so, daß Liebe blind macht; in Wahrheit verhält es sich so, daß wir dort, wo Liebe ist, entweder über den Fehler hinwegsehen oder nicht einfach nur das Problem betrachten, sondern über das Problem hinaus zur Lösung gelangen. Wenn wir dies tun, wissen wir, daß wir uns nicht nur mit unserem Partner, sondern auch mit den Menschen um uns herum verbinden und daß wir im Einklang mit dem Himmelreich wirken, um zu helfen. Dies können wir jedoch nur dann tun, wenn wir die innere Schuld losgelassen haben, die uns verurteilen lassen will. Verurteilung schiebt andere Menschen von uns weg, zerstört den Frieden, spaltet ab und unterdrückt, was verurteilt wurde. Dadurch wird das, was verurteilt wurde, ins Unterbewußtsein gebracht und ein dunkleres Bild auf den Verurteilten projiziert, während wir uns von ihm distanzieren, um zu zeigen, daß wir besser sind als jene Menschen, die wir verurteilt haben.

Verurteilung beginnt immer bei uns selbst und schafft größere Distanz und Konflikte zwischen uns und unserem wahren Selbst, zwischen uns und dem Lebenssinn. Mit einem Abnehmen des Lebenssinns gehen ein wachsendes Gefühl der Sinnlosigkeit und eine stärkere Todesversuchung einher. Zwischenmenschliche Nähe bringt hingegen Lebenssinn oder deckt vielmehr den Sinn auf, der immer schon vorhanden war. Die Linien der Verbundenheit bieten ein gewisses Maß an Sicherheit und Schutz für jene, die verbunden sind, während sie größere Leichtigkeit schaffen, um mehr vollbringen zu können.

Zwischenmenschliche Nähe erkennt als ihre Feinde Verurteilung, Nehmen, Schuld, Verlust, negative innere Einstellungen, Depression, Angriff, Rückzug, Besonderssein, passive Aggression, Angst, Verletzung, Bedürftigkeit, Unabhängigkeit, Kontrolle, Abspaltung, Selbstsucht, Streß, Rollen, Selbstkonzepte, Ausgebranntsein, Erstarrung, Festhalten und Erwartungen. Wenn wir die Nähe wertschätzen, meiden wir diese Fehler als verpaßte Chancen für Liebe und Verbindung. Wir beginnen unseren Geist nach diesen Gefühlen, Überzeugungen und Verhaltensweisen zu durchforschen, die ein Zeichen dafür sind, daß wir etwas gewählt haben, was uns wichtiger erscheint als zwischenmenschliche Nähe.

Was immer uns wichtiger erschienen sein mag als zwischenmenschliche Nähe, es hat uns weder Liebe noch Glücklichsein gebracht. Wenn wir wissen, daß es nichts Wichtigeres gibt als die Nähe, die aus Liebe, Verbindung-Eingehen, Geben und Vergeben entsteht, beginnen wir uns dabei zu ertappen, sobald wir einen negativen Weg entlanggehen oder uns in irgendeine fixe Idee verrennen. Wir können dann eine andere Wahl treffen und uns für die Nähe entscheiden, die uns wahrhaft glücklich machen wird.

In der Hektik des Alltagslebens vergessen wir manchmal dieses entscheidende Prinzip der Nähe und seine Fähigkeit, die Einsamkeit, die Angst und die Trennung zu heilen, die an der Dynamik eines jeden Problems beteiligt sind. Mit dem stetigen Wachsen unserer Beziehung wachsen fortwährend auch Fülle, Erfolg, Gesundheit, Kreativität, Liebe, Hilfe für andere sowie all die anderen Gaben, die dem Leben einen Sinn geben. Wenn zwischenmenschliche Nähe in unserer Beziehung zu einem Menschen zum Hauptziel und zur tiefsten Erfahrung geworden ist, dann wird sie uns durch Tausende von Beziehungsfallen hindurchhelfen und uns viel offener und aufgeschlossener für das Eingehen von Verbindung machen. Dadurch können neue Ebenen der Gnade und der himmlischen Liebe Eingang in den Gesamtkomplex unserer Liebe finden, und zwar nicht nur der Liebe zu unserem Partner, sondern zu allen menschlichen Wesen.

Die alten Hawaiianer haben instinktiv verstanden, wie das Prinzip der Nähe zu heilen vermag. Die Familie wurde zum Ho'oponopono-Ritual einberufen, um eine neue Ebene der Verbundenheit herzustellen, wenn ein Familienmitglied ernsthaft erkrankt war oder einen schweren Unfall hatte. Die Familie kam von den abgelegenen Inseln zum Versammlungsplatz, dem O'ahu, gerudert, und dort wurde das Ho'oponopono-Ritual vom Kahuna, dem Familienältesten, geleitet. Bei diesem Ritual ging es darum, alles mitzuteilen und sich auszutauschen, und es fand viel Versöhnung statt, bis die Familie wieder eine Ebene der Einheit erreicht hatte. Dadurch kam es infolge der neuen Ebene von Verbundenheit und Nähe in den meisten Fällen naturgemäß oder auch wie durch ein Wunder zur Genesung des kranken Familienmitglieds.

Wir alle haben gehört, daß Liebe heilt, aber wir haben wahrscheinlich nicht erkannt, daß es uns praktisch möglich ist, genug Liebe entstehen zu lassen, um uns gegenseitig zu helfen. Dadurch, daß wir uns mit unserem Liebsten oder einem uns nahestehenden Menschen verbinden, können wir eine Ebene der zwischenmenschlichen Nähe zum Zwecke der Liebe und des Einander-Helfens erzeugen. Dies kann eine Verbundenheit und Ebenen der Transzendenz hervorbringen, die zuweilen wie ein Wunder erscheinen.

Übung

Ich möchte zwei wirkungsvolle Übungen für den Aufbau einer neuen Ebene der Liebe und der zwischenmenschlichen Nähe vorstellen. Mit wachsender Nähe schmelzen Probleme hinweg, da Trennung an der Wurzel eines jeden Problems liegt. Das Eingehen von Verbindung läßt keinen Raum für die mehr oder weniger verborgene Trennung, die zu Problemen führt. Sei nicht überrascht, wenn ein anderes Problem bzw. eine weitere Schicht des vorherigen Problems hochkommt. Dies gehört zum Menschsein dazu. Doch jedesmal, wenn wir uns heilen, gehen wir im Leben voran und haben infolgedessen mehr von jenem Mut und jener Zuversicht, die zwischenmenschliche Nähe und Erfolg ermöglichen. Jedes Problem ist der nächste Versuch des Ego, uns getrennt zu halten, während es für unsere Seele die nächste Gelegenheit darstellt, zwischenmenschliche Nähe zu schaffen.

1. *Wenn dein Liebster – oder wen auch immer du gewählt hast – zur Verfügung steht, dann bitte ihn, sich so weit wie möglich von dir entfernt am anderen Ende des Raumes aufzustellen. Wenn er nicht anwesend ist, kannst du dir seine Gegenwart einfach vorstellen. Du kannst die gesamte Übung auch in deiner Vorstellung machen, wenn du dich zum Beispiel in einem Flugzeug oder an einem anderen ungeeigneten Ort befindest, wo sich das Eingehen von Verbindung nicht tatsächlich durchführen läßt. Lasse dich ganz darauf ein, dich mit diesem Menschen, wer immer es sein mag, zu verbinden, um eine neue Ebene der Nähe und Verbundenheit zu begründen. Stelle dir den Abstand zwischen dir und dem anderen Menschen als jene metaphorische Distanz vor, die für die Heilung und Schaffung einer neuen Ebene der Liebe notwendig ist. Frage dich, was dich von deinem Partner zurückhält. Wenn du die einzelnen Dinge entdeckst, die dich von deinem Partner fernhalten, lasse jeden Punkt sofort los. Gehe mit jedem Loslassen einen Schritt auf ihn zu. Mache dies so lange, bis du schließlich alles losgelassen hast, was dich von deinem Partner trennt, und du ihn umarmen kannst. Sei dir bewußt, daß dein Geist neben den nachfolgenden Vorschlägen für Punkte, die im Weg stehen können, intuitiv auch Angriffsgedanken, Verletztheit, Versuchungen oder Phantasien als Hindernisse nach oben bringen kann. Hier nun einige weit verbreitete Themen, die zwischen Menschen auftauchen können:*
   - *Lasse vergangenen Groll gegen deinen Partner los.*
   - *Lasse gegenwärtigen Groll gegen deinen Partner los.*
   - *Lasse Urteile über deinen Partner los.*
   - *Lasse alle Vergangenheit mit deinem Partner los, die nicht glücklich war.*
   - *Lasse jeden Ort los, an dem Ungleichheit herrscht. Setze dich für eure Gleichberechtigung ein. Dies wird die Verschmelzung, die Aufopferung und das Wettbewerbsdenken auflösen.*
   - *Lasse alle alten Wunden aus deiner Kindheit los, die jetzt zwischen dir und deinem Partner stehen.*
   - *Lasse alle Ungleichheit aus deiner Kindheit und Jugend los, die zwischen dir und deinen Geschwistern, Eltern, Lehrern, Trainern, vergangenen Liebschaften, Freunden und Kameraden herrschte. Setze dich dort für Gleichberechtigung zu jener Zeit ein.*
   - *Lasse alle alten Wunden aus deinem Erwachsenenleben los, die jetzt zwischen dir und deinem Liebespartner stehen.*

- *Lasse alle Ungleichheit los, die zwischen dir und deinen Geschwistern, Eltern, Lehrern, Trainern, vergangenen Liebespartnern, Freunden und Bekannten sowie gegenwärtigen Partnern in deinem Erwachsenenleben herrscht. Setze dich für Gleichberechtigung in der Gegenwart ein.*
- *Lasse deine Vorwürfe an das andere Geschlecht los.*
- *Lasse deine Vorwürfe an das eigene Geschlecht los.*
- *Lasse alle Vorwürfe gegenüber deiner Mutter oder deinem Vater los.*
- *Lasse alle Menschen aus deiner Familie oder alten Beziehungen los, an denen du vielleicht festhältst. Festhalten verhindert Nähe in der Gegenwart.*
- *Lasse alle Selbstsüchte oder Abhängigkeiten los.*
- *Lasse alle Phantasien und Versuchungen los.*
- *Lasse alle Schuldgefühle los.*
- *Lasse alle Erwartungen und jedes „Sollte" los.*
- *Lasse allen Groll aus alten Beziehungen los.*
- *Lasse alles Festhalten an Dingen aus alten Beziehungen los, seien sie negativ oder positiv.*
- *Lasse die Angst los.*
- *Lasse die Angst los, daß einer von euch beiden nicht gut genug sein könnte.*
- *Lasse die Angst los, daß das Leben so gut sein könnte, daß du dich selbst verlierst.*
- *Lasse die Angst vor all den guten Dingen los, die überwältigend scheinen.*

Alle obengenannten Punkte blockieren die Nähe in der Gegenwart. Wenn du dem anderen näher kommst, wirst du vielleicht andere Ängste bemerken, wie die Angst vor dem „Dahinschmelzen" oder die Angst, dich zu verlieren. In Wirklichkeit wirst du nicht schmelzen und dich auch nicht verlieren; du verlierst ein Stückchen von jenem Trennungswall, der Ego heißt. Schließlich haben wir in der Regel Angst vor dem, was wir für wirklich gut erachten, wie zwischenmenschliche Nähe, wahre Liebe und Alles-Haben, nämlich Liebe und Glücklichsein. Lasse all diese Dinge gehen, damit du dich mit deinem Partner verbinden kannst. Wenn dein Partner tatsächlich anwesend ist, dann ist es seine Aufgabe, sich am anderen Ende des Raumes aufzustellen und dasselbe zu tun. Wenn du während dieser Übung dein Ziel im Auge behältst, wie beispielsweise deine Liebe zu mehren, dich selbst, deinen Partner oder das Problem eines Freundes zu heilen oder auch eine neue Ebene der Liebe, der Nähe und der Leichtigkeit in deiner Beziehung zu schaffen, so wird dies den gesamten Prozeß sehr erleichtern.

2. *Schaue deinem Partner in die Augen. Schaue mit deinem linken Auge in sein linkes Auge, es sei denn, du hast das Gefühl, daß das rechte Auge angenehmer sei. Spüre, wie du dich mit deinem Partner von Herz zu Herz und von Geist zu Geist verbindest. Manchmal taucht alter Schmerz auf; verbinde dich einfach weiter mit deinem Partner. Manchmal taucht Leere und Erstarrung oder Gefühllosigkeit auf; verbinde dich einfach weiter mit deinem Partner. Fahre fort, deinen Partner zu lieben, dich mit ihm zu verbinden. Schmilz alles ein, was im Weg steht, auch Verteidigungsmauern, Distanziertheit, Erstarrung und alles, was zwischen dir und der Liebe zu deinem Partner steht. Fahre fort, dich energetisch weiter auszudehnen. Hier geht es nicht um Romantik oder Annäherungsversuche. Hier geht es um die Energie der Liebe zu allem und jedem. Verbinde dich energetisch mit dem anderen. Spüre, wie er sich mit dir verbindet. Wenn du genügend Verbindungsfäden geknüpft hast, erhältst du eine Schnur. Wenn du genügend Schnüre zusammenfügst, bekommst du ein Seil. Verknüpfe mehrere Seile miteinander, und du bekommst ein Tau. Bald wirst du eine Brücke der Verbundenheit zwischen euch errichtet haben. Manchmal wirst du feststellen, daß Konflikte in deinen Chakras bzw. Energiezentren nach oben steigen. In dieser Übung können unterschiedliche oder mehrere Emotionen auftauchen, da mit jeder Problemschicht, die eingeschmolzen wird, der Konflikt weiter nach oben zum nächsten Chakra aufsteigt und auf eine feinere Ebene gelangt. Manchmal, wenn du die Heilung in einem Chakra vollendet hast, magst du das Gefühl haben, daß alles abgeschlossen sei, doch wenn du dann das nächste Chakra erreichst, zeigt sich eine weitere Schicht. Am Ende dieser Übung wirst du tiefe Liebe und die zarte Süße der eingegangenen Verbindung spüren. Du kannst viele Schichten einschmelzen, die nicht nur zwischen dir und diesem Menschen gestanden haben, sondern auch zwischen dir und allen anderen Menschen. Man kann den Konflikt sogar noch weiter nach oben bringen und durch die sieben Chakras oberhalb des Kopfes aufsteigen lassen. Hierbei handelt es sich um hohe Ebenen der Liebe und der Gnade, und im vierzehnten Chakra liegt die Erfahrung der Glückseligkeit.*

Weg 45
Den Rebellen heilen

In jedem Problem ist auch das Element eines Autoritätskonflikts enthalten. Wir greifen einen Menschen an, weil er nicht die Führungspersönlichkeit ist, die wir in ihm sehen möchten, oder weil er uns nicht in der Weise nachfolgt, wie wir es gerne hätten. Dieser Autoritätskonflikt kann auch widerspiegeln, wie wir uns verhalten, wenn wir anderen nachfolgen. Wenn wir Angst vor Freiheit und vor der Autorität haben, die naturgemäß mit ihr einhergeht, dann werden wir Autoritätspersonen als diejenigen angreifen, die uns zurückhalten, weil wir nicht erkennen, daß die wahre Blockade unsere Angst ist. Wir wollen die Dinge auf unsere Art und Weise tun, auch wenn diese Art und Weise häufig wechselt, schwierig ist oder uns sogar schadet. Das Motto des Rebellen lautet: „Mein Weg ist der einzig wahre!“ Der Rebell basiert auf der Wettbewerbsverschwörung, die uns gegen alle – auch gegen Gott – kämpfen läßt. Diese Verschwörung ist von derart beherrschender und durchdringender Natur, daß wir auf dem gesamten Weg zur Erleuchtung Schichten dieser Verschwörung heilen werden. Von allen Schattenfiguren, an denen ich im Laufe der Jahre mit Menschen gearbeitet habe, war die Schattenfigur des Rebellen am tiefgehendsten, am stärksten verdrängt und verleugnet, und sie hat sich als letzte der Heilung ergeben. Der Rebell sorgt dafür, daß wir in der Falle des Vergleichens und im Teufelskreis von Überlegenheit und Unterlegenheit feststecken. Menschen, die sich überlegen und überheblich geben, kompensieren Minderwertigkeitsgefühle, und wenn man umgekehrt Menschen nach ihren Minderwertigkeitsgefühlen fragt, dann geben sie mit einem breiten Lächeln zu, daß sie sich eigentlich für die Besten halten. Dies ist eine üble Falle, welche im Bemühen, zu gewinnen und nach oben zu kommen oder durch die eigene Unterlegenheit dem anderen den Sieg zu verderben, die Verbundenheit blockiert. Dies ruft alle möglichen Beziehungsprobleme und Ineffektivität am Arbeitsplatz hervor.

In der Aufopferung opfern wir uns für unseren Partner, für unsere Familie, für die Gesellschaft oder für Gott auf, um uns selbst, unserer Lebensaufgabe und der zwischenmenschlichen Nähe aus dem Weg zu gehen. Am Ende gibt sich unsere Aufopferung als eine Erscheinungsform des Rebellen zu erkennen, weil sie nämlich die Liebe, das Eingehen von Verbindung, die Lebensaufgabe und die persönliche Bestimmung meidet. Bei jeder Form von Rebellion sind wir in Reaktion gefangen, aber deshalb stecken wir nicht weniger in einer Falle fest. Wir bleiben auf Distanz, abgespalten und in Konflikt mit dem Menschen, der das Sagen hat, weil wir unser eigener Chef sein wollen, oder wir bleiben unabhängig, um dadurch zu versuchen, uns vor zu viel Schmerz und Aufopferung zu schützen. Dieses Verhalten ist ein Ergebnis des Ausgebranntseins aufgrund familiärer Belastungen, aufgrund von unbefriedigten familiären Bedürfnissen oder aufgrund von Herzensbruch innerhalb der Familie und in Beziehungen. Anstatt uns aufzuopfern, rebellieren wir jetzt. Der Dichter Richard Shelton sagte über diese Art der Beziehung zu seinem Vater, daß er „wie eine Fahne war, die ihren Fahnenmast bekämpft".

Wenn wir dafür kämpfen, die Dinge nach unseren Vorstellungen zu tun, liegt darunter die Klage, daß unser Partner, unsere Familie, die Gesellschaft oder Gott alles falsch gemacht haben und daß wir nun unser eigener Chef sein und nach unserem eigenen Kopf handeln wollen. Der Weg aus dieser Falle, die ständig zwischen den Extremen von Aufopferung und Ausgebranntsein auf der einen Seite und Rebellion, Selbstsucht, wieder Rebellion usw. auf der anderen Seite hin- und herschwanken kann, besteht im Annehmen von Partnerschaft und Führungseigenschaften. Gute Führungspersönlichkeiten sind per Definition aufgeschlossen für die Bedürfnisse anderer und sind gute Gefolgsleute von anderen Führungspersönlichkeiten. In einer Beziehung wissen wir, daß dann, wenn wir vorangehen und den Weg zeigen, unser Partner automatisch ebenfalls einen Schritt machen und Nutzen daraus empfangen wird, es sei denn, wir bewegen uns durch Machtkampf oder Wettbewerb einen Schritt von unserem Partner weg. Wenn unser Partner einen Schritt macht, werden wir automatisch und dankbar davon profitieren und vorangebracht werden, sofern wir keinen Konkurrenzkampf mit unserem Partner austragen, denn dann werden wir Groll hegen.

In bezug auf unsere Familie wären wir aufgeschlossen und bemüht zu dienen, doch ohne die auf Angst basierende Aufopferungsbeziehung. Wir würden erkennen, wie wichtig es ist, uns selbst treu zu bleiben, während wir auf ausgeglichene Weise unserer Familie hilfreich zur Seite stehen. In der Gesellschaft würden wir wissen, daß der einzige Weg des Helfens darin besteht, wahrhaft hilfsbereit zu sein und der Aufopferung oder Rebellion nicht in die Falle zu gehen. In unserer Beziehung zu Gott, von dem viele Menschen glauben, daß er unsere Aufopferung verlangt, würden wir schließlich aufhören, unsere Unwürdigkeit, unsere Schuld und ihre Forderung nach Aufopferung auf Gott zu projizieren. Wenn ein liebender Elternteil nicht will, daß sein Kind sich aufopfert, dann ist es für Gott erst recht unmöglich, dies zu tun. Anstatt in die Aufopferung zu gehen, würden wir naturgemäß zu Lehrern Gottes, der Liebe und der Gnade, zu einer Quelle der Inspiration und zu einem Schatz für die Welt werden, einfach dadurch, daß wir ein glückliches Leben führen und andere befreien helfen. Wenn wir Gottes naturgegebene Autorität anerkennen, werden wir zu Seiner Hand und Stimme, die den Menschen hilft, sich an die Liebe und an Gott zu erinnern, aber nicht, weil wir dies predigen, sondern weil wir es leben. Doch so viele Menschen, die ihre Urteile auf Gott projizieren, betrachten sich selbst als dazu autorisiert, in Gottes Namen zu verdammen, zu tadeln und anzugreifen. Gott kann per Definition nicht verdammen, tadeln oder angreifen. Diese Dinge haben ganz sicher nichts mit dem zu tun, was Gott wünscht. Sie basieren letztlich auf unserer Angst und unserem Angriff, und wenn wir diese Gefühle haben, flößen wir anderen Menschen Angst ein. Aus welchem anderen Grund sollten wir unsere eigenen Kinder ängstigen oder verdammen als dem, daß wir selbst Angst haben und uns verdammt fühlen? Verdammung ist ganz gewiß nicht Gottes Weg, der nichts anderes wünscht als eine direkte Verbindung der Liebe und der Kommunikation mit Seinen Kindern.

Viele Rebellen beginnen, gegen die Religion und ihre Anhänger aufzubegehren. Viele Rebellen kämpfen gegen ihre Eltern oder Lehrer, die aufgrund ihres eigenen Autoritätskonflikts autoritär geworden sind und so eine neue Generation von Rebellen herangezogen haben. Viele Menschen, die sich in bezug auf ihre eigene Autorität schwach und ängstlich fühlen, werden im Büro zu herrischen Tyrannen und benutzen ihren Titel dazu, sich wichtig zu machen, was Groll erzeugt. Andere Menschen in höheren Positionen benutzen ihre Stellung, ihre Rolle, Gott, ihr Land oder ihre Firma dazu, sich auf ihren Untergebenen auszuruhen. All diese Dinge zeigen, wie Machtkämpfe und konkurrenzbedingte Konflikte die Verbundenheit aufzehren. Kooperation, die Erfolg bringt, führt dazu, daß die Menschen die Gesellschaft nicht zu bekämpfen brauchen, um ihren Weg zu finden. Wir alle gehen durch ein Stadium der Abhängigkeit, in dem wir uns notwendigerweise darauf verlassen, daß andere sich um uns kümmern. Das Ausmaß, in dem unsere Eltern, unsere Lehrer und religiösen Führer selbst mit Autorität und Konkurrenzkampf Probleme haben, ist das Maß, in dem keine Verbundenheit herrscht oder in dem etwas

Wichtigeres als die Liebe zum Thema wird. Dies führt dann zu einem Ausagieren von Rollen und zur Rebellion, vor allem dann, wenn wir das zweite Wachstumsstadium, d. h. die Unabhängigkeit, erreichen. Wenn wir nicht in der Lage sind, erfolgreiche Verbindungen einzugehen, werden wir kein erfolgreiches Leben haben. Wir werden am Ende zum Opfer oder Täter werden oder am Arbeitsplatz, in der Beziehung oder in der Familie versagen. Wir werden dann in dem Grade autoritär oder kontrollierend, in dem wir emotional erstarrt sind.

Der Weg, aus dieser Falle herauszutreten, liegt in Verbundenheit, rechter Beziehung und dem Aufgeben des Autoritätskonflikts zugunsten von Verbindung. Mit genügend Verbundenheit werden wir naturgemäß das Partnerschaftsstadium in Beziehungen erreichen und dann Führungsaufgaben übernehmen. Dies erlaubt uns, gut mit anderen Führungspersönlichkeiten zusammenzuarbeiten, wenn nötig selbst gute Gefolgsleute zu sein und, falls erforderlich, hervorzutreten und Führung zu übernehmen.

Zu dem Zeitpunkt, wo wir durch die Beziehungsstadien des Machtkampfs und der emotionalen Erstarrung hindurchgegangen und zur Partnerschaft gelangt sind, haben wir gelernt, wie wertvoll es ist, die Partnerschaft über uns selbst zu stellen. Wir haben gelernt, unsere eigenen Bedürfnisse, die Bedürfnisse unseres Partners und die Bedürfnisse unserer Beziehung ins Gleichgewicht zu bringen. Wir haben die Abspaltung zum größten Teil aufgegeben, um unser Herz wiederzugewinnen und keine Angst mehr vor unserem eigenen vergangenen Schmerz und vor dem vergangenen Schmerz unseres Partners zu haben, und sowohl unsere eigenen als auch die Bedürfnisse unseres Partners sind nicht mehr so furchteinflößend. Wir haben gelernt, unseren Partner und die Beziehung mehr wertzuschätzen als unser Besonderssein. Wir haben die narzißtische Selbstbewußtheit zugunsten einer gesunden Bewußtheit und Bereitwilligkeit aufgegeben, unserem Partner die Hand zu reichen. Wir verzichten auf Nehmen und Bekommen zugunsten von Geben und Empfangen. Wir umgehen Bedürftigkeit, Aufopferung und den Rebellen zugunsten der Freude, die in zwischenmenschlicher Nähe liegt, und zugunsten der erfolgschaffenden Kraft unserer Beziehung. Wir wollen nicht länger ohne unseren Partner, sondern mit ihm gemeinsam gewinnen.

Als Führungspersonen übernehmen wir bereits Verantwortung und sorgen für die Gruppe, ob uns dies aufgetragen wurde oder nicht. Als Führer haben wir die Falle durchschritten, uns entweder für die

Gesellschaft aufzuopfern oder gegen sie zu rebellieren. Wir arbeiten für den Nutzen aller. Indem wir die Rebellion aufgeben, kämpfen wir nicht einfach gegen einen Menschen, sondern folgen einem Weg, auf dem wir die Gesellschaft nach vorne führen können. Wenn wir gegen einen Menschen kämpfen, macht es ihn defensiv, es verstärkt das Problem, das wir bekämpfen, und macht es noch realer. Kämpfen investiert in die Illusion, daß es etwas gibt, wogegen man kämpfen muß, und verstärkt sie. Als wahre Führungspersonen greifen wir nicht an oder kämpfen gegen etwas, sondern wir suchen den Weg nach vorne und folgen dem Fluß der Inspiration. Wir tragen die anderen nicht mit, sondern beeinflussen und ermächtigen sie dahingehend, daß sie einen Weg hindurch finden. Als Führer werden wir vom Fluß des Lebens, der Inspiration und dem Tao getragen, und wir werden von jenen unterstützt, die wir unterstützen. Führerschaft trägt die anderen nicht mit, darin besteht eine der Fallen der Führerschaft. Wahre Führerschaft findet einen Weg hindurch und maximiert die Inspiration, die Intelligenz, das Spielerische, die Freude und den Humor, der erfrischt und verjüngt, in dem Wissen, daß all dies den Fluß vermehrt und jene Menschen, die nachfolgen, in innerem Gleichgewicht, glücklich und motiviert hält. Niemand will einem Miesepeter folgen. Wir wollen einen Menschen finden, der ein Visionär und in seiner Integrität unwiderstehlich ist, der sich um uns sorgt, der sich für das Ziel engagiert und der effizient, brillant und lustig ist. Führerschaft spielt ein großes Spiel, sie arbeitet daran, daß alle gewinnen und gleichzeitig das Ziel effektiv erreicht wird. Führerschaft befähigt andere, sich von ihrer besten Seite zu zeigen.

Andererseits gehört der Autoritätskonflikt zu den Wurzeln aller Probleme. Weil wir uns von der Autorität ausgenutzt fühlen, wollen wir keine andere Autorität mehr anerkennen als unsere eigene. Wenn wir autoritär sind, werden wir so lange unterwürfig und kriecherisch statt hilfsbereit und verantwortungsvoll sein, bis wir einen verantwortungsvollen Posten übernehmen, und dann werden wir herrisch, dominant und wollen, daß andere nach unseren Vorstellungen handeln. Wahre Führerschaft ist nicht dominant und fordert keine Anerkennung, sie inspiriert und befähigt.

Ein anderer Aspekt der Rebellion besteht darin, daß sie eine Entschuldigung dafür sein kann, daß wir in irgendeiner Weise einer Selbstsucht frönen, was zu einer Abhängigkeit oder zu noch mehr Aufopferung führen kann, um die Schuld der Selbstsucht abzuzahlen, was dann zu Ausgebranntsein, Rebellion und einem Teufelskreis führt. Der Rebell kann zwar ein echter Führer im Kampf gegen ein faschistisches, totalitäres, repressives oder autoritäres Regime sein, welches die Freiheit leugnet, das Problem besteht jedoch darin, daß wir als Rebellen dazu neigen, nicht aus dieser Reaktion herauszukommen, und den Schritt zu Partnerschaft, Kooperation und wahrer Führerschaft nicht schaffen. Das könnte man damit vergleichen, daß wir emotional auf der Stufe eines Jugendlichen stehenbleiben und nicht über dieses Entwicklungsstadium hinauskommen. Dies ist bei bestimmten Charakterfehlern häufig der Fall. Weil wir durch etwas verwundet wurden, bleiben wir nun rebellisch und distanziert. Was uns verwundet hat, wird als *Freibrief* dafür betrachtet, zu handeln, wie es uns gefällt. Hierbei handelt es sich um distanzierte Unabhängigkeit bzw. Rebellion, und wir sind blind für ihre Auswirkungen wie beispielsweise Schwierigkeiten in Beziehungen. Der Rebell kann so stark sein, daß er uns beziehungslos hält, und wenn wir eine Beziehung gefunden haben, kann er uns davon abhalten oder uns aufhalten, eine erfolgreiche, eng verbundene Beziehung zu erlangen, bis wir das Wettbewerbsdenken aufgeben, das mit dem Unabhängigen bzw. dem Rebellen einhergeht.

Hartes Arbeiten ohne die Fähigkeit, für unser Tun zu empfangen, ist ein weiteres Symptom dieser Abspaltung. Unser Rebellentum tendiert dazu, daß wir entweder die Anerkennung nicht bekommen, die wir uns wünschen, oder daß wir in negativer Weise anerkannt werden. Ähnlich dem Zorn macht der Autoritätskonflikt keinen Unterschied und beeinträchtigt jede unserer Beziehungen, vor allem die Beziehung zu unserem Partner, oder er sorgt gar dafür, daß wir keinen Partner haben. All dies gründet letztlich auf der Angst vor dem Verlust unserer Freiheit, weil Beziehungen mit Aufopferung gleichgesetzt werden und damit, daß man uns sagt, was wir zu tun haben.

Dies beeinträchtigt auch unsere Beziehungen im Berufsleben, indem es uns von Partnerschaft abhält, wenn eine solche gefordert ist, und uns kämpfen läßt, weil wir unsere Wahrheit mit *der* Wahrheit verwechseln – ein Mißverständnis, das man häufig bei unabhängigen Menschen findet.

In dem Maße, in dem wir nicht verbunden sind, wird in unseren Beziehungen ein Ungleichgewicht herrschen, das sich in Form von Abhängigkeits-, Aufopferungs- und distanzierten Unabhängigkeitsrollen zeigt. Dies sorgt für schmerzliche, anstrengende, schwierige, distanzierte oder fehlende Beziehungen. In der Unabhängigkeit – ganz gleich, wie unsere Beziehungen sind – neigen wir dazu, für alles in der Beziehung Vernunftargumente zu finden oder dem anderen Vorwürfe zu machen. So kann beispielsweise ein sehr unabhängiger Mensch, der eine Liebesbeziehung eingeht, zeitweilig abhängig werden, den Partner durch Bedürfnisse und Erwartungen davonjagen und dann behaupten, daß Partner *einander lieben und für einander sorgen müssen.* Während dies den Prinzipien für eine erfolgreiche Beziehung entgegensteht, wird ein solcher Mensch sein Verhalten logisch begründen und seine Verantwortung leugnen. Er wird dann nicht die notwendige Lektion lernen, um in einer Beziehung erfolgreich sein zu können, die in diesem Falle lautet: Bedürfnisse sind eine Form des Nehmens, die unseren Partner davonjagt, ganz gleich, wie wir diese Bedürfnisse tarnen. Als der Rebell in einer Beziehung können wir natürlich leicht der Abhängigkeit des anderen überdrüssig werden und ihn verlassen, anstatt die Beziehung zu transformieren.

Das Maß, in dem es Abhängigkeit und Aufopferung in unserem Leben gibt, ist das Maß, in dem wir unsere Rebellion verborgen haben. Abhängigkeit ist ein Synonym für das Opfer, weil wir die naive Erwartung haben, daß andere in einer bestimmten Weise handeln und unsere Bedürfnisse erfüllen sollen. Angesichts der auftretenden Verletzung, des Herzensbruchs und der Rache kann es dann dazu kommen, daß wir zum Täter werden, daß wir nehmen und die Bedürfnisse oder Wünsche der anderen mißachten, weil wir unsere eigenen Bedürfnisse für wichtiger halten. Oder aber wir sind uns der Gefühle der anderen nicht bewußt und verletzten sie dadurch unabsichtlich, weil wir unsere eigenen Bedürfnisse und unseren Schmerz abgespalten haben.

Unter all unseren Autoritätskonflikten mit Partnern, Eltern, Führungspersonen und Vorgesetzten liegt unser Autoritätskonflikt mit Gott, der höchsten Autoritätsperson.

Übung

1. ***Bewußtheit.*** *Um den Rebellen erfolgreich zu heilen, mußt du zunächst ehrlich schauen, wo du in deinem Leben und in deinem Wachstum stehst. Die unterste Ebene des Rebellen ist das Opfer als derjenige, der blind nachfolgt, der ständig verletzt wird, sich schuldig und unwürdig fühlt, der aber verurteilt und haben möchte, daß andere nach Idealen leben. Diese Position, obwohl sie gewöhnlich nicht mit dem Rebellen in Verbindung gebracht wird, ist in Wirklichkeit das*

Stadium, das den Rebellen ins Leben ruft. Es ist auch das Stadium, wo sich der Autoritätskonflikt in den Verlierer-Verlierer-, Gewinner-Verlierer- und Verlierer-Gewinner-Einstellungen zeigt, die Verlust, Herzensbruch und Schuldgefühle erzeugen. Im zweiten Stadium zeigt sich der Rebell nach seiner Manier in Distanziertheit, Erwartungen, Perfektionismus, Festhalten, Kontrolle, Machtkampf, Rollen, Erstarrung, Ausgebranntsein, Beziehungslosigkeit, mangelnder Anerkennung, Überarbeitung, Geschäftigkeit, mangelndem Empfangen im Verhältnis zur geleisteten Arbeit, Zusammenbruch, Belastungen, Mittragen von anderen Menschen sowie allgemeinem Mangel an Gefühlen und Enthusiasmus. Im letzten Stadium gibt es wenigstens Erfolg im Beruf und in Beziehungen. Jetzt verfeinern wir unser Spiel, indem wir die Welt um uns herum auf jegliche Form von Rebellentum als einer Widerspiegelung unseres unterbewußten und unseres unbewußten Geistes überprüfen, indem wir jenen Menschen helfen, die abhängig und Opfer sind, indem wir unsere Schattenfiguren und die letzten Stückchen von Aufopferung, Konflikt und Distanziertheit heilen. Dies ist auch das Stadium, in dem wir uns dem höheren Ziel der Interdependenz (Vision und Meisterschaft) zuwenden, nachdem wir eine gute Partnerschaft erreicht haben. Mit unserem Weitergehen geben wir das polare Denken und die duale Wahrnehmung auf. Wir lassen das Tun los zugunsten des Seins, die Arbeit zugunsten der Gnade, die persönliche Wahl zugunsten der inneren Führung, das Denken zugunsten eines Zustandes, in dem alle Gedankenbewegungen zur Ruhe gekommen sind, das Unglücklichsein zugunsten der Freude, die Schwere zugunsten des Lachens und die letzten Reste von Verschwendungssucht zugunsten der Fülle des Himmelreichs. Sobald wir realisieren, wo wir stehen, ohne eine Entschuldigung dafür zu suchen, können wir wählen und uns dafür einsetzen, ein wahrhaftigeres, liebevolleres und verbundeneres Leben zu führen.

Es gibt einen bitteren Maßstab für die Rebellion. Inwieweit wir Rebellen sind, zeigt sich auf allen Ebenen des Geistes darin, wie wenig Leichtigkeit wir in unserem Leben haben. Der Rebell blockiert das Eingehen von Verbindung, Wahrheit, Partnerschaft, Kooperation, Empfangen und Gnade.

2. ***Verbindliches Engagement.*** *Heute ist der Tag gekommen, um die Rebellion aufzugeben und die Antworten gemeinsam mit Liebe, Gnade, Hilfe, Heilung, Fülle, Effektivität und Humor hereinzulassen.*

Verpflichte dich der Wahrheit; höre auf, dich selbst, deine Mitmenschen und Gott zu bekämpfen. Dies ist ein Tag, um in verbundene und gleichberechtigte Beziehungen einzutreten und die Wettbewerbsverschwörung aufzugeben. Engagiere dich für Partnerschaft mit all deinen Mitmenschen, die ein Spiegel deiner selbst sind.

3. ***Gebet.*** *Heute ist ein Tag, an dem ich aufgefordert bin, mich der Liebe hinzugeben, die mich umgibt – seitens anderer Menschen und von Gott. Heute ist ein Tag, an dem ich mich dazu verpflichte, Hilfe von den Menschen um mich herum zu empfangen. Heute öffne ich mich für die innere Führung, für Liebe und Unterstützung. Ich will und werde die Menschen in meinem Umfeld als Sprachrohr Gottes betrachten und hören, als Menschen, die mir helfen, mich unterrichten und lieben. Heute empfange und akzeptiere ich diese Hilfe in Dankbarkeit.*

4. ***Stille.*** *Verbringe heute einige Zeit in der Stille, um offenen Geistes zu lauschen. Sei dir heute bewußt, daß Botschaften auf jede erdenkliche Weise von deiner Umwelt kommen können. Daß es sich um Gottes Botschaften handelt, wirst du an der Liebe, der Gnade und der Inspiration erkennen, von denen diese Botschaften begleitet sein werden.*

Weg 46
Um ein Wunder bitten

Wunder setzen die Gesetze von Raum und Zeit außer Kraft und sind ein Teil unseres naturgegebenen, spirituellen Erbes. Als Kinder Gottes können wir um Wunder bitten. Wenn wir bereit sind, die Verurteilung aufzugeben, die unseren Geist eng macht und den Kanal für Gottes wundertätige Liebe blockiert, dann können wir um Wunder bitten, und sie werden uns gegeben werden. Wunder sind Gaben der Liebe und Zeichen für eine Realität höherer Ordnung, die mehr Liebe, Verbindung und Vergebung hervorbringen. Indem wir uns für Wunder öffnen, lassen wir Verurteilung, Angst und Selbstangriff lange genug los, damit die Gnade und die Wahrheit diese höhere Ordnung hervorbringen können. Ein Wunder bringt uns aus scheinbar unmöglichen Situationen heraus, was sich nicht nur auf uns selbst und die anderen auswirkt, die an unserer Situation beteiligt sind, sondern auch auf viele Menschen weltweit, die sich in einer ähnlichen Situation befinden.

Ein Wunder führt uns aus unserer gegenwärtigen Wahrnehmung heraus und etabliert das Spirituelle erneut als die ursprüngliche Realität. Es entsteht aus Gottes Liebe zu uns und geht durch uns hinaus zu anderen Menschen, kraft unserer Liebe zu ihnen. Ein Wunder überwindet die Furcht vor Veränderung, die uns normalerweise in einer Realität niedrigerer Ordnung gefangenhält, und es werden nur dann keine Wunder gegeben, wenn unsere Angst vor Veränderung zu groß ist oder wenn das Glaubenssystem, mit dem wir uns identifizieren, dadurch zu stark bedroht würde. Wunder überschreiten unsere psychologischen Bindungen und erinnern uns daran, daß es unter unseren vielen Ablenkungen eine unauslöschbare Bindung zu Gott gibt. Wunder zeigen uns, daß unsere Gefängnistür offensteht und die Freiheit auf uns wartet, da die Gesetze des Himmels über allem stehen. Wunder beseitigen Verurteilung, Groll, Schuld, Selbstangriff und Aufopferung samt dem Glauben an die Notwendigkeit der Aufopferung, und sie lassen die Liebe die Welt erleuchten.

Da Wunder nicht vom Selbst erzeugt werden, führen sie uns auf natürliche Weise wieder zum Einssein mit Gott, unserem Vater, als dessen geliebte Kinder zurück. Es gibt bei Problemen keinen Schwierigkeitsgrad, den ein Wunder nicht lösen könnte. Wunder kommen von einer Ganzheit des Geistes und stellen die Ganzheit des Geistes wieder her, und sie bewirken dadurch Heilung, während sie das Reich der Wahrnehmung transzendieren. Wunder sind für uns in allen großen und kleinen Situationen verfügbar, obwohl es manchmal nötig ist, daß wir uns zunächst innerlich reinigen. Die gesamte Schuld oder Unwürdigkeit, an die wir glauben, kann unserem Höheren Bewußtsein zur Auflösung übergeben werden.

Ein Wunder ist eines der besten Geschenke, das wir uns oder einem anderen Menschen machen können. Es beruft sich auf die Wahrheit und ermöglicht, daß wir uns auf leichte Art und Weise in Richtung größerer Wahrheit verändern können. Unsere Fähigkeit, Wunder zu erbitten, ist größtenteils unterdrückt und in den unbewußten Teil des Geistes abgedrängt worden, doch mit unserer Entfaltung in Richtung radikaler Abhängigkeit von Gott können Wunder wieder zu einem natürlichen und alltäglichen Teil unseres Geistes werden. Ein Wunder ist das Ergebnis unserer Zusammenarbeit mit Gott zum Wohle anderer, was auch uns selbst sehr zugute kommt. Wunder werden durch das Mittel des Gebets bewirkt, in welchem wir uns mit Gottes Liebe verbinden und die Ganzheit für uns selbst und die Situation wiederherstellen. Wunder helfen die Erinnerung in uns zu wecken, wie sehr wir doch geliebt werden. Andere Menschen mögen sich zwar der Möglichkeit von Wundern nicht bewußt sein oder zu große Angst haben, sie zu empfangen, doch wir können dies für andere tun und so aus unserer Liebe und Freundschaft eine natürliche Brücke zu ihnen bauen.

Übung

Halte heute abend kurz vor dem Einschlafen und morgen früh gleich nach dem Aufwachen einen Moment inne und nimm Gottes Liebe zu dir und allen Menschen wahr. Bitte um ein Wunder und wähle ein Wunder für dich oder für einen oder mehrere Freunde. Jedesmal, wenn dir der Gedanke an ein Problem durch den Kopf geht, wähle statt dessen ein Wunder. Lasse dich von Gottes Liebe einhüllen, und teile sie mit anderen.

Lasse die Liebe die Angst besiegen, und lasse dich und dein Leben emporheben. Lasse dich offen sein für Wunder, und vertraue der

Inspiration, die deine Liebe auffordert zu helfen. Vertraue auch dann, wenn du dich nicht zum Helfen aufgerufen fühlst, damit du dich nicht selbst erschöpfst, indem du etwas zu vollbringen versuchst, wofür der Himmel einen anderen Plan hat. Am allerwichtigsten ist es, zu erkennen, daß diese transzendentale Macht ein natürlicher Bestandteil deines Geistes ist und daß sie zu deinem eigenen Wohl und zum Wohle aller angenommen werden kann.

Jeden Morgen, wenn du aufwachst, frage den Himmel: „Welche Wunder möchtest du mich heute vollbringen lassen?"

Weg 47
Freunde helfen Freunden

Freunde helfen Freunden ist ein Konzept, das die Welt verändern könnte, und vor allem deine Welt. Stelle dir vor, du würdest jedermann als deinen Freund behandeln, als wären seine Interessen die deinen. Wenn wir beginnen würden, alle Menschen als unsere Freunde zu behandeln, ganz gleich, ob sie im Haus nebenan oder zehntausend Meilen weit weg wohnen, dann würde sich die Welt schnell verändern und in eine Ethik des Teilens, der Kooperation, der Gegenseitigkeit und der Teamarbeit hineinwachsen. Dies würde eine Verschiebung der inneren Einstellung bewirken, hin zu einer höheren Form des In-Beziehung-Seins, weg vom Wettbewerbsdenken, vom Gewinnen und Verlieren, vom Mangel und der Angst, die durch all diese Einstellungen erzeugt wird. Verbundenheit würde mit ihren Auswirkungen auf die Liebe, den Erfolg, die Fülle und die Leichtigkeit schnell zu unserem Ziel und unserer Lebensweise werden. Das Prinzip der Freundschaft in seiner tiefen Einfachheit könnte eine solch enorme und wichtige Veränderung bewirken. Freunde urteilen nicht über andere Freunde. Freunde sehen Hilferufe und unterstützen ihre Freunde. Freunde vertrauen und sind vertrauenswürdig. Freunde sind großzügig und hilfsbereit. Freunde schätzen ihre Freunde, haben Spaß miteinander und genießen die Ungezwungenheit des Beisammenseins. Nicht jeder Mensch ist eine große Führungspersönlichkeit, ein Genie oder ein Visionär, und manche haben vielleicht nicht einmal eine glückliche Beziehung, doch fast jeder von uns hat Freunde in seinem Leben, die ihm viel bedeuten. Wir könnten dies ausdehnen und allen Menschen in unserem Leben ein guter Freund sein, allen Menschen auf der ganzen Welt.

Freunde helfen Freunden ist ein Prinzip, das jeden Menschen, mit dem wir in Kontakt kommen, und selbst jene Menschen, denen wir nicht persönlich begegnet sind, als einen Freund betrachtet. Wir sind bereit, allen anderen Menschen genauso viel Liebe, Wärme, Hilfe und Unterstützung zu geben, die wir jenen geben würden, die uns am nächsten stehen. Wir würden ihnen genauso viel Akzeptanz, Toleranz, Flexibilität und Verbundenheit geben. Ein solches Verhalten folgt einem der großartigsten Prinzipien für das Glücklichsein, nämlich zu geben, anstatt bekommen oder nehmen zu wollen. In Freundschaft wählen wir, uns weit zu machen, anstatt uns zurückzuziehen. Wir vergeben, anstatt Groll zu hegen. Wir versuchen zu verstehen, anstatt zu verurteilen. Wir segnen, anstatt zu verfluchen. Wir erfreuen uns eher an anderen und ihrem Erfolg, als daß wir sie geringschätzen oder ihnen grollen. Wir kooperieren eher, als daß wir konkurrieren.

Würden wir diese freundschaftliche Haltung gegenüber allen Menschen auf der Welt annehmen, so würden wir lernen, alle Kinder als unsere Kinder zu betrachten. Wir würden all jene Menschen schätzen und lieben, mit denen wir in Kontakt kommen, und jeden mit Achtung und Respekt behandeln. Die tiefen menschlichen Bedürfnisse nach Miteinbezogensein würden erfüllt, und Einsamkeit, Depression und Mangel würden größtenteils beendet werden. Wir würden ein Leben führen, in dem es statt gestörten Beziehungen Verbundenheit innerhalb der Familie gäbe, in dem eine Gesellschaft ohne Angst vor Verbrechen leben könnte, da andere Menschen nicht länger nur auf ihren eigenen Vorteil bedacht wären.

Buckminster Fuller, der amerikanische Wissenschaftler, Genius und Visionär, hat wissenschaftlich nachgewiesen, daß dann, wenn alle Menschen einander helfen würden, der heute ärmste Mensch in zehn Jahren reicher wäre, als der reichste Mensch es heute ist. Die Welt würde sich in derart großem Ausmaß verändern. Als er das Problem des Hungers in der Welt untersuchte, begann er zu erkennen, daß auf der Welt nicht wirklich ein Problem des Mangels herrscht, sondern daß es sich um Verteilungs- und politische Probleme handelt.

Konzepte bieten die Informationen, die uns in bestimmte Richtungen führen können. Ideen, die inspirieren, motivieren uns naturgemäß zu Veränderung. Was die Welt verändern wird, ist eine Idee, zu der jeder Mensch einen Bezug hat. Trotz all unserer Verschiedenheit werden wir eine gemeinsame Basis finden. Trotz allen Grolls werden wir Versöhnung suchen. Trotz aller Unterschiede werden wir Brücken bauen, um größere Integrität zu finden. Wir werden erkennen, daß das, was uns trennt, uns schwächt, und daß wir dort stark sind, wo wir verbunden sind. Wir werden über alle Rassenkonflikte hinausgehen, hin zu einer einzigen Rasse – der menschlichen Rasse. Wir werden die Falle von Überlegenheit und Unterlegenheit in Gleichberechtigung verwandeln. Wir werden über ein Leben hinausgehen, das auf den eigenen Vorteil bedacht ist, hin zu einem Leben, das Vorteile einräumt. Wir werden beginnen, alle Nationen der Welt als Mitglieder desselben Teams zu betrachten. Wir werden aufhören, Geld als wesentlichstes Ziel zu betrachten, und wir werden beginnen, das Glücklichsein, die Lebensqualität, die Anhebung des Bewußtseins und des Lebensstandards für alle Menschen als unsere wichtigsten Ziele zu betrachten. Wenn wir die Augen der Verurteilung zugunsten von verständnisvollen Augen aufgeben, wenn wir das Bekommenwollen aufgeben und Teilen unser Leben bestimmt, wenn wir erkennen, daß die größte Herausforderung beim Gewinnen darin besteht, alle gewinnen zu lassen, wenn wir erkennen, daß die Antwort auf Krieg nicht in einer Ego-Investition oder Ego-Reaktion liegt, sondern eine Investition in die Freundschaft und eine freundschaftliche Reaktion ist, dann werden wir den Frieden um der Liebe und der Fülle willen wertschätzen, die er mit sich bringt.

Freunde helfen Freunden ist ein Konzept, das inspiriert und mit dem alle Menschen etwas anfangen können. Es ist praktisch, leicht und wirkt vereinigend. Wahrhafte Hilfsbereitschaft und wahrhaftes Dienen gehören zum Besten, was wir zum Leben beitragen können. Es ist zielgenau, treffend gewählt und sorgenfrei, und es verläßt sich eher auf die Gnade als auf die Strapazen ernsthafter Bemühungen. In unserer Hilfsbereitschaft öffnen wir uns dafür, Hilfe zu empfangen, so daß sie in Zeiten der Not für uns verfügbar ist.

Wir werden niemals in eine Situation gebracht, die unsere Kräfte übersteigt. In irgendeiner Weise ist unser Geben genau das, was benötigt wird, um den Tag zu retten. Wir können sogar lernen, die benötigten Gaben in uns selbst zu finden. Wenn ein Freund in Not ist, können wir durch die Gnade empfangen, was er benötigt, und es mit ihm teilen. Wir müssen nicht wissen, was wir tun oder sagen sollen, um anderen zu helfen, doch wenn wir bereit sind, unsere Hilfe zu geben, dann werden wir inspiriert werden, wie wir diese Hilfe gewähren können. Menschen können mit Liebe und Unterstützung alles durchstehen. Unsere Bereitschaft, einfach nur da zu sein und Unterstützung zu leisten, kann alles verändern. Ich habe Menschen die lebendige Hölle überleben sehen, wenn sie jemanden hatten, der sie liebte und an sie glaubte. Ein Freund ist ein Mensch, der einschreitet, wenn alle anderen davonlaufen. Freundschaft bringt Spaß, Interesse, Humor, Spiel, Inspiration, Intelligenz, Brillanz, Weichheit und Freundlichkeit, Gegenseitigkeit und Verbundenheit. Diese Aspekte lassen ein Fließen entstehen, bringen Erquickung, Glücklichsein und Verjüngung.

Übung

Übe heute, jeden Menschen als einen Freund zu betrachten. Schenke den Menschen, denen du begegnest, Liebe, Geborgenheit und Wärme. Sei heute wahrhaft hilfsbereit. Sei allen Menschen in deinem Umfeld heute ein Freund. Auch deinen Gegnern. Das wird sie völlig verblüffen, und du wirst erkennen, daß sie ein notwendiger Teil deines Friedens sind.

Nimm dir einen Moment Zeit, um herauszufinden, welche Menschen deine Hilfe brauchen. Sende ihnen Liebe. Rufe sie an oder besuche sie. Sei allen Menschen ein Freund, auch dir selbst. Beginne alle Menschen zu segnen, statt sie zu verurteilen. Engagiere dich für die Idee von Freunden, die Freunden helfen. Schätze die Freunde, die du hast, und das, was andere für dich tun.

Sei heute derjenige, der Humor, Spiel und Spaß bringt. Hilf den Menschen um dich herum und stärke ihre Kraft. Habe Freude an allen Menschen, mit denen du in Kontakt kommst. Geselle dich in Spiel und Lachen zu ihnen. Wirst du wählen, ein Freund des Lebens zu sein? Ein Freund der Erde? Wenn du am Ende deinen Körper verläßt, wie viele Menschen werden von dir als ihrem besten Freund sprechen, als jemandem, der einen großen Beitrag zu ihrem Leben geleistet hat? Die Welt braucht dich. Deine Freunde brauchen dich. Betrachte eure Interessen als gegenseitig. Gib die tödliche Selbstsucht des Selbstangriffs auf, um dich nicht von den Hilferufen ablenken zu lassen, die überall um dich herum sind.

Weg 48
Der Weg zur Bestimmung

Was glaubst du eigentlich, wer du bist? Dies ist eine uralte Frage, die uns manchmal geringschätzig von anderen gestellt wird. Wer wir zu sein glauben, bestimmt, wie wir uns selbst und unser Leben einschätzen, wonach wir streben und wie wir uns dem Leben und anderen Menschen gegenüber geben. Wir verbringen unser Leben damit, unsere Selbstachtung aufzubauen, und arbeiten hart, um sie aufrechtzuerhalten, ohne zu erkennen, daß dies größtenteils eine Kompensation für die tiefen Schichten der Wertlosigkeit, der Schuld und der Versagensgefühle ist, die aus unser Familiendynamik kommen. Dies hat entweder zu Unabhängigkeit von unseren Familien oder zu Aufopferung für unsere Familien geführt. Wir tragen diese Muster ins Leben, in unsere Beziehungen und unsere Familien hinein, es sei denn, wir lösen sie auf. Diese Familienverschwörung ist eine unter Dutzenden von Verschwörungen, die wir einsetzen, um uns vor unserer Lebensaufgabe und unserer Bestimmung zu verstecken.

Der Himmel hat einen Plan für uns, eine Bestimmung, die weder Aufopferung noch das Ausgebranntsein umfaßt, das aus ihr entsteht und zu distanzierter Unabhängigkeit führt. Unser Leben ist dazu bestimmt, sich auf einem sorglosen Weg zu entfalten, der über die Stadien des Werdens und Seins zum göttlichen Sein führt. Je mehr verbunden wir sind, desto leichter ist die Entfaltung. Ich habe Zeichen für diesen Widerstand gegen die Lebensaufgabe und Bestimmung im Denken von Zehntausenden von Menschen gesehen. Wir haben Angst vor unserer Begabung und Größe. Und darum widersetzen wir uns und rebellieren, weil wir nicht wollen, daß man uns sagt, was wir tun sollen, und weil wir irrtümlicherweise glauben, daß unser wahrer Wille sich vom himmlischen Willen unterscheidet. Wir sind willens, Schmerz, Probleme und Verschwörungen gegen uns selbst einzusetzen, damit wir nicht zu hören brauchen. Wir wollen unseren eigenen Weg gehen, dem Pfad unseres Ego folgen, und es scheint uns nichts auszumachen, wenn dieser Weg in Leid und Schmerz hineinführt. Wir glauben, daß unsere eigene Autonomie das Wichtigste auf der Welt sei und daß wir ohne sie bloße Automaten oder Sklaven wären. Doch wir haben Widerstand mit unserem Willen verwechselt. Wir meinen, daß es der richtige bzw. der beste Weg sei, wenn wir die Dinge auf unsere Weise tun. Die meisten von uns haben irgendwann den Schritt in die Unabhängigkeit gefeiert, heraus aus Aufopferung, Herzensbruch und Überzeugungen, wo wir einfach nur das taten, was andere von uns verlangten, wo wir das taten, was man uns als Kinder zu glauben gelehrt hat. So schien der Schritt in die Selbstbestimmung, weg von Familie, Schule, Firma, Religion, Regierung, Land oder einer Ideologie, an die wir uns bis dahin angepaßt hatten, eine gute Idee.

Je mehr Schmerz, Verlust, Angst, Verletzung, Herzensbruch, Schuld und Aufopferung wir als Kind erlebt haben, desto distanzierter und reaktiver ist diese Unabhängigkeit. Leider bleiben viel zu viele Menschen bei der Unabhängigkeit als einem Platz des Widerstandes, der Reaktion und der Rebellion stehen. In dem Ausmaß, wie wir dies tun, werden wir von unseren verborgenen Bedürfnissen, unserem Schmerz und unseren negativen Selbstkonzepten abgespalten, und wir werden nicht wissen, was wir wahrhaftig wollen, da unsere Energie anstatt in unsere wahre Richtung in die Verteidigung geht. Wir werden uns lediglich in einer Abwehrstellung befinden, um nicht wieder gefangengenommen zu werden und uns nicht wieder versklavt zu fühlen, sei es nun in Beziehungen, am Arbeitsplatz oder ganz allgemein im Leben. Wir meinen, Freiheit sei eher ein Freisein von etwas, eine Reaktion gegen etwas, ein Weglaufen von etwas, als eine Gelegenheit, eine Wahlfreiheit, eine Lern- und Entwicklungsmöglichkeit auf einer höheren Ebene und eine Chance, mehr zu geben und zu lieben. Infolgedessen machen wir unsere Beziehungen zu einem Konkurrenzkampf und versuchen unseren Willen durchzusetzen. Dies führt zu Machtkampf und Erstarrung, da wir uns zurückziehen, um uns keine Niederlage zu erlauben.

Wenn wir schließlich dieses distanzierte und reaktive Stadium der Unabhängigkeit überwinden, gelangen wir zur wechselseitigen Abhängigkeit, der Interdependenz, und am Ende schätzen wir wahrhaftig das Eingehen von Verbindung, zwischenmenschliche Nähe und Partnerschaft. Dies ist ein glücklicheres, erfolgreicheres Stadium, und wenn wir uns darin erneut mit Lektionen der Abhängigkeit und Unabhängigkeit auseinandersetzen, dann tun wir dies von einer höheren Warte und aus dem Wunsch nach mehr Interdependenz heraus. Auf diesem Fundament entwickeln wir die Bereitschaft, den unbewußten Geist zu erforschen und zu heilen. Doch unsere persönliche Entwicklung endet nicht im Stadium der Interdependenz; wir beginnen nun, die radikale Abhängigkeit zu erforschen, die Bereitwilligkeit, das Ego-Denken zugunsten der Einheit, der Erleuchtung und des Einsseins aufzugeben. Wir erkennen uns selbst als Kind Gottes, das alles Gute verdient. Wir hören auf, wertzuschätzen, was wertlos ist. Wir werden diszipliniert in unserem Denken, weil wir erkennen, daß jeder Gedanke die Welt um uns herum gestaltet.

Hier werden wir zu Meistern auf dem Weg zur Realisierung der Erleuchtung. Wir werden zu einem aktiven Kanal, durch den der Himmel auf die Erde gebracht wird. Wir sind bereit, weniger von uns und mehr vom Himmelreich zu haben. Unser Ego schmilzt weiter, und es bleibt unser wahrer Wille mit seiner Kraft und seiner Freude. Hier vereint sich unsere Seele mit unserem göttlichen Geist, dem Willen Gottes. Hier beginnen spirituelle Vision und eine völlig neue Wahrnehmung der Welt. Mit unserer Selbsterkenntnis als Kinder Gottes beginnen wir das Einheitsbewußtsein zu erforschen, das uns alle verbindet. Von diesem Ort aus machen wir in der Regel den Sprung in die Erleuchtung, und wenn wir ihn auch früher hätten tun können, so wurden wir doch von Interessen des Ego und des Körpers abgelenkt. All dies ist unsere Bestimmung. Wenn unser Leben unsere Lebensaufgabe erfüllt und uns zu großartigen Menschen macht, so bringt uns das Leben unsere Bestimmung: Glücklichsein, Pracht und Herrlichkeit.

Unsere Bestimmung ist ein Ort der Liebe für alle. Wir sind voller Glück, Gnade, Kraft und Wunder-Gesinnung. Sie ist ein sorgloser und freudvoller Ort, an dem wir uns wieder mit dem Sein identifizieren, anstatt mit unserem Tun. Sie ist ein weiterer Schritt auf dem Weg zur Erkenntnis unserer selbst als einem Teil allen Seins bzw. als einem Teil des Göttlichen Geistes.

Natürlich gelangen die meisten Menschen nicht einmal in die Nähe dieser Bewußtseinsstufe, obwohl sie uns allen als unser wesentlichster Teil innewohnt. Hier können wir uns selbst als göttliches Wesen, als sicher, rein, geheilt und ganz erkennen. Zwar sind wir alle aufgerufen, diese Ebene zu erreichen, doch zu viele Menschen führen ein oberflächliches Leben, sie streben nach falschen Zielen, nach Dingen, die ihnen niemals volle Befriedigung bringen können, und halten sich für weniger wert, als sie sind.

Zwischen dem Ort, an dem wir uns in unserem gegenwärtigen Wachstum befinden, und jenem Ort, an dem unsere Bestimmung liegt, verläuft ein Weg, der relativ sorglos und glücklich ist. Wenn wir nicht sorglos und glücklich sind, dann sind wir offensichtlich vom Weg abgekommen oder gehen einen eigenen Weg. Selbst jetzt hat der Himmel für uns einen direkten Weg von dem Ort, an dem wir jetzt sind, zu unserer Bestimmung. Damit wir uns dort, wo wir den Weg verlassen haben, nicht zu sehr verirren, hat der Himmel jenen Weg nun zu unserem Weg gemacht, zu einem Teil unseres Wegs nach Hause. In unserer Angst erkennen wir nicht, daß unser Streben nach Selbstbestimmung unserer wahren Selbstbestimmung entgegensteht. Unser Ego hat sich einen eigenen Weg mit einem eigenen Plan ausgesucht, um Träume vom Besonderssein zu verfolgen. Es verzögert natürlich nicht nur unsere Entwicklung und lenkt uns ab, wenn wir nach frivolen oder wertlosen Dingen streben, sondern vielmals werden wir auch von Problemen niedergedrückt, weil wir uns dem natürlichen Fluß unseres Geistes und unseres Herzens entgegenstellen. Es gibt nur wenige Probleme, die tatsächlich entscheidende Lektionen für unsere Lebensaufgabe und unsere Bestimmung darstellen. Die meisten Probleme werden vom Ego erzeugt, um sich selbst aufzubauen, während sie uns gleichzeitig vom Vorangehen abhalten. Nachdem wir ein starkes Ego aufgebaut haben, das für unser Wachstum und unsere Unabhängigkeit notwendig war, müssen wir dann, um uns entfalten zu können, damit beginnen, unser konkurrenzbedachtes Ego zugunsten eines auf Kooperation, Partnerschaft, Einheit, Eintracht und Einssein ausgerichteten Bewußtseins zu demontieren. Dies bringt mit jedem Schritt größere Liebe, Freude und Integrität hervor. Es öffnet und integriert alles, was wir in unserem Inneren verdrängt haben. Wir haben alles begraben, was unser Ego bedroht hat – das, was unseren niedereren Instinkten entsprang, ebenso wie das, was von unseren höheren Ambitionen kam. Mit dem Heilen unserer vergrabenen Schreckensgeschichten lassen wir unsere lichtvollen Erfahrungen zu uns zurückkommen.

Von dem Punkt aus, wo wir uns jetzt auf unserem Weg befinden, gibt es einen nächsten Schritt. Der nächste Schritt ist stets ein glücklicherer und freierer Ort, und deshalb schafft uns das Ego ein Problem oder eine Versuchung oder beides, um uns zurückzuhalten. Wenn ein großes oder chronisches Problem unseren Weg versperrt, dann erwartet uns die Geburt eines völlig neuen Kapitels in unserem Leben, wenn wir den Mut haben, es zu wollen, und den Willen, daß es geschehen soll.

Unsere Bereitschaft, unsere Wahl und unser Engagement werden zu den leichtesten Mitteln, um voranzugehen. Sie lösen die Angst auf und lösen das gegenwärtige Problem. Obwohl wir uns leicht aus unseren Problemen herausbefördern könnten, wenn wir unseren Willen in Übereinstimmung mit Gottes Willen und unserem eigenen wahren Willen bringen würden, sind die meisten von uns einfach nur dankbar, wenn sie aus ihren gegenwärtigen Problemen herauskommen, um dann mit dem

Plan ihres Ego weiterzumachen. Wir erkennen nicht, daß Probleme der Plan des Ego sind, und obwohl es versprochen hat, uns aus unseren Problemen herauszuholen, tut es dies auf planlose, unvollständige Weise und verirrt sich gewöhnlich unterwegs. Da das Ego das Prinzip der Trennung ist und Probleme ein Weg sind, uns von uns selbst, von anderen Menschen und von Gott zu trennen, setzt sich das Ego niemals wirklich dafür ein, unsere Probleme zu lösen, da dies gleichbedeutend mit seiner eigenen Auflösung wäre. Unser Ego verspricht uns alles, arbeitet aber nur für sich selbst und seine eigene Vergrößerung. Unser Höheres Bewußtsein wartet auf unsere Bereitschaft, damit es uns helfen kann, so schnell durch das Minenfeld unserer Probleme hindurchzugehen, wie wir dies wollen, hin zu größerem Frieden, so daß der Weg selbst sorglos, leicht und glücklich wird.

Übung

1. *Sei heute bereit, den nächsten Schritt zu dir kommen zu lassen. Es ist ein Schritt, der infolge deiner Wahl und deines Wunsches zu dir kommen wird. Sei heute von ganzem Herzen bereit. Entschließe dich, dich nicht länger zurückhalten zu lassen. Wenn du ein chronisches Problem hast, lasse dich von ganzem Herzen auf das nächste Kapitel in deinem Leben ein. Habe jeden Tag und jedesmal, wenn du daran denkst, den festen Wunsch nach dem nächsten Sprung. Eine einzige, derart aufrichtig getroffene Wahl kann alles verändern. Nimm alle Veränderungen wahr, die geschehen. Vielleicht magst du sogar Tagebuch darüber führen. Wenn sich ein Problem nicht innerhalb von zwei Wochen entscheidend verändert, dann gibt es einen verborgenen Plan – ein Festhalten, eine Selbstsucht oder eine Angst, die dich zurückhält. Sofern du dich nicht auf dem Weg des Ego befindest, wird das Leben kontinuierlich besser werden.*

2. *Nimm deine Bestimmung und das Strahlen deines Seins an. Dieses Engagement wird deinen Hingang zu deinem wahren Weg beschleunigen. Wünsche dir deine Bestimmung von ganzem Herzen als den besten Weg, glücklich zu sein und der Welt zu helfen.*

Weg 49
Der Mensch, dem du nicht vergeben kannst

Bei dem Menschen, dem du nicht vergeben kannst, handelt es sich um eine Verurteilung und einen Groll, der jetzt in deinem Leben ein entsprechendes Problem bzw. eine ganze Reihe von Problemen in Gang setzt. Zuerst ist es wichtig, zu erkennen, daß es im Reich der Heilung so etwas wie *„Ich kann nicht vergeben"* nicht gibt. Es gibt nur *„Ich will nicht vergeben"* oder *„Ich weigere mich zu vergeben."* In allen Bereichen, wo wir uns zu vergeben weigern, hat sich unser Ego verschanzt und verteidigt. Es sind Orte der Egozentrik und der Opferung, an denen wir Angst haben und uns weigern, uns zu ändern oder weiterzugehen. Es ist wichtig, zu erkennen, daß dann, wenn es einen Menschen gibt, dem wir nicht vergeben wollen, andere Pläne am Werk sind, wie beispielsweise der Wunsch, uns vor unserer Angst zu schützen oder einen anderen Menschen besiegen, eine Schuld abzahlen, in bezug auf etwas recht haben oder sich an jemandem rächen zu wollen, oder es kann sich um etwas handeln, was uns eine lebenslange Entschuldigung bietet, damit wir uns der Herausforderung nicht zu stellen brauchen, damit wir uns nicht verändern, nicht lernen, unser Versprechen nicht halten, unsere Lebensaufgabe nicht leben und unsere Bestimmung nicht annehmen müssen. Es handelt sich um einen Ort, der eine Verhaftung oder eine Selbstsucht verbirgt. Vor allem aber denke daran: Der Angriff durch Vorwürfe macht keinen Unterschied. Er bestraft alle Menschen, auch diejenigen, die du am bedingungslosesten liebst.

In dem Bereich, in dem wir uns zu vergeben weigern, treffen wir kontinuierlich negative Entscheidungen, die eine negative innere Haltung erzeugen, mit der wir irrtümlicherweise begonnen haben, uns in Richtung Tod zu bewegen. In welchem Bereich unseres Lebens dieser Groll auch vorhanden sein mag, unsere Vorwärtsbewegung ist ins Stocken geraten. Wir bewegen uns entweder auf das Leben oder auf den Tod zu, und wo wir steckenbleiben, wenden wir uns in Richtung Tod. Dies ist gleichbedeutend mit dem Glauben, gesündigt zu haben. In dem Versuch, Gottes Zorn zu beschwichtigen, bestrafen wir uns selbst. Dies geschieht selbst dann, wenn wir nicht bewußt an die Sünde glauben. Wann immer wir in einem Konflikt gefangen sind, haben wir uns dem Tod zugewandt, da wir uns in einer unerträglichen Situation befinden und Veränderung verweigern.

Vergebung führt uns aus der Hölle heraus, in der wir uns selbst eingeschlossen haben. Sie ist das Lösungsmittel, das den Kraftkleber der Schuld auflöst, der sich unter unserer Verurteilung und unserem Groll verbirgt. Vergebung verwandelt alles, indem sie uns befreit und unsere Wahrnehmung der Ereignisse verändert. Sie läßt nicht zu, daß wir uns irgend etwas vorhalten, und infolgedessen weigern auch wir uns, es einem anderen Menschen vorzuwerfen. Sie erlöst uns aus dem Gefängnis und von den Wunden, die das Ego als Denkmal für sich benutzt hat, und sie bringt uns zurück auf einen Weg in Richtung Leben. Sie heilt schließlich jenen inneren Konflikt, der uns hätte töten können. Wenn wir eine Wunde haben, über die wir nicht hinwegkommen *„können"*, oder wenn es einen Menschen gibt, dem wir nicht vergeben *„können"*, dann errichten wir ein überempfindliches narzißtisches Muster des Sich-verwundet-Fühlens und des Sich-zurückgewiesen-Fühlens, oder wir nehmen ein kompensatorisches Bedürfnis nach Kontrolle an, die zurückweist, fordert und verwunden kann. Da wir unsere Wunde immer noch nicht akzeptiert haben, sehen wir keinen Weg, der hindurchführt, um in diesem Teil unseres Lebens voranzukommen. Die Wunde gibt uns das Gefühl, etwas Besonderes zu sein, während sie uns gleichzeitig übertrieben mit uns selbst beschäftigt sein läßt, doch ihr Versuch zu nehmen befriedigt uns niemals mit wahrer Liebe und läßt uns nicht über uns selbst hinausgehen, um die Hilferufe um uns herum zu hören. Sie hält uns in der Ichzentriertheit des Bekommens eingeschlossen, anstatt im inneren Gleichgewicht des Zentriertseins, dem Zentrum unseres wahren Selbst in Gnade und Spiritualität.

Wenn es einen Menschen gibt, den wir der Vergebung für unwürdig erachten, dann betrachten wir uns genauso der Vergebung für unwürdig, auch wenn wir an der Oberfläche vielleicht überlegen zu handeln scheinen. Wenn wir einen anderen Menschen verurteilt haben, können wir eben dieser Verurteilung nicht entkommen. Wenn wir uns weigern zu vergeben, bedeutet dies, daß die ursprüngliche Wunde und der Streß des Ereignisses in unserem Geist weiter wirken, als würden sie immer noch stattfinden. Um den Schmerz und den Streß aushalten zu können, bauen wir viele Verteidigungsmaßnahmen und Kompensationen auf. Diese machen uns blind für unsere Gefühle und Bedürfnisse und auch für die gleichartigen Gefühle und Bedürfnisse in anderen Menschen. Indem wir uns von uns selbst distanzieren, in dem Versuch, den Schmerz zu verbergen, distanzieren wir uns nicht nur von jenen Menschen, die wir lieben, sondern auch vom Leben selbst. Unsere Verteidigungswälle mögen den Schmerz verbergen, doch sie können den Schmerz niemals heilen. Unsere Verteidigungsmaßnahmen berauben uns jener Energie, die wir ansonsten für Aufgeschlossenheit, Liebe und Glücklichsein nutzen könnten, und wir werden, genau wie unser Leben, teilnahmslos, reaktiv und glanzlos.

In jeder Weigerung zu vergeben erschafft unser Groll ein chronisches Problem. Dieses wird zu einer Falle, die sich in eine Verschwörung verwandelt – in eine Falle, aus der wir dem Anschein nach niemals entkommen können. Wo dies geschehen ist und wir uns daraus befreien wollen, müssen wir uns fragen, inwieweit es uns *dient*, wenn wir dieser Person nicht vergeben. Wie benutzen wir dieses Opferereignis *jetzt* in unserem Leben? Welches Geschenk meiden wir? Was müssen wir infolge dieser Opferung nicht tun? Welche Angst versuchen wir irrtümlicherweise zu schützen, anstatt sie aufzulösen, indem wir nicht vergeben? Was erlaubt uns dies zu tun? Wie benutzen wir dies dazu, unsere Lebensaufgabe und unsere Bestimmung zu umgehen? Wie werden wir dadurch zu etwas Besonderem? An wem können wir dadurch festhalten? Welche Selbstsucht können wir behalten? Welche Entschuldigung bietet es uns? Wo chronische Probleme vorhanden sind, gibt es jemanden, dem wir nicht vergeben wollen, und es gibt eine Egostrategie bzw. einen Plan des Ego, von dem wir glauben, daß er uns glücklich machen wird. Sobald wir erkannt haben, daß unsere Resultate uns nicht wahrhaftig dienen, können wir die Entscheidung treffen, eine Alternative zu finden, die in eine lebensspendende Richtung führt.

Der Schlüsselaspekt von Egoplänen im Zusammenhang mit chronischen Problemen bzw. dem Nicht-Vergeben liegt darin, daß es sich irgendwie um einen Versuch handelt, uns glücklich zu machen. Obwohl dieser Egoplan erfolgreich darin sein kann, das zu bekommen, was wir für unseren Wunsch halten, wird er uns niemals glücklich machen. Mit einem Menschen, dem wir nicht vergeben wollen, sind wir in Rollen oder in distanzierte Lebensstrategien hineingeworfen, die uns in Wirklichkeit vom Leben zurückgezogen oder ihm gegenüber reaktiv sein lassen. Wir glauben, alleine zu sein und infolgedessen den Weg nach vorne selbst herausfinden zu müssen. Darum beginnen wir entweder zu glauben, daß es niemanden gibt, der uns helfen könnte, oder daß wir es alleine tun müssen, oder wir glauben, daß wir selbst gar nichts tun können und es jemand für uns tun muß. Wir geben unser eigenes Leben auf und führen statt dessen ein Leben in Aufopferung. Dies ist ein klassischer Egovorschlag, dem es nur zum Teil gelingt, den Schmerz, die Angst oder die

Schuld eines Problems aufzulösen, denn da das Ego genau diese Aspekte dazu benutzt, um sich selbst aufzubauen und seinen Fortbestand zu sichern, gibt es uns niemals eine Antwort, die vollständig funktioniert. Erst dann, wenn wir beginnen, unsere Egoergebenheit aufzugeben, beginnen wir unseren Weg in die Freiheit zu finden. Das Ego will, daß wir so leben, als gäbe es keinen Gott, keine Hilfe, keine Führung und keine Gnade. Das Ego möchte uns glauben machen, daß es unsere einzige Hilfsquelle sei und daß es darum keinen anderen Weg gibt und nichts anderes existiert als jener Weg, den es uns gehen lassen will.

Übung

Stelle dir vor, daß der Mensch, dem du nicht vergeben willst, auf dich zukommt. Bitte ihn, dir zu vergeben. Ja, ganz richtig, bitte ihn, dir zu vergeben. Stelle dir vor, wie du niederkniest und ihn mit folgenden Worten um Vergebung bittest: „Es tut mir leid, daß ich dich dazu benutzt habe, mich selbst zurückzuhalten. Es tut mir leid, daß ich dich als Entschuldigung benutzt habe, um nicht vorangehen und mich der Herausforderung stellen zu müssen, so als ob du – und nicht meine eigene Angst – die Ursache gewesen wärest. Es tut mir leid, daß du es bist, den ich als Entschuldigung benutzt habe, um ein wertvolles und wichtiges Geschenk wegzuwerfen und meine Lebensaufgabe zu verbergen, vor der ich Angst hatte. Ich entschuldige mich dafür, dich als Entschuldigung benutzt zu haben, um insgeheim meinem Leiden unter diesem chronischen Problem zu frönen. Bitte vergib mir, ich werde dich nicht länger dafür benutzen, mich selbst zurückzuhalten. Vergib mir dafür, daß ich nicht gesehen habe, daß du meine Hilfe brauchst. Vergib mir dafür, daß ich deinen Schmerz auf mich genommen und ihn an andere weitergegeben habe, anstatt dir zu helfen. Du spiegelst einen Teil meiner Seele wider, den zu integrieren und zu heilen ich gekommen bin. Ich bin nun bereit, ihn zu heilen, und bitte um die Hilfe des Himmels, diese Vergebung zu vollenden und uns beide zu befreien.“

Wenn der andere auf deine Bitte eingeht, stelle dir vor, wie du ihn umarmst. Sieh und spüre, wie ihr euch verbindet und in eurer Verbindung frei und ganz werdet, gemeinsam mit allen Menschen, an die einer von euch beiden den Schmerz oder das Problem möglicherweise weitergegeben hat.

Weg 50
Gott

Was immer wir von Gott glauben, wird nichts daran ändern, wie Gott ist, sondern daran, wie Gott für uns ist. In unserem Geist ist das, was wir glauben, gleichbedeutend mit dem, was wir erleben, obwohl bereits mit der kleinsten Öffnung ein Tröpfchen Wahrheit durchsickern wird, um uns voranzubringen. Ich möchte das Thema Gott unter rationalen Gesichtspunkten und aus psychologisch-spiritueller Sicht behandeln. Dies mag dir nicht wichtig erscheinen, doch ich garantiere dir, daß es allein schon auf der Ebene des persönlichen Wachstums von grenzenloser Bedeutung ist. Wie wir an Gott glauben, bestimmt letztlich, inwieweit wir uns als schuldig oder schuldlos betrachten. Schuld ist bei allen Problemen ein entscheidender Faktor, vor allem die irrtümliche, verdrängte Schuld, die bei katastrophalen Erkrankungen eine Rolle spielt. Viele von uns haben alle Kanäle vor der Gnade, vor Gottes Liebe verschlossen, und infolgedessen führen wir ein hart-arbeitendes, vom Do-it-yourself-Prinzip bestimmtes und unabhängiges Leben. Die meisten von uns glauben, daß Gott gar nicht wirklich existiert, zumindest auf der Ebene, auf der wir leben. Wir kümmern uns mehr um weltliche Dinge als um Gott und Sein Königreich. Dies mag eine Gegenreaktion sein gegen die Religion und gegen jene, die sie verkünden. Oder es kann sich um eine Ablehnung Gottes aus, wie wir glauben, intellektuellen oder humanitären Gründen handeln, da wir Gott verantwortlich machen für das, was auf der Welt geschieht.

Wie ich bereits an früherer Stelle gesagt habe, liegen unter den Familienmustern, die den größten Teil unseres Lebens bestimmen, die Seelenmuster, welche wiederum die Familienmuster bestimmen, und bei ihnen geht es im Grunde hauptsächlich um unsere Beziehung zu Gott. Die meisten Menschen dringen niemals bis zu dieser Ebene der Heilung ihrer eigenen Muster vor bzw. – wie ich bereits in früheren Kapiteln sagte – schaffen es niemals, die erste Schicht der Schuldgefühle erfolgreich zu überwinden, bei denen es um das geht, was sie falsch oder nicht richtig gemacht haben. Ich möchte Gott in diesem Kapitel aus meiner Perspektive vorstellen, aus der einfachen Warte eines Mitreisenden auf der Reise des Lebens, eines Reisegefährten jedoch, der sich ganz dafür einsetzt, Menschen zu befreien und ihnen bei der Verwandlung ihres Lebens zu helfen.

Gott ist die Einheit der Liebe, der Intelligenz, der Barmherzigkeit, der Macht und des Wissens. Dennoch haben womöglich mehr Menschen im Namen Gottes getötet als aus irgendeinem anderen Grund, und ganz gewiß noch mehr wurde Gottes Namen dazu benutzt, um persönlicher Selbstsucht, Beherrschung, Vorurteil, Verurteilung und Grausamkeit Macht zu verleihen. Dies ist schlichtweg lächerlich und offensichtlich gefährlich. Gott ist Liebe. Alles, was nicht Liebe ist, hat sich die Menschheit ausgedacht, auf Gott projiziert und als Rechtfertigung und Entschuldigung benutzt. Die Bibel kann auf vielerlei Weise gelesen werden, entweder von einer höheren und spirituelleren Warte aus oder aus einer Perspektive, welche die eigenen Handlungen der Verurteilung, Vorherrschaft, Kontrolle und Rache rechtfertigen soll. Zum Beispiel kann „Die Rache ist mein, spricht der Herr" so ausgelegt werden, daß Gott rachsüchtig ist, oder daß Gott die Beendigung aller Rache möchte und daß sie Ihm übergeben werden soll. Wenn wir Rache und Verurteilung auf Gott projizieren, übertragen wir damit das Denken und Fühlen eines unreifen Erwachsenen auf das höchste Wesen und die höchste Intelligenz, die existiert, von Seiner Liebe und Barmherzigkeit ganz zu schweigen.

Im Laufe der Jahre habe ich Tausende von Menschen erlebt, welche die Religion ihrer Kindheit aufgrund der Art und Weise, wie ein Vertreter jener Religion gehandelt hat, ablehnen. Als diese Menschen dann später erkannten, daß etwas in ihrem Leben fehlt, sind sie zu einer anderen Religion übergetreten, haben einen anderen spirituellen Weg gefunden oder sind Agnostiker oder Atheisten geblieben, weil man ihnen als Kind die Religion aufgezwungen hat. Manche Menschen haben andere Wege gefunden, auf denen sie durch Altruismus und Dienst an der Menschheit ihre Spiritualität ausdrücken.

Studien haben gezeigt, daß der Mensch im Laufe seiner Entwicklung auch sein Gottesbild verändert hat. J. B. Phillips führt in seinem Klassiker *„Your God Is Too Small"* dieses Thema weiter aus. Wir haben unsere eigenen Überzeugungen auf Gott projiziert und machen dadurch Gott eher zu unserem Bild als zu dem, was Er ist. Dies hat zu einer eher seltsamen Theologie geführt. Eine kalifornische „Denkfabrik" hat ihre Erkenntnisse darüber veröffentlicht, wie sich das Gottesbild vom rituell verlangten Opfer des erstgeborenen Kindes bis zu unseren heutigen Vorstellungen von Gott entwickelt hat. Ich möchte zwar nicht in die

Thematik abschweifen, was wir aus Gott gemacht haben, aber ich will einige Punkte ansprechen, die mir als die offensichtlichsten, unlogischsten und zerstörerischsten Aspekte erscheinen, die wir auf Gott übertragen haben.

Es geschieht leicht, daß Menschen Gott samt der Religion von sich weisen, wenn sie in ihrem persönlichen Wachstum vom Stadium der Abhängigkeit in das Stadium der Unabhängigkeit übergehen. Doch wenn wir weiter wachsen und vorangehen, gelangen wir in das Stadium der wechselseitigen Abhängigkeit, und an diesem Punkt beginnen wir in der Regel erneut eine spirituellere Betrachtungsweise anzunehmen, selbst wenn sie nicht religiös ist, sofern wir dies nicht schon früher getan haben. In dem Maße, wie wir Partnerschaft mit anderen Menschen eingehen, gehen wir eine Partnerschaft mit Gott ein, ganz gleich, ob wir es so nennen oder nicht. Unsere Beziehungen und unser Bewußtsein werden jedoch mehr von geistigen Dingen, von Liebe, Mitgefühl, Kreativität, Gnade, Barmherzigkeit und so weiter erfüllt sein.

Wir haben tief begrabene, aber seltsame Vorstellungen von Gott. Zum Beispiel glauben wir, daß Gott uns kontrollieren und langweilige Dinge tun lassen will. Wir halten den Himmel für einen faden Ort, wo man auf Wolken herumliegt und obskure himmlische Instrumente spielt, anstatt für die Erfahrung der Liebe, der Freude und des Einsseins. Wir glauben, daß Gott uns in ein Gefängnis sperren will, doch Er kann unseren Willen nicht mehr einsperren als Seinen eigenen, da Er als das Prinzip der Freiheit uns als freie Menschen erschaffen hat. Unsere Liebe zu Gott oder zu einem Menschen kann nur aus der Freiheit und der eigenen Wahl kommen. Wir greifen Gott an und kämpfen unter Einsatz unseres Schmerzes für unsere Freiheit, weil wir glauben, Gott wolle, daß wir opfern, was wir lieben, um Ihm zu gehorchen und zu folgen. Wir denken, Er würde uns unsere Spielsachen wegnehmen, die wir zu verlieren befürchten – Spielsachen wie Geld, Macht, Ruhm, Erfolg, Sex und Besitz –, doch all diese Dinge sind in Gottes Augen einfach nur Illusion. Wir setzen in der Regel die Angst vor dem, was wir verlieren könnten, als ein Mittel ein, um uns von Gott zu trennen, der kein Interesse daran hat, uns unsere Spielsachen wegzunehmen oder das zu entfernen, was wir als entscheidend für unser Glücklichsein erachten. Gott will nur nicht, daß wir uns mit diesen Dingen selbst verletzen und daß wir sie für das halten, was uns erretten oder glücklich machen wird. Soweit ich es beurteilen kann, ist der Archetyp des Rebellen die letzte große Schattenfigur zwischen uns und der Erleuchtung, der Realisierung unseres Einsseins. Es ist der Rebell, der das Getrenntsein aufrechterhalten will, der seinen eigenen Plan zum Glück hat und Gott bekämpfen will. Der Rebell in uns will Gott auch die Schuld an dem geben, was auf der Welt geschieht, damit er Ihn vom Himmelsthron stoßen und das Kommando übernehmen kann, oder damit er wenigstens die Dinge auf seine Weise tun kann – die einzig richtige Weise in unserem Rebellendenken. Obwohl diese Gedanken und Gefühle in einigen der tiefsten Geistesareale liegen, durchzieht ihr Einfluß unser ganzes Leben.

Gott verurteilt nicht, verdammt nicht, schickt uns nicht zur Hölle, bestraft nicht, quält nicht, nimmt keine Rache, verlangt keine Aufopferung und bringt uns auch nicht in eine Situation, in der wir versagen müssen. Stelle dir Gott als den liebevollsten Vater oder die liebevollste Mutter auf Erden vor, voller Liebe, Wissen, Mitgefühl und Weisheit. Wenn dem so ist, wie könnte Gott uns dann jemals bestrafen? Bestrafung ist eine Form von Rache, die den Fehler verstärkt. Dies ist eine negative Denkweise und zuweilen einfach nur dumm. Es kann einfach nicht das sein, worum es Gott geht! Selbst liebende Eltern wollen einfach nur den Fehler des Kindes berichtigt wissen und nicht dabei zusehen, wie ihre Kinder sich selbst angreifen. Nur Schuldgefühle in den Eltern fordern Bestrafung, anstatt die Grenzen neu zu stecken, anstatt dem Kind dabei zu helfen, die natürlichen Konsequenzen zu tragen, und anstatt sich vor allem mit dem Kind zu verbinden und so die Verbundenheit wiederherzustellen.

Gott bekämpft nicht das Übel oder den Teufel. Das Vorhandensein eines Gegenstücks zu Gott würde bedeuten, daß Gott in der Polarität gefangen ist, bei der es sich um eine Bewußtseinsebene handelt, die auf unserer Welt der Gegensätze beruht. Es handelt sich um eine niedere Form der Wahrnehmung, in der wir alle so lange gefangen sind, bis wir die höheren Stufen der Meisterschaft und der Erleuchtung erreicht haben. Doch wenn Meister und erleuchtete Menschen diese Polarisierung bzw. Trennung im Bewußtsein nicht erleben, dann kann dies bei Gott erst recht nicht der Fall sein. Gott als liebender Vater oder Mutter will uns aus dem Leid heraushelfen, das dadurch verursacht wird, daß wir im Leben immer zurückblicken, weil wir fälschlicherweise glauben, daß dies uns glücklich machen wird. Die englischen Begriffe „evil“ (Übel) und „devil“ (Teufel) erhält man, wenn man die Worte „live“ (leben) bzw. „lived“ (gelebt) rückwärts buchstabiert. Gott würde keine Illusion bekämpfen. Aus psychologischer Sicht würde dies die Illusion verstärken und ihr Kraft verleihen. Gott ist einfach nur Einssein, nichts anderes.

Gott kommuniziert kontinuierlich die Wahrheit, um uns zu helfen, und je nachdem, wie offen wir sind, wird uns durch unsere Fehler und Versuchungen hindurchgeholfen, die zu Schuldgefühlen, Feststecken, Selbstbestrafung, Glauben an die Sünde, Selbstverdammung, Angriff, Selbstangriff und der Kreuzigung des Körpers durch Leid und schmerzhaften Tod führen. Gott hat die Sünde, die Schuld und den Tod nicht erschaffen. Grundsätzlich ist es so, daß das, was perfekt ist, nur Perfektion erfährt. Gott als die Liebe hat uns als Liebe erschaffen. Gott als göttlicher Geist hat uns als göttliches Wesen erschaffen. Der Buddhismus spricht davon, daß wir in Maya, einem Traum oder einer Illusion, gefangen sind, die wir für real halten. Wir leben in Träumen, manchmal auch in Alpträumen, und darum wird die „Erleuchtung" auch als „Erwachen" oder „Erkennen" bezeichnet. Gott erkennt, daß wir in Träumen gefangen sind, weil wir dem ewigen Aufruf zum Gespräch nicht folgen, und wir sind nicht mehr im Gespräch mit Gott. Wir haben vergessen, wer wir sind. Wir haben unser Geburtsrecht vergessen, und wir haben Gott vergessen. Selbst viele Menschen, die an Gott glauben, handeln so, als ob Er nicht da wäre, und daher meinen wir, alles alleine tun zu müssen. Wir haben die Gnade vergessen, die uns von unserem Liebenden Vater gegeben wird, der nichts anderes will, als uns zu helfen. Dies bedeutet, daß wir unglücklicherweise unsere ganz persönliche Beziehung zu Gott und die praktische Hilfe, die wir empfangen könnten, vergessen haben.

Gott wird in einen Rahmen gepreßt. Ihm wird an allem die Schuld gegeben, was im Namen der Religion und ihrer Vertreter geschieht. Gott wird für das getadelt, was wir aus unserem freien Willen getan haben. Ich habe dies bei meiner Arbeit mit Menschen gesehen, als ich in den Tiefen ihres Geistes arbeitete und ihnen half, die irrtümlichen Egopläne und die verborgenen Teile ihrer selbst loszulassen, die das Gegenteil von dem sind, was unser bewußter Geist will. In uns liegt eine enorme Angst, die auf der Erfahrung von Gottes Abwesenheit beruht, oder die sogar noch größere Angst, daß wir glauben, Gott würde uns angreifen, was daraus resultiert, daß wir Gott angreifen und Ihn als Feind statt als Freund betrachten. Die Menschen tragen verdrängte Schuldgefühle in sich, die auf religiösen Kindheitsüberzeugungen wie dem Glauben an die Sünde, an Bestrafung und Angst vor der Hölle beruhen. Die Schichten der Schuld, der Aufopferung und der Selbstbestrafung, die im menschlichen Geist existieren und zu Schmerz, Leid und Tragödie führen, werden dann auf Gott und Seinen Willen übertragen, was dazu führt, daß wir weiter

Angst vor Ihm haben und nicht wagen, um Hilfe zu bitten. Wenn wir Gott als Liebenden Elternteil, als unseren Freund, als unseren Geliebten erkennen würden, dann wüßten wir, daß Gott uns diese Dinge niemals antun würde. Gott will uns genausowenig angreifen und bestrafen, wie wir dies mit unseren Kindern machen würden und wie wir nicht wollen, daß sie sich aus einer fehlgeleiteten Vorstellung heraus Schaden zufügen.

Wenn wir weiter mit dem Verstand an dieses Thema herangehen, erkennen wir, daß Gott, die Kraft und Quelle des Lebens selbst, den Tod nicht erschaffen haben kann. Wir, die wir in einer Welt der Polarität leben, glauben, daß Gott, wenn er das Leben erschaffen hat, auch den Tod geschaffen haben muß. Wir glauben dies, weil wir uns mit unserem Körper als uns selbst identifizieren, was große Angst in uns hervorruft. Gott als göttlicher Geist hat uns als göttliches Wesen geschaffen. Diejenigen unter uns, die eine Nah-Tod-Erfahrung gemacht haben, wissen, daß wir genauso bewußt und lebendig sind, wenn wir aus den Hüllen unseres Körpers herausgeschält werden. Die Erleuchteten erkennen ihre Identität als göttliches Wesen. Als Gottes Kinder könnten wir erkennen, daß auch unser Nachname *Gott* lautet, und wir können um die Hilfe und Führung bitten, die zu geben allen Eltern eine Freude und ein Vergnügen ist.

Als unsere Kinder klein waren, sagte unser Kinderarzt, der auch Facharzt der Onkologie ist, daß er viele Arten von Eltern gesehen habe – gute, schlechte und gleichgültige. Aber er sagte auch, daß er niemals Eltern gesehen habe, die nicht mit ihren Kindern tauschen würden, wenn diese leiden müssen. Gott prüft uns nicht, er wünscht uns keinen Schaden und will weder, daß wir leiden, noch daß wir sterben. Es ist nicht Gottes Wille, daß wir in Knappheit und Mangel leben sollen, wenn Gott das Prinzip der Fülle ist. Wenn das Bankhaus von Mama und Papa zu uns als Kinder gut ist, um wieviel mehr ist es dann das Bankhaus Gottes? Wie alle Kinder auf der Welt haben wir natürlich manchmal keine Vorstellung von dem, was gut für uns ist, und wir bekommen einen Trotzanfall, wenn uns etwas weggenommen wird, was wir gerne haben wollen, doch abgesehen davon, daß Gott an der Art und Weise, wie etwas eingerichtet wurde, nichts verändern kann, wird Er sich nicht in unseren freien Willen einmischen, da Er uns vertraut. Wenn wir also leiden und sterben wollen, wird unser Wille geschehen, vor allem dann, wenn wir einen verborgenen Wunsch nach Leid und Tod haben, der stärker ist als unser Wunsch nach Hilfe. Bei Zehntausenden von Menschen, auch bei mir selbst, war ich Zeuge von schädlichen Entscheidungen, irrigen Strategien, zerstörerischen Überzeugungen und eitlen Wünschen, die zu Chaos und verlustbringenden Konflikten führten. Wir alle haben Fehler gemacht, doch es gibt Hilfe für uns, wenn wir nur darum bitten.

Als seiendes Wesen erfahren wir uns getrennt vom Sein und somit von allen anderen Wesen, was ganz klar unmöglich ist. Als seiendes Wesen entspringen wir dem *S*ein und sind eine Ausdehnung desselben. In der Bibel wirft Gott uns aus dem Paradies, doch Gott in seiner Eigenschaft als Gott konnte dies niemals tun, geschweige denn uns in eine Situation versetzen, in der wir versagen, wenn Er Liebe und Barmherzigkeit ist. Wenn es sich um das Paradies handelt, können wir daraus nicht vertrieben werden, doch wir können es verlassen, wir können streiken oder träumen, das Paradies verlassen zu haben. Gott kann uns nicht vertreiben und seine göttlichen Eigenschaften behalten; Gott wäre nicht länger Gott. Wenn wir das Paradies verlassen, um unser eigener Gott zu sein, können wir die Vertreibung auf Gott projizieren, in dem Versuch, unsere Schuldgefühle zu verringern, während wir immer noch die Trennung aufrechterhalten. Wir sind verlorene Kinder, werden aber trotzdem geliebt.

Dieser ursprüngliche Traum, in den wir geraten sind, handelt von Trennung, die zu Angst, Schuld und einer scheinbaren Distanz zwischen den Objekten geführt hat. Aus unserem Bedürfnis heraus, unsere schreckliche, aber illusionäre Schuld loszuwerden, die auf Trennung beruht, haben wir sie nach draußen projiziert, in dem Versuch, uns noch mehr von ihr abzutrennen. Dadurch wurde die Erfahrung des Raumes geschaffen. Zeit ist ein Element, das dann notwendig wird, um von einem Ort zum anderen zu gehen. Mehr und mehr sind wir in einen bösen Traum von der Trennung hineingefallen. Die Kernaussage der Bibel im Buch Genesis ist unser Ungehorsam bzw. die Durchsetzung eines Willens, der nicht Gottes Wille ist. Natürlich ist auch dies unmöglich; es kann keinen anderen Willen als den Willen Gottes geben, aber wir können träumen, daß ein solcher existiert. Es ist diese ursprüngliche Schicht der Schuldgefühle, welche aus der Überzeugung heraus, daß wir uns von Gott getrennt haben, die Familienschuldgefühle und die großen Lebensmuster bestimmt. In den Tiefen, die ich erforscht habe, handelt es sich dabei eindeutig um ein Seelenmuster, das die unbewußten, unterbewußten und bewußten Geistesmuster begründet. Unser Familienmuster ist eine Kompensation und ein direktes Ausagieren dieses Autoritäts-, Konflikt- und Trennungsmusters. Es spiegelt sich in unseren Familien als verlorene Verbundenheit und Konflikt sowie in den unzähligen Rollen und Symptomen wider, die daraus resultieren.

Die ursprünglichen Schuldgefühle, die wir heute empfinden und die viele Schichten tief in unserer Psyche begraben sind, werden zu dem Zweck eingesetzt, das ursprüngliche Problem bzw. die Trennung aufrechtzuerhalten. Schuld erlaubt uns, die Lektion zu umgehen, uns nicht zu verändern, sondern jede Selbstsucht zu behalten, die wir wollen, und so machen wir uns selbst völlig fertig. Auf dieser tiefsten Ebene haben wir alle immer noch Angst, diesen Traum zu heilen und das Einssein zu realisieren, das uns allen jederzeit zur Verfügung steht. Wir versuchen, uns dessen nicht bewußt zu werden, weil es im Widerspruch stünde zum Willen unseres Ego, zu unserem Experiment, unsere eigene Welt aufzubauen und die Dinge auf unsere Weise zu tun. Die Welt ist eine Widerspiegelung unseres Geistes bzw. des Willens unseres Ego. Sie ist ein kollektives Experiment der Selbstbestimmung. Das Leid, die Ungerechtigkeit, die Krankheiten, der Hunger, die Not und der Tod können per Definition nicht Gottes Wille sein, wenn Gott seine göttlichen Eigenschaften behalten soll, doch sie können unser Wille sein, der aus unserem Bedürfnis heraus entstanden ist, uns selbst zu regieren. Natürlich werden wir uns alle zu fragen beginnen, wie das Ganze so dermaßen schiefgehen konnte, vor allem dann, wenn wir als Ebenbild Gottes und nach seinem Bilde geschaffen wurden. Dies führt uns unvermeidlich zum Autoritätskonflikt bzw. der Frage nach dem Verantwortlichen. In unserem Wunsch nach Eigenautonomie haben wir die Autonomie des *S*elbst aufgegeben. Wenn wir Gottes Schöpfung sind, ein Kind Gottes, dann sind wir eine Ausdehnung Gottes und Teil Seiner Liebe und Seines Seins. Doch weil wir alles selbst tun wollten, mußten wir das Einssein verlassen bzw. träumen, daß wir dies taten. Selbst heute bekommen wir noch Angst, weil unser Ego uns sagt, daß das Einssein eine Art totalitäres Regime ist, in dem wir unsere Freiheit verlieren werden, und daß Gott unser Unterdrücker ist. Dies ist aus einer Reihe von Gründen lächerlich: Erstens haben wir in Anbetracht dessen, wie die Menschen handeln, alle Angst vor unserer Freiheit, und darum projizieren wir auf Gott, daß er uns wegnimmt, was wir wegzuwerfen oder zu meiden versuchen. Zweitens müssen Gottes Wille und unser wahrer Wille gleich sein. Drittens kann Gott uns unseren freien Willen nicht wegnehmen, auch nicht, um die Welt besser zu machen, gerade weil Er uns vertraut. Wenn Gott aufhörte, uns zu vertrauen, würden wir augenblicklich aufhören zu existieren. Vertrauen bedeutet, daß wir unseren Weg gehen und unsere Lektionen auf dieser Welt lernen können. Doch je mehr wir Gott annehmen, desto mehr Hilfe steht uns zur

Verfügung, da Schmerz, Leid und Tod nicht Gottes Wille für uns sein können.

So haben wir das Sein verlassen oder geträumt, dies zu tun, und haben Zeit und Raum geschaffen, die beide ein Aspekt von Verurteilung sind. Trennung und die damit einhergehende Verurteilung bestimmen, wieviel Raum sich zwischen uns und anderen Dingen befindet.

Während also unsere Seele die Zeit erkundet hat, begannen wir uns immer weniger auf die Gnade und die Hilfe des Himmels zu verlassen und haben mehr und mehr die Last der Schuld, der Aufopferung, der Verschmelzung und des Versagens auf unsere Schultern geladen. Genau dieses Muster setzt sich auf den tiefsten Ebenen in unseren Familien fort. Einiges von dem, was wir zu heilen in unsere Familien gekommen sind, wäre nicht möglich ohne die Gnade, ohne das Empfangen der Gaben, die uns in jeder kritischen Lage, die wir erleben, erwarten. In unserer höchsten Not hat uns nicht der Himmel verlassen, sondern in Wirklichkeit ist es genau anders herum. Wir könnten immer noch in jedem Moment um Hilfe bitten und sie empfangen, wenn wir nicht in der falschen Angst leben würden, daß man uns befehlen könnte, etwas zu tun, was wir nicht tun wollen. Was von der inneren Führung und der Gnade zu uns kommt, spiegelt unseren wahren Willen, und dies verringert unsere Investitionen in die Angst und in das Ego samt seiner Ineffektivität.

In der Regel haben wir keine Vorstellung davon, daß wir Gott das vorwerfen, was wir anderen Menschen und uns selbst vorwerfen. Unsere Beziehung zu anderen Menschen spiegelt unsere Beziehung zu Gott wider, und alles, von dem wir glauben, daß es ein anderer uns angetan bzw. nicht für uns getan habe, ist das, was Gott unserem Glauben nach auf dieser tieferen Erfahrungsebene getan hat. Dies kann eine recht humorvolle Angelegenheit werden, wenn wir erkennen, daß wir in Wirklichkeit Gott, die größte Macht der Liebe, des Tuns bzw. Unterlassens anklagen. Wenn wir zum Beispiel ein gebrochenes Herz haben, weil uns ein anderer Mensch verlassen hat, haben wir auf einer ursprünglicheren bzw. spirituelleren Ebene das Gefühl, Gott habe uns das Herz gebrochen, weil er uns im Stich gelassen oder aus dem Paradies vertrieben hat. Gott kann natürlich unmöglich diese Dinge tun und gleichzeitig Gott bleiben. Wenn Gott das Prinzip der Liebe, der Barmherzigkeit und des Mitgefühls ist, das, was allen alles gibt, dann wird es offensichtlich, daß Gott unmöglich das, weswegen wir Ihn angreifen, getan bzw. unterlassen haben und gleichzeitig Gott bleiben kann. Offensichtlich haben wir Gott die ganze Zeit das angetan, was wir Ihm vorwerfen, nämlich

Ihn verlassen und Ihm entsagt. Wir haben unser Tun auf Ihn projiziert und Ihm die Schuld an all unseren irrigen Entscheidungen gegeben. Wenn Gott nicht Gott bliebe, würde alles augenblicklich seine Existenz verlieren, da der Grund allen Seins verschwunden wäre. Wenn wir also meinen, daß Gott uns un-göttliche Dinge antue, was eindeutig unmöglich ist, dann müssen wir diese Dinge uns selbst antun. Wenn wir „ernten, was wir säen", dann ist es nur logisch, daß es sich bei dem, was aufgrund unseres Tuns zu uns zurückkommt, um das Ergebnis unserer irrigen Entscheidungen handelt.

Dennoch scheuen wir immer noch davor zurück, unseren Geist zu überprüfen, denn sobald wir sehen, daß der Fehler nicht bei jemand anderem liegt, sucht unser Ego uns mit Schuldgefühlen zu erdrücken und alles zu unserer eigenen Schuld zu machen. Das Ausmaß, in dem wir Gott die Schuld zuschieben, entspricht dem Ausmaß, in dem wir uns selbst beschuldigen, und wenn etwas schiefgeht, dann beschuldigen wir Gott – doch dies ist unter den Vorwürfen begraben, die wir anderen machen. Dieser Selbstangriff und diese Selbstverdammung, die das Ego gegen uns einsetzt, sobald wir aufhören, anderen die Schuld zuzuweisen, ist eine der besten Waffen des Ego, um uns davon abzuhalten, unseren Geist zu erforschen, Verantwortung zu übernehmen und eine andere Wahl zu treffen. Wenn es einen Menschen gibt, dem man etwas vorwerfen kann, dann machen wir uns darunter selbst Vorwürfe, und wir sind gefangen in dem, was wir verurteilt haben und wie wir es verurteilt haben. Wenn wir meinen, daß Gott getadelt werden müsse, dann greifen wir unser Göttliches Selbst an bzw. unser göttliches Wesen und blockieren dadurch die Gnade, die Hilfe und die innere Führung. Gott als die Schuldlosigkeit hat uns als schuldlos geschaffen. Wir haben viele Fehler gemacht und erleben existentielle Schuldgefühle. Wenn wir verstehen, daß diese Schuld letztlich nicht die Wahrheit ist, können wir erkennen, daß unser Ego die Fehler verstärkt, während wir unsere Schuldgefühle als Entschuldigung einsetzen, um eine bestimmte Selbstsucht nicht aufgeben zu müssen. Wir leugnen bzw. verbergen die Selbstsucht vor uns selbst und ziehen die ganze Zeit eine große Show der Selbstverprügelung ab.

Verurteilung bzw. Selbstverurteilung hält uns davon ab, die enthaltene Lektion zu lernen, und dient als Barriere zwischen uns und anderen Menschen, während sie uns im Konflikt festhält. Dies kann niemals Gottes Wille sein, da kein Leid der Welt Gottes Wille ist. Kein Verlust ist Gottes Wille. Der Tod ist nicht Gottes Wille, sondern ein Teil unseres eigenen verborgenen Plans. Kein Verlust ist Gottes Wille, sondern unsere eigene projizierte Ablehnung einer Sache, die wir nicht länger wertschätzen. Gott als das Leben kann Tod, Schmerz, Konflikt, Enttäuschung, Bitterkeit und Trotz, der häufig mit dem Tod einhergeht, nicht wollen. Das Empfangen von Gottes Frieden, Liebe und Gnade sowie aller Geschenke, die Gott geben möchte, würde uns über die Fallen hinausführen, in denen wir gefangen sind. Wir könnten ein wunderschönes, sorgloses und glückliches Leben führen, in dem wir bis zu unserem Erwachen anderen helfen. Die Angst wäre aus unserem Leben verschwunden, da wir die Gegenwart Gottes als liebendem Elternteil erkannt hätten. Wir würden Gottes Willen für uns annehmen, der nichts als Glück, Erfolg, Liebe und Kreativität beinhaltet.

Übung

1. *Wenn etwas Negatives in deinem Leben geschieht, sage dir: „Dies ist nicht Gottes Wille für mich, und es ist auch nicht mein Wille. Dies ist nicht das, was ich wirklich will. Ich habe bei meiner Wahl irgendwie einen Fehler gemacht. Nun will ich den schnellsten und leichtesten Weg aus dieser Situation heraus finden, um Erfolg zu erlangen, und ich bitte darum von ganzem Herzen."*

2. *Stelle dir vor, wie du mit deinem Problem einen Aufzug betrittst, der Aufzug nach unten fährt und in deinem Unterbewußtsein anhält. Wie sieht dein Problem dort aus, und wie fühlt es sich dort an?*
   Stelle dir dann vor, daß der Aufzug in deinen unbewußten Geist hinabfährt. Wie sieht dein Problem hier aus und wie fühlt es sich hier an?
   Nimm dann wahr, wie der Aufzug hinunterfährt in jenen Teil deines unbewußten Geistes, der Wunder bereithält. Wie sieht dein Problem in diesem Teil deines Geistes aus, und wie fühlt es sich an?
   Spüre dann, wie dein Aufzug in jenen Teil des Geistes hinunterfährt, der das Überbewußtsein, göttlicher Geist und Licht ist. Wie sieht dein Problem jetzt für dich aus, und wie fühlt es sich jetzt an?
   Spüre nach einer Weile, wie dein Aufzug wieder nach oben fährt in den Wunderbereich des Unbewußten. Wie fühlt sich dein Problem hier für dich an?

Sieh nach einer Weile deinen Aufzug in den übrigen unbewußten Geist hinauffahren. Wie erscheint dir dein Problem jetzt?
Nach einer Pause lausche darauf, wie dein Aufzug wieder hinauf in das Unterbewußtsein fährt. Wie erscheint dir jetzt dein Problem? Was sagst du dir jetzt in bezug auf dein Problem?
Komm schließlich wieder hinauf in deinen bewußten Geist. Wie geht es dir, und was ist mit deinem Problem geschehen?

3. *Lege dein Problem, deine Angst und deine Zukunft in Gottes Hände. Was wird dir dafür gegeben?*
   - *Schließe die Augen und wiederhole still den Namen Gottes. Mache dies fünf bis zwanzig Minuten lang. Nimm alle Gefühle wahr, die hochkommen. Mache so lange weiter, bis du dich in einem Zustand tiefen Friedens fühlst.*
   - *Denke an dein Problem und wiederhole den Namen Gottes – nicht vergebens –, bis sich dein Problem aufzulösen scheint.*
   - *Den ganzen Tag über – jedesmal, wenn du daran denkst – wiederhole still im Inneren den Namen Gottes als ein Mantra.*

Glossar

Jenen Lesern, die den Konzepten dieses Buches zum ersten Mal begegnen, mögen die folgenden Erläuterungen der am häufigsten verwendeten Begriffe eine Hilfe sein.

Verbundenheit ist die Verbindung, die zwischen uns und anderen Menschen existiert. Verbundenheit schafft Liebe und Erfolg durch Leichtigkeit und nicht durch Kampf und Schwierigkeiten. Sie verleiht dem Klebstoff seine Haftkraft und der Teamarbeit die Gegenseitigkeit.

Kompensation ist das, was man in der Psychologie als „Reaktionsbildung" bezeichnet. Es handelt sich dabei um eine Rolle, die negative Gefühle verbergen und wettmachen soll, und sie soll beweisen, daß wir gute und unschuldige Menschen sind, die Liebe verdienen. Wo Kompensationen im Spiel sind, handeln wir auf entgegengesetzte Weise, womit wir auf ein irrtümliches Gefühl reagieren. Sie erlaubt uns jedoch kein Empfangen, da es sich nicht um wahres Geben handelt. Kompensation ist ein Mechanismus, der etwas beweisen soll. Bedauerlicherweise kann ein Großteil dessen, was wir tun, als Kompensation betrachtet werden. Diese Anstrengungen sind jedoch vergebliche Liebesmühe und ein Versuch, etwas zu beweisen, was keines Beweises bedarf, nämlich unsere Schuldlosigkeit und unseren Wert.

Verschwörung Eine chronische Falle des Ego, die derart gut eingerichtet ist, daß ein Entkommen unmöglich scheint. Verschwörungen sind besonders schwer zu heilen, bis wir erkennen, daß das Problem in dieser Form inszeniert wurde.

Ego Jener Teil von uns, der Trennung und Besonderssein sucht und der letzten Endes Gott sein möchte. Es ist jener Teil von uns, der zuerst für sich und seine eigenen Bedürfnisse kämpft. Es ist aufgebaut auf Angst, Schuld, Negativität und Konkurrenzkampf und will in irgendeinem Bereich, selbst wenn es sich um etwas Schmerzhaftes handelt, der Beste bzw. von allen der Schlimmste sein. Das Ego lenkt ab, zögert hinaus und versucht Entwicklung zum Stillstand zu bringen, da es sich hauptsächlich um seinen eigenen Fortbestand sorgt. Es gründet sich eher auf Vorherrschaft und Unterdrückung als auf irgendeine Form von Stärke oder Wahrheit. Es ist letztlich eine Illusion. Wir machen es stark, solange wir jung sind, und dann schmelzen wir es ein zugunsten von Partnerschaft und Gnade.

Verschmelzung bezeichnet ein Verwischen von Grenzen, was dann geschieht, wenn die Verbundenheit verlorengeht. Wir können nicht mehr sagen, wo wir enden und wo der andere beginnt. Verschmelzung ist die Antwort des Ego auf verlorene Nähe. Es handelt sich um eine vorgetäuschte Verbundenheit, die zu Aufopferung führt und Groll aufbaut. Verschmelzung schafft ein übermäßig belastendes Loyalitätsgefühl. Dies führt letztlich zu Ausgebranntsein und zum Schritt in das gegenteilige Extrem der Unabhängigkeit. Wir bewegen uns von übertriebener Fürsorge und erdrückender Liebe hin zu einem Handeln, das vorgibt, sich um nichts und niemanden zu kümmern.

Gaben und Geschenke sind Aspekte der Größe und der Gnade, die jede Aufgabe leicht machen. Unsere Gaben sind die Antwort auf alle Situationen, da sie das Problem beseitigen. Gaben und Geschenke sind gelernte Lektionen, die ein kontinuierliches Geben und Fließen entstehen lassen. Sie sind Pakete der Weisheit, der Heilung und der Aufgeschlossenheit für die jeweilige Situation. In jedem Problem liegt ein potentielles Geschenk. Wir tragen Tausende von ungeöffneten Geschenken in uns, die ein Gegenmittel zu Schmerz und Problemen darstellen.

Höheres Bewußtsein Jener Bewußtseinsaspekt, der kreativ ist, der all unsere Antworten enthält bzw. empfängt, der unseren Willen und unseren Lebensgeist für die Gnade öffnet, die uns das Himmelreich und die Welt um uns herum gewähren wollen. Es führt uns stets mit leiser Stimme zur Wahrheit. Es ermutigt uns, gemeinsam zu gewinnen, und zwar nicht nur jetzt, sondern auch in Zukunft.

Liebe Sie ist das höchste Ziel und der beste Weg zum Ziel. Sie ist die liebliche Erfüllung, die dann entsteht, wenn wir uns offenen Herzens weit machen. Sie ist das Geben, Empfangen, Teilen und Dasein für den anderen. Liebe ist die Grundlage des Seins und die beste Beschreibung für Gott, unabhängig von Religionszugehörigkeit oder Glaube. Sie gibt uns alles, was wir wollen – Lebenssinn, Glücklichsein, Heilung, Genährtsein und Freude. Unsere Entwicklung und unser Glück beruhen darauf, wieviel wir in Liebe geben und empfangen.

Manifestieren Darunter versteht man den bewußten Einsatz der Geisteskraft für die Wahl dessen, was wir wollen. Es ist das Visualisieren, Fühlen und Spüren dessen, was wir wollen, um es dann loszulassen und zu vertrauen. Manifestieren erlaubt uns, das, was wir wollen, bis ins kleinste Detail zu schaffen.

Aufopferung Aufopferung ist ein psychischer Fehler, bei dem wir geben und nichts empfangen. Es handelt sich um eine Rolle, die Gefühle des Versagens, der Schuld und der Unwürdigkeit kompensieren soll. Aufopferung verbirgt Konkurrenzkampf und Nehmen, und sie versucht, jetzt zu verlieren, um später zu gewinnen. Das Drehbuch der Aufopferung erzählt eine Geschichte, in der wir verlieren, damit andere gewinnen können, und dies zu einem Zeitpunkt, an dem ein Drehbuch geschrieben werden könnte, mit Hilfe dessen alle gewinnen könnten. Aufopferung hat Angst vor der Nähe, die Gleichberechtigung bringt.

Mangel Eine auf Angst gegründete Überzeugung, daß es nicht genug gibt und daß wir oder ein anderer leer ausgehen müssen. Der Glaube an den Mangel setzt Machtkampf, Wettbewerbsdenken und Aufopferung in Gang.

Schattenfiguren sind Selbst-Konzepte, mit denen wir Teile unserer selbst verurteilt und infolgedessen unterdrückt haben. Sie stellen Bereiche des Selbsthasses dar, die wir nach außen auf andere Menschen bzw. auf die Welt im allgemeinen projizieren.

Trotz Trotzreaktionen sind eine Entscheidung, zurückzuschlagen, uns zu beschweren, uns zurückziehen oder uns selbst zu verletzen, wenn das Leben nicht so verläuft, wie wir es gerne hätten. Trotz kann sich in jeder Form von Versagen, Unreife oder mangelndem Erfolg zeigen.

Beziehungs-Stadien

Obwohl es in diesem Buch nicht vorrangig um Beziehungen geht, dreht sich doch das ganze Leben um Beziehungen. Es ist nützlich, wenn man die Stadien versteht, die wir durchlaufen, um zu begreifen, wo wir in der Beziehung zu unserem Partner und in unserem eigenen Geist stehen.

Alle Beziehungen durchlaufen auf ihrem Weg zum Himmel auf Erden gewisse Stadien. Jedes Stadium besitzt seine eigenen Herausforderungen, Fallen und Antworten. Wenn du die Stadien einer Beziehung kennst, bist du besser auf den Umgang mit ihren Herausforderungen vorbereitet und stehst den Problemen nicht blind gegenüber.

1. Beziehungen beginnen mit dem romantischen Stadium der ersten Verliebtheit, auch Flitterwochenstadium genannt, in dem wir den Partner idealisieren; doch bereits in diesem Stadium können wir das Potential der Beziehung sehen und spüren.
2. Danach kommt das Stadium des Machtkampfes, in dem wir lernen, unsere Unterschiede zu überbrücken, zu kommunizieren, uns zu verbinden und beide Standpunkte zu integrieren. In diesem Stadium projizieren wir unsere Schattenfiguren auf den Partner und kämpfen hauptsächlich für unsere Bedürfnisse.
3. Die Todeszone ist ein Stadium, in dem wir lernen, korrektes Benehmen durch Authentizität zu ersetzen und unseren eigenen Wert ohne Rollen oder Aufopferung zu finden; und wir lernen in diesem Stadium, wie man Verbundenheit eingeht und über die falsch verstandene Verbundenheit der Verschmelzung hinausgeht.
4. Im Stadium der Partnerschaft haben wir ein Gleichgewicht zwischen unserer eigenen männlichen und weiblichen Seite erreicht und verwirklichen dies entsprechend auch in der Beziehung mit unserem Partner, wobei wir Gleichgewicht, Gemeinschaftlichkeit und Nähe finden.
5. Das Führungsstadium ist jenes Stadium, in dem beide Partner im Leben eine gewisse Führung übernommen und gelernt haben, sich jenseits von Persönlichkeitskonflikten und Konkurrenzkämpfen gegenseitig wertzuschätzen.
6. Das Stadium der Vision tritt dann ein, wenn wir gemeinsam mit unserem Partner zum Visionär geworden sind, indem wir unseren Beitrag zur Welt leisten und unbewußten Schmerz und Verletzungen heilen.
7. Das Meisterschaftsstadium in Beziehungen ist das Stadium, in dem wir unsere Versager- und Wertlosigkeitsgefühle bis zu jenem Punkt geheilt haben, an dem wir uns vom Tun und Werden zum Sein und zur Gnade bewegen. In diesem Stadium werden wir zu einem lebenden Schatz für die Welt. Es ist der Beginn des Himmels auf Erden für unsere Beziehung.

Seminare mit Lency und Chuck Spezzano

Psychology of Vision-Seminare sind verdichtete Lebenserfahrung. Sie sind eine Gelegenheit, die vielen Facetten unserer Persönlichkeit zu erkunden und die praktischen Schritte zu erlernen, die uns von dort, wo wir jetzt sind, zum lebendige Ausdruck des vollen menschlichen Potentials führen. Jedes Seminar ist ein einzigartiges Erlebnis, eine Entdeckungsreise in die Welt des Bewußtsein.

An *Psychology of Vision*-Seminaren treffen sich Menschen jeden Alters, aus vielen Ländern, mit verschiedenstem beruflichen und persönlichem Hintergrund, alleinstehende Frauen und Männer (rund die Hälfte der Teilnehmer sind Männer), Paare, ja sogar ganze Familien. Was alle verbindet, ist die Bereitschaft, sich für Veränderungen zu öffnen, um mehr Lebendigkeit, mehr Erfolg, liebevollere Beziehungen in ihrem Leben zu verwirklichen.

Als Team und Ehepaar verbinden sich in Chuck und Lency Spezzano zwei außergewöhnliche Persönlichkeiten zu einer Intensität, die tiefgreifende Veränderungen in den Menschen auszulösen vermag, und zwar auf allen Ebenen menschlichen Seins: spirituell, psychisch-emtionell, körperlich.

Kontaktadresse für die Seminare:

Psychology of Vision
Deutschland, Schweiz und Österreich
Klarastraße 18 · D-60433 Frankfurt
Tel.: ++49 (0) 69 - 5309-5940
Fax: ++49 (0) 69 - 5309-5942
e-mail: D-A-CH@psychologyofvision.com
www.psychologyofvision.com

Frankfurter Ring e.V.
Oeder Weg 43, D-60318 Frankfurt
Tel.: ++49 (0) 69 - 511555
Fax: ++49 (0) 69 - 512220
www.franfurter-ring.org

Weitere Bücher aus dem Verlag Via Nova:

50 Wege, wahre Liebe zu finden

Chuck Spezzano

192 Seiten, Hardcover – ISBN 3-936486-10-7

Dieses Buch richtet sich an diejenigen, die auf der Suche nach ihrem wahren Partner sind. Aber auch an all jene, die ihren Partner bereits gefunden haben und Unterstützung auf dem eigenen Beziehungsweg suchen. Der Autor macht deutlich, daß es nicht damit getan ist, den richtigen Partner zu finden, es bedarf auch des Wunsches, mit diesem Partner zusammen glücklich zu werden. “Wenn du deinen Partner gefunden hast, geht die Reise erst richtig los!”, so Chuck Spezzano.
Aufgrund der universalen Gültigkeit der vorgestellten Beziehungs-Prinzipien, lassen sich diese auch auf andere Lebensbereiche übertragen. Ob der Leser einen neuen Arbeitsplatz oder Unterstützung beim nächsten Schritt in seinem Leben sucht oder ob er sich allgemein mehr Erfolg, Glück und Gesundheit wünscht – immer wieder kann er dieses Buch zur Hand nehmen.

Karten der Liebe

Chuck Spezzano

84 farbige Kunstdruckkarten mit Begleitbuch, ISBN 3-936486-08-5

Einige Menschen scheinen größeres Glück in der Liebe zu haben als andere, aber es steckt mehr dahinter. Der Verfasser zeigt auf anschauliche Weise, wie der aufmerksame Leser mit Hilfe der 84 Karten seine Chancen für eine glückliche und erfolgreiche Liebesbeziehung vergrößern kann. Die Karten sind in die vier Kategorien Heilung, Glück, Gnade und Probleme unterteilt. In dem dazugehörigen Begleitbuch werden alle Karten und ihre jeweiligen Bedeutungen ausführlich beschrieben. Außerdem werden verschiedene Befragungsbeispiele und Legesysteme vorgestellt.
“Die Karten der Liebe” sind sowohl für Menschen gedacht, die noch nach ihrer ganz besonderen Beziehung suchen oder die gerade am Anfang einer Beziehung stehen als auch für Menschen in einer langfristigen Beziehung, für die die Karten Erkenntnis vermitteln und Hilfe sind. Sie zeigen nicht nur die schönen Seiten der Liebe wie Vertrauen, Lachen und Glück, sondern auch ihre Fallen wie Erwartungen, Kontrolle, Eifersucht und Opfersein, die es zu vermeiden gilt, damit die Liebe nicht schal wird.

Heilung des Körpers durch den Geist

Krankheit als körperlicher Ausdruck psychischer Störungen

Chuck Spezzano / Janie E. Patrick

192 S., Hardcover, 3 farbige Poster – ISBN 3-936486-01-8

Das Buch geht von der engen Verbindung und Wechselwirkung Körper – Geist/Seele aus und versteht den Körper als Spiegel der Seele. Wir projizieren unsere inneren Konflikte auf ihn und in ihn und verkörpern sie auf diese Art und Weise. Der Körper antwortet mit Symptomen, die wir als bildhaften Ausdruck und Sinn-Bild dessen verstehen können, was wir als Konflikte in unserem Innern vor uns selbst verleugnen, verbergen und verdrängen. Diesen Ansatz greifen die Autoren auf. Sie nehmen die körperlichen Symptome als Signale unseres Inneren, entschlüsseln und lesen sie. Sie nutzen dazu mehrere Ausgangspunkte wie die Funktion des betroffenen Körperteils oder Organs, seine Bezeichnung, Sprichwörter und Redewendungen usw., und fragen: Was will uns der Körper mit diesem Symptom, mit der Störung gerade an diesem Teil oder Organ sagen? Ist in diesem Punkt Klarheit gewonnen, so ist der Zeitpunkt gekommen, das seelische Problem zu lösen und wieder gesund zu werden.

Videos

Chuck und Lency Spezzano ISBN 3-936486-13-1

Beziehungsstadien I – Romantik und Machtkampf

Beziehungsstadien II – Romantik und Machtkampf

Chuck und Lency Spezzano ISBN 3-936486-14-X

Auf diesen beiden Videos über Beziehung sprechen Chuck und Lency Spezzano über die verschiedenen Stadien von Beziehung. Dabei wird Beziehung, sofern sie lange genug dauert und ernsthaft realisiert wird, als möglicher Prozeß der Heilung und der persönlichen Entwicklung (Evolution) verstanden, der den notwendigen und unausweichlichen Machtkampf auslöst und überwindet.

Verbundenheit – Nähe ohne Fusion

Chuck Spezzano ISBN 3-936486-12-3

In Chuck Spezzanos Vortrag „Verbundenheit ohne Anhaften“ wird das Verbundensein als eine Möglichkeit verstanden, Liebe zu schaffen, ohne daß die Partner in Abhängigkeit voneinander geraten oder Ansprüche aneinander stellen. Chuck Spezzano beschreibt Verbundensein als eine stabile Brücke, die aus vielen Einzelfäden geknüpft ist und von beiden Seiten her betreten werden kann. Sie verbindet, ohne zu binden.

Gib den Weg frei für die Liebe

Leitfaden zum Öffnen des Herzens

Lency Spezzano

168 Seiten, gebunden – ISBN 3-928632-19-1

Ist es Ihr Herzenswunsch, die Zärtlichkeit, die Schönheit und die Faszination einer großen Liebe zu erfahren? Ist Ihnen die natürliche Fähigkeit verlorengegangen, Gefühle wirklich zu empfinden und Vertrautheit zu erleben? Wenn dies zutrifft, ist dieses Buch eine Antwort auf Ihren Hilferuf! Es ist ein Erlebnis, das Ihr Herz bewegen wird und Sie in einer Weise berühren wird, wie Sie es vorher nur selten erfahren haben. Daß wir alle eine unauslöschliche Sehnsucht nach der Einheit der Liebe haben, beschreibt Lency Spezzano in spannenden und innerlich berührenden Erlebnissen, die aus ihrer eigenen lebendigen Lebenserfahrung und ihren ans Wunder grenzenden Heilerfolgen, ihrer Therapie- und Beratertätigkeit entstanden sind. In der tiefgreifenden Seelenanalyse des menschlichen Wesens durchbricht die Verfasserin die Masken und Rollen, die sich der Mensch als vermeintlichen Selbstschutz angelegt hat.

Inspirierende Einblicke

Weisheitsworte, Aphorismen, Zitate, Kommentare

Stille die Sehnsucht nach deiner ewig liebenden kosmischen Seele

Robert Aiken

128 S., Hardcover – ISBN 3-936486-02-6

Dies ist ein Buch voller spiritueller Überraschungen, die uns unerwartet begegnen und uns aufwecken. Es gibt unserem Geist einen sanften Anstoß, die vergeblich geträumten Lebensvorstellungen loszulassen, die uns doch nie glücklich machen konnten, und es auf dem Weg hin zum Licht mit höher entwickelten Träumen zu versuchen. Es ist ein Buch von äußerst großer Intelligenz, und es setzt die Vernunft ein, um uns voranzubringen. Wenn man die ausgewählten Stücke metaphysicher Weisheit – die Aphorismen, Zitate, Kommentare, Skizzen und Kolumnen – aufnimmt, befreien sie von vorgefaßten Meinungen und öffnen die Tür zu einer neuen Weltsicht. Die Abhandlungen in „Inspirierende Einblicke“ sind geistvoll und äußerst klug, weil sie auf eine intelligente Weise zeigen, daß alles miteinander verbunden ist und daß aus dieser Verbundenheit und Einheit neue Lebensperspektiven entstehen.

Weitere Bücher aus dem Verlag Via Nova:

50 Wege, wahre Liebe zu finden

Chuck Spezzano

192 Seiten, Hardcover – ISBN 3-936486-10-7

Dieses Buch richtet sich an diejenigen, die auf der Suche nach ihrem wahren Partner sind. Aber auch an all jene, die ihren Partner bereits gefunden haben und Unterstützung auf dem eigenen Beziehungsweg suchen. Der Autor macht deutlich, daß es nicht damit getan ist, den richtigen Partner zu finden, es bedarf auch des Wunsches, mit diesem Partner zusammen glücklich zu werden. "Wenn du deinen Partner gefunden hast, geht die Reise erst richtig los!", so Chuck Spezzano.
Aufgrund der universalen Gültigkeit der vorgestellten Beziehungs-Prinzipien, lassen sich diese auch auf andere Lebensbereiche übertragen. Ob der Leser einen neuen Arbeitsplatz oder Unterstützung beim nächsten Schritt in seinem Leben sucht oder ob er sich allgemein mehr Erfolg, Glück und Gesundheit wünscht – immer wieder kann er dieses Buch zur Hand nehmen.

Karten der Liebe

Chuck Spezzano

84 farbige Kunstdruckkarten mit Begleitbuch, ISBN 3-936486-08-5

Einige Menschen scheinen größeres Glück in der Liebe zu haben als andere, aber es steckt mehr dahinter. Der Verfasser zeigt auf anschauliche Weise, wie der aufmerksame Leser mit Hilfe der 84 Karten seine Chancen für eine glückliche und erfolgreiche Liebesbeziehung vergrößern kann. Die Karten sind in die vier Kategorien Heilung, Glück, Gnade und Probleme unterteilt. In dem dazugehörigen Begleitbuch werden alle Karten und ihre jeweiligen Bedeutungen ausführlich beschrieben. Außerdem werden verschiedene Befragungsbeispiele und Legesysteme vorgestellt.
"Die Karten der Liebe" sind sowohl für Menschen gedacht, die noch nach ihrer ganz besonderen Beziehung suchen oder die gerade am Anfang einer Beziehung stehen als auch für Menschen in einer langfristigen Beziehung, für die die Karten Erkenntnis vermitteln und Hilfe sind. Sie zeigen nicht nur die schönen Seiten der Liebe wie Vertrauen, Lachen und Glück, sondern auch ihre Fallen wie Erwartungen, Kontrolle, Eifersucht und Opfersein, die es zu vermeiden gilt, damit die Liebe nicht schal wird.

Heilung des Körpers durch den Geist

Krankheit als körperlicher Ausdruck psychischer Störungen

Chuck Spezzano / Janie E. Patrick

192 S., Hardcover, 3 farbige Poster – ISBN 3-936486-01-8

Das Buch geht von der engen Verbindung und Wechselwirkung Körper – Geist/Seele aus und versteht den Körper als Spiegel der Seele. Wir projizieren unsere inneren Konflikte auf ihn und in ihn und verkörpern sie auf diese Art und Weise. Der Körper antwortet mit Symptomen, die wir als bildhaften Ausdruck und Sinn-Bild dessen verstehen können, was wir als Konflikte in unserem Innern vor uns selbst verleugnen, verbergen und verdrängen. Diesen Ansatz greifen die Autoren auf. Sie nehmen die körperlichen Symptome als Signale unseres Inneren, entschlüsseln und lesen sie. Sie nutzen dazu mehrere Ausgangspunkte wie die Funktion des betroffenen Körperteils oder Organs, seine Bezeichnung, Sprichwörter und Redewendungen usw., und fragen: Was will uns der Körper mit diesem Symptom, mit der Störung gerade an diesem Teil oder Organ sagen? Ist in diesem Punkt Klarheit gewonnen, so ist der Zeitpunkt gekommen, das seelische Problem zu lösen und wieder gesund zu werden.

Videos

Chuck und Lency Spezzano ISBN 3-936486-13-1

Beziehungsstadien I – Romantik und Machtkampf

Beziehungsstadien II – Romantik und Machtkampf

Chuck und Lency Spezzano ISBN 3-936486-14-X

Auf diesen beiden Videos über Beziehung sprechen Chuck und Lency Spezzano über die verschiedenen Stadien von Beziehung. Dabei wird Beziehung, sofern sie lange genug dauert und ernsthaft realisiert wird, als möglicher Prozeß der Heilung und der persönlichen Entwicklung (Evolution) verstanden, der den notwendigen und unausweichlichen Machtkampf auslöst und überwindet.

Verbundenheit – Nähe ohne Fusion

Chuck Spezzano ISBN 3-936486-12-3

In Chuck Spezzanos Vortrag „Verbundenheit ohne Anhaften“ wird das Verbundensein als eine Möglichkeit verstanden, Liebe zu schaffen, ohne daß die Partner in Abhängigkeit voneinander geraten oder Ansprüche aneinander stellen. Chuck Spezzano beschreibt Verbundensein als eine stabile Brücke, die aus vielen Einzelfäden geknüpft ist und von beiden Seiten her betreten werden kann. Sie verbindet, ohne zu binden.

Gib den Weg frei für die Liebe

Leitfaden zum Öffnen des Herzens

Lency Spezzano

168 Seiten, gebunden – ISBN 3-928632-19-1

Ist es Ihr Herzenswunsch, die Zärtlichkeit, die Schönheit und die Faszination einer großen Liebe zu erfahren? Ist Ihnen die natürliche Fähigkeit verlorengegangen, Gefühle wirklich zu empfinden und Vertrautheit zu erleben? Wenn dies zutrifft, ist dieses Buch eine Antwort auf Ihren Hilferuf! Es ist ein Erlebnis, das Ihr Herz bewegen wird und Sie in einer Weise berühren wird, wie Sie es vorher nur selten erfahren haben. Daß wir alle eine unauslöschliche Sehnsucht nach der Einheit der Liebe haben, beschreibt Lency Spezzano in spannenden und innerlich berührenden Erlebnissen, die aus ihrer eigenen lebendigen Lebenserfahrung und ihren ans Wunder grenzenden Heilerfolgen, ihrer Therapie- und Beratertätigkeit entstanden sind. In der tiefgreifenden Seelenanalyse des menschlichen Wesens durchbricht die Verfasserin die Masken und Rollen, die sich der Mensch als vermeintlichen Selbstschutz angelegt hat.

Inspirierende Einblicke

Weisheitsworte, Aphorismen, Zitate, Kommentare

Stille die Sehnsucht nach deiner ewig liebenden kosmischen Seele

Robert Aiken

128 S., Hardcover – ISBN 3-936486-02-6

Dies ist ein Buch voller spiritueller Überraschungen, die uns unerwartet begegnen und uns aufwecken. Es gibt unserem Geist einen sanften Anstoß, die vergeblich geträumten Lebensvorstellungen loszulassen, die uns doch nie glücklich machen konnten, und es auf dem Weg hin zum Licht mit höher entwickelten Träumen zu versuchen. Es ist ein Buch von äußerst großer Intelligenz, und es setzt die Vernunft ein, um uns voranzubringen. Wenn man die ausgewählten Stücke metaphysicher Weisheit – die Aphorismen, Zitate, Kommentare, Skizzen und Kolumnen – aufnimmt, befreien sie von vorgefaßten Meinungen und öffnen die Tür zu einer neuen Weltsicht. Die Abhandlungen in „Inspirierende Einblicke“ sind geistvoll und äußerst klug, weil sie auf eine intelligente Weise zeigen, daß alles miteinander verbunden ist und daß aus dieser Verbundenheit und Einheit neue Lebensperspektiven entstehen.

HOLOS – die Welt der neuen Wissenschaften

Ervin Laszlo

208 Seiten, Hardcover – ISBN 3-928632-94-9

In den Wissenschaften findet eine neue Revolution statt. Es ist keine technologische Revolution – es ist eine Revolution des Weltbildes. *HOLOS* verfolgt diese Entwicklung, und macht sie jedem zugänglich, der an den neuesten Erkenntnissen darüber teilhaben möchte, wer und was wir sind, was die Welt ist, die uns umgibt, und auf welche Weise wir in Beziehung zueinander und zu dieser Welt stehen. Zunächst unternimmt der Leser eine faszinierende Reise durch die neuen Wissenschaften. Der Leser erfährt, was Wissenschaftler bereits wissen, und vor welchen Rätseln sie im Hinblick auf den Kosmos, das Quantum, den lebenden Organismus und das menschliche Bewußtsein immer noch stehen. Dann erforscht der Verfasser diese Welt, indem er Fragen stellt, auf die er nun zuversichtliche, wenn auch überraschende Antworten geben kann – Fragen, bei denen es um Ursprünge und Bestimmung des Universums und um Ursprung und Evolution des Lebens und des Bewußtseins geht –, um dann die größten der „großen Fragen" zu stellen: Fragen der Unsterblichkeit, zum Bewußtsein im Kosmos und zu einem Bewußtsein, das eine wissenschaftlich basierte Schau als den Geist Gottes erfassen kann.

Ken Wilber – Denker aus Passion

Eine Zusammenschau

Frank Visser

312 Seiten, Hardcover – ISBN 3-936486-00-X

Im Werk des Pilosophen Ken Wilber gehen alle bedeutenden Themen der großen philosophischen und spirituellen Traditionen der Menschheit eine eindrucksvolle Synthese ein. Wilber ist ein passionierter Sucher nach der Wahrheit und einer der letzten großen Systemphilosophen, der Wissenschaft und Reli-gion, Kunst und Kultur, Ost und West miteinander verbindet und in eine umfassende Perspektive der Evolution stellt. Der Autor dieses Buches zeichnet nicht nur das Entstehen und den Werdegang der Bücher von Wilber auf, er stellt nicht nur das Gesamtwerk des großen Bewußtseinsforschers dar, sondern beleuchtet auch die Geschichte hinter seinen Gedanken und Erkenntnissen. Er beschreibt eindringlich den Lebenslauf von Wilber bis in die Gegenwart, die Motive, die Wilber zur Auswahl seiner Themen veranlaßt haben, die intellektuellen und persönlichen Krisen seines Lebens und nicht zuletzt seine persönliche spirituelle Erfahrung. Frank Visser hat Wilber in der Vorbereitungszeit zu diesem Buch einige Male persönlich besucht und ausführliche Interviews mit ihm geführt.

Selbstbestimmt leben

Erfülle deinen inneren Auftrag

Christian Zwanzig

192 Seiten, Paperback– ISBN 3-928632-88-4

Das Buch *„Selbstbestimmt leben"* zeigt in klarer und anschaulicher Weise, daß alle Menschen fundamentalen psychologischen und spirituellen Gesetzmäßigkeiten unterliegen, die für jeden Menschen individuell erfahrbar und nachvollziehbar, in unserer Gesellschaft jedoch nur wenigen Menschen bekannt sind. Eine Unkenntnis dieser Gesetzmäßigkeiten, die in diesem Buch beschrieben werden, kann einen leidvollen und unerfüllten Lebensweg zur Folge haben; eine Kenntnis dieser Gesetzmäßigkeiten ist sehr hilfreich, um ein erfülltes glückliches Leben führen zu können und die tiefere Logik vieler vordergründig unverständlicher Begebenheiten in unserer Gesellschaft und unserem sozialen Umfeld zu verstehen. Das Buch macht deutlich, daß es die Aufgabe jedes Menschen ist, den ihm innewohnenden Wesenskern (sein „Höheres Selbst") in der Welt zu entfalten, die inneren Konflikte mit der Folge einer unbewußten Fremdbestimmung zu überwinden und seinen damit verbundenen Lebensauftrag zu erfüllen. In Übereinstimmung mit diesem inneren Auftrag zu leben heißt, selbstbestimmt zu leben.

Finde deine Ganzheit wieder

Mind Bridging – die Dynamik Holographischer Psychologie

Maria de Rocha Chevalley

416 Seiten, gebunden – ISBN 3-928632-58-2

Wir können unsere Ganzheit wiedererlangen, indem wir Teilstücke unseres Geist-Körpers wieder miteinander verbinden. Das geschieht durch den kreativen Umgang mit unseren Geist-Hologrammen, unseren Bewußtseins-Brücken. So stellen wir die Verbindung zu Unschuld, Spontaneität, Liebesfähigkeit, Mut und echter Lebensfreude wieder her. So entsteht wahrer Frieden in unserem Geist!

Indem die Verfasserin aus ihrer therapeutischen Arbeit heraus die Tiefe des holographisch-analytischen Geist-Körpers mit Hilfe ihrer intensiven persönlichen Erfahrungen und ihre intuitiven Schau durch zahlreiche praktische Übungen und hilfreiche Erklärungen beschreibt, erklärt sie auf verständliche Art und Weise, was *Holographische Psychologie* und *Mind-Bridging-Dynamik* bedeuten. So ist dies nicht nur ein Buch für Psychologen, sondern für alle, die auf dem Weg zu sich selbst sind.

Kontemplation und Mystik

48 Seiten, Paperback, zwei Ausgaben: Frühjahr und Herbst

ISSN 1610-2185

Kontemplation und Mystik ist eine Zeitschrift zu Praxis und Theorie kontemplativen Lebens. Ihr Anliegen ist, den alten, fast vergessenen christlichen Gebetsweg der Kontemplation wieder bekannt zu machen, der in den Raum mystischer Erfahrungen führt. So möchte diese Zeitschrift all jenen als Forum dienen, die sich der mystischen Tradition verbunden fühlen und konkrete Anregungen und Impulse für den eigenen spirituellen Weg suchen. Damit dient die Zeitschrift dem Dialog sowohl innerhalb der christlichen Tradition sowie zwischen den verschiedenen mystischen Erfahrungswegen der Religionen, als auch den angrenzenden Wissensgebieten und Forschungsfeldern, insbesondere der transpersonalen Psychologie.

Die Beiträge in **„Kontemplation und Mystik"** sind aus der Erfahrung heraus für die Erfahrung transpersonaler, mystischer Bewußtseinsräume geschrieben. Sie berücksichtigen gleichermaßen die mystische Tradition sowie deren Verwirklichung im spirituellen Alltag. So ist diese Zeitschrift ein wichtiger Begleiter auf dem Weg nach innen.

Transpersonale Psychologie und Psychotherapie

104 Seiten, Paperback, zwei Ausgaben: Frühjahr und Herbst

ISSN 0949-3174

Transpersonale Psychologie und Psychotherapie ist eine unabhängige Zeitschrift. Sie verbindet das Wissen spiritueller Wege und der Philosophia perennis mit moderner Psychologie und Psychotherapie, leistet Beiträge zur wissenschaftlichen Fundierung des Transpersonalen.

Transpersonale Psychologie und Psychotherapie ist eine Zeitschrift, die sich an Fachleute und Laien wendet mit einem Interesse an transpersonalen Themen. Aus einem schulen-, kultur- und religionsübergreifenden Verständnis heraus bietet sie ein Forum der Verbindung von Psychologie und Psychotherapie und deren theoretischen Grundlagen mit spirituellen und transpersonalen Phänomenen, Erfahrungen und Wegen, Welt- und Menschenbildern. Sie dient dem Dialog der verschiedenen Richtungen, fördert integrative Bemühungen und leistet Beiträge zur Forschung und Theoriebildung. Sie bietet Überblick, Orientierung und ein Diskussionsforum auf wissenschaftlichem Niveau.